中国科学院院士、中国工程院院士顾诵芬

与上海交大航空系同学合影（前排左三顾诵芬）

老照片（二排左四顾诵芬）

1964年参军授衔

顾诵芬（左一）、黄志千
（左二）与同事们在沈阳

工作照

1983年，陪同空军副司令王定烈看歼 8 Ⅱ 样机

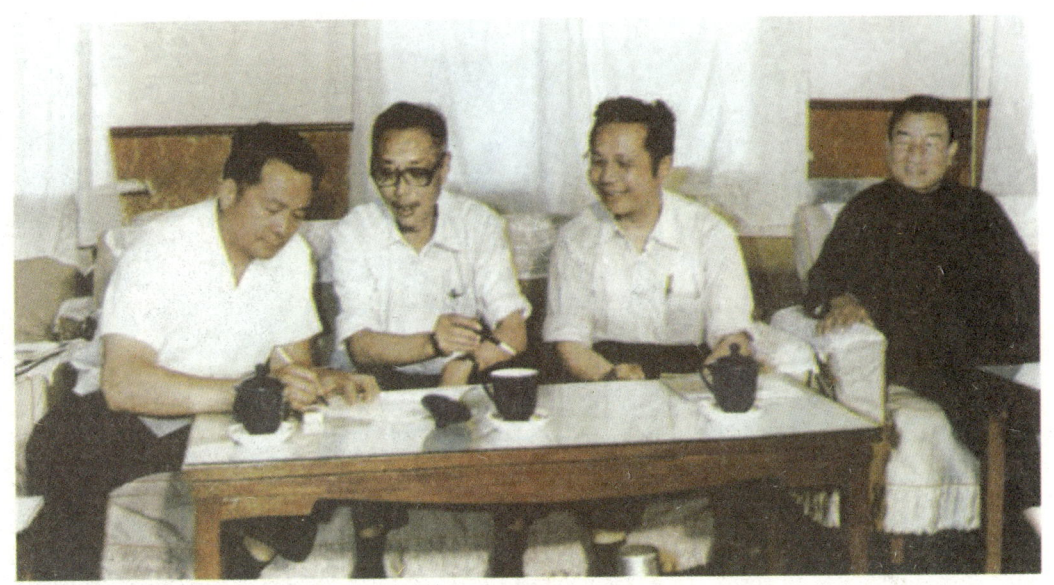

歼8Ⅱ飞机首飞签字现场，从左至右为歼8Ⅱ飞机首飞指挥员王昂、现场总指挥管德、总设计师顾诵芬和总指挥何文治分别签字同意歼8Ⅱ飞机首飞

歼8Ⅱ飞机首飞成功后，温傻峰（左一）、顾诵芬（左二）、王昂（左四）、管德（左五）、与试飞员曲学仁（左三）留影

1985 年，与空军检查组在阎良合影

给空军副司令员曹里怀等领导汇报歼 8 飞机情况

1987 年 7 月，在北戴河受邓小平接见

1987 年 7 月，邓小平在北戴河接见我国优秀中青年科技专家

1988年，奎国劳模在天安门城楼上参观

1989年，参加第七届全国人
民代表大会

1991年，歼8Ⅱ木质样机审查小组合影（左五为顾诵芬）

到601所检查工作时讲话

在操纵系统试验室

歼8飞机编史人员合影

1998 年 4 月到鞍山空军某部调研

接受薄一波颁发的航空金奖

与管德院士在一起

到601所与李明、李天院士讨论工作

顾诵芬与牵明院士在一起

顾诵芬院士对歼8系列飞机的情怀

1980 年，全家在 601 所宿舍楼前

全家在苏州一中老父亲赠书室合影

带孙女游北海

2010 年 5 月，孙女回北京在家中

歼 8 Ⅱ 飞机

歼 8 Ⅱ 飞机英姿

我的飞机设计生涯

顾诵芬　口述

师元光　整理

航空工业出版社

北　京

内 容 提 要

顾诵芬是我国有突出成就的空气动力学家和飞机总设计师。

1951年新中国航空工业创建以后，他是第一批参加到航空工业事业建设中的大学生。60年来，他与中国航空工业发展同行，在徐舜寿、黄志千等老一辈飞机设计专家的带领下，完成了中国第一架喷气式教练机——歼教1的设计研制，在歼8、歼8Ⅱ系列等具有里程碑意义的重大项目研制中担任了副总设计师、总设计师。他的回忆朴素、平实，真实记录着中国飞机设计事业的发展历程。

本书以翔实的史料，朴实的语言叙述了顾诵芬院士的工作经历，是广大航空及军事爱好者了解我国航空工业发展历史难得的读物。

图书在版编目（ＣＩＰ）数据

我的飞机设计生涯 / 顾诵芬口述；师元光整理. ——

北京：航空工业出版社，2011.4（2019.1重印）

（中国航空工业院士丛书）

ISBN 978 – 7 – 80243 – 721 – 0

Ⅰ. ①我… Ⅱ. ①顾…②师… Ⅲ. ①顾诵芬—回忆

录 Ⅳ. ①K826.16

中国版本图书馆 CIP 数据核字（2011）第 043671 号

我的飞机设计生涯
Wo de Feiji Sheji Shengya

航空工业出版社出版发行

（北京市朝阳区北苑2号院　100012）

发行部电话：010 – 84936597　010 – 84936343

三河市金轩印务有限公司印刷　　　　全国各地新华书店经售

2011年4月第1版　　　　　　　2019年1月第3次印刷

开本：710×1000　1/16　印张：16.5　插页：16　字数：248千字

印数：7001—7500　　　　　　　　　　定价：68.00元

丛 书 序

　　中国科学院院士和中国工程院院士，是国家设立的科学技术和工程科学技术方面的最高学术称号，为终身荣誉。中航工业的院士群体是航空技术领域的学术权威和资深专家，他们为中国航空工业的振兴和发展建立了卓越功勋，做出了巨大贡献，是中国航空工业的宝贵财富。

　　探寻院士们的成长足迹，给人以启迪和震撼。他们有的少年立志，投身航空，报效祖国；有的家境贫寒，顽强拼搏，奋斗一生；有的屡遭挫折，百折不挠，矢志不渝……他们身上闪耀着坚持真理、不懈追求的科学精神，凝聚着自强不息、孜孜不倦的奋斗精神，展现了淡泊名利、爱党报国的民族精神，他们以实际行动践行了"航空报国，强军富民"和"敬业诚信，创新超越"的集团宗旨和理念，十分值得我们学习。

　　在中航工业加快改革步伐、全面实施"两融、三新、五化、万亿"发展战略的关键时刻，我们推出《中国航空院士丛书》，就是要从院士们身上汲取智慧与力量，弘扬精神，放飞思想，激情进取，创新图强，为把中航工业早日建设成为具有国际影响力的世界级大企业集团、把我国建设成为航空工业强国而努力奋斗！

中国航空工业集团公司党组书记、总经理

2010 年 1 月

顾诵芬院士

顾诵芬（1930.2—   ），江苏苏州人，飞机设计专家，中国科学院院士、中国工程院院士。

1951年8月，顾诵芬以优异的成绩从上海交通大学航空工程系毕业，他听从祖国的召唤，离别上海来到了北京。在刚组建起来的重工业部航空工业局（航空工业局），他遇到了上海交通大学学长、以后担任了航空工业部副部长的徐昌裕和当时国内最权威的飞机设计专家徐舜寿、黄志千等，这对他一生从事飞机设计事业产生了巨大影响。

1956年8月，航空工业局下达了在沈阳飞机厂建立飞机设计室的命令。徐舜寿、叶正大、黄志千成为新中国飞机设计的领军人物，顾诵芬在这支年轻的队伍中，担任了气动组组长的职务，确定飞机气动布局和相关参数的任务落在了顾诵芬的肩上。他没有辜负徐舜寿、黄志千的期望，在北京航空学院张桂联教授的指导下，圆满完成了全部所需数据的确定。

经过飞机设计室和沈阳飞机厂全体参研人员的努力，1958年7月26日，装备喷发1发动机的歼教1飞机在沈阳飞机厂机场首飞成功。8月4日，叶剑英元帅、空军司令员刘亚楼上将等亲临沈阳出席了庆祝大会。9月，两架歼教1飞机从沈阳飞到北京南苑机场，接受了中央领导同志的检阅。

1964年10月召开了"米格-21飞机改进改型预备会"，歼8飞机研制由此开始。不幸的是，歼8飞机总设计师黄志千在1965年执行出国任务时，由于飞机失事而牺牲。临危受命，在技术副所长叶正大直接领导下，时任沈阳飞机设计研究所总体室主任的王南寿率领着一个包括蒋成英、顾诵芬、冯钟越、胡除生在内的技术办公室接过了黄志千总设计师的重担。

在确定歼 8 飞机的方向安定性数据时，超声速飞机的方向安定性问题被顾诵芬提出来。经过与优秀试飞员葛文墉和试飞院的合作，最后证实，米格 - 21 的方向安定性实际数据要比说明书给出的大。最后发现，风洞试验的结果经过气动弹性修正才能得出和资料一致的结果。虽然"文化大革命"给科研带来了严重的干扰和破坏，但是广大科技人员、工人和干部，在党中央和各级组织的关怀领导下，采用设计与生产搭接的办法，实行"三结合"，共攻技术难关，终于在不到 3 年的时间内成功地试制出零批歼 8 飞机，在我国自行设计制造歼击机的道路上迈出了可喜的一步。1969 年歼 8 飞机实现首飞。

首飞成功以后，1969 年 8 月 31 日，歼 8 飞机照例进行第九次试飞，当飞机在飞行高度 8000 米、马赫数 0.86 附近时，全机出现了纵向抖动，继续增速到马赫数 0.92，抖振加剧。飞机出现跨声速抖振，严重威胁着试飞的顺利进行。顾诵芬与参加试飞的同志一起采取了加长尾尖、尾罩开吸气门等措施，使飞机振动达到飞行员可承受的水平，使飞机得以继续试飞，达到预定的飞行范围。

1978 年，顾诵芬担任研究所总设计师兼副所长，全面主持沈阳飞机设计研究所技术工作。为彻底解决抖振问题，他亲自乘试飞员鹿鸣东驾驶的歼教 6 飞机 3 次上天，直接观察飞机振动情况，分析原因，终于判明了气流分流区，找到了导致飞机振动的根本原因，并采取了后机身的整流措施。1980 年 3 月，歼 8 飞机定型，1986 年 2 月生产定型。1985 年 7 月，歼 8 飞机全天候型设计定型。1985 年 11 月，歼 8 飞机白天型与全天候型经国家科学技术进步奖评审委员会评定核准，被授予国家级科技进步奖特等奖。顾诵芬等 7 名同志获奖。

1979 年 8 月，第三机械工业部（简称三机部）发出《关于对歼 8 飞机实现全面技术改装可能性论证的通知》，要求沈阳飞机设计研究所组织力量进行研究，提出一个歼 8 大改方案。对歼 8 飞机进行大改的任务又一次摆在顾诵芬、管德和他们的设计团队面前。

1981 年 5 月 18—26 日，三机部在北京主持召开了歼 8Ⅱ飞机方案论证会。国防工办副主任邹家华在会议上宣布了国务院国防工办任命顾诵芬为歼 8Ⅱ型飞机型号总设计师的命令。随后，三机部下发了《国家重点型号总设计师系统和行政指挥系统名单》。

歼8Ⅱ型飞机是歼8飞机的改进型，改为两侧进气布局，具有全天候拦射攻击能力。1980年9月4日，总参谋部、国防工办正式批复了空军的报告，定名为歼8Ⅱ型；1981年6月进行了全尺寸木质样机审查，冻结了技术状态，9月、10月，全面开展了生产图纸①设计；1983年3月，发完全部飞机结构图纸；1984年3月，完成了第一架飞机的总装；1984年6月12日，歼8Ⅱ首飞成功。1988年3月18日，歼8Ⅱ设计定型，在沈阳召开了隆重的庆功大会。

20世纪90年代，顾诵芬抓住时机，发起并具体组织了与俄罗斯空气动力学和飞机设计方面专家的合作，开展了远景新飞机的方案设计，使我国250多名飞机设计技术骨干受到设计远景新飞机的锻炼。

1994年，顾诵芬参与了李绪鄂主持的以航天701所、航空工业特种飞机研究所组成的研究队伍，研制了中国第一架地效飞行器。该机1995年立项，1998年出产品，短短3年的时间就实现了飞跃性的突破。

2001年6月，在王大珩、师昌绪、顾诵芬倡导下，中国科学院技术科学部和中国工程院机械运载学部成立了以院士为主、吸收行业内外专家参加的我国大型运输机发展战略咨询课题组。顾诵芬作为课题发起人之一，主持和组织了咨询组的工作。2002年6月，一份依据充分、论证严谨的咨询课题报告完成了。咨询报告提出的指导思想为航空工业人员广泛接受，对统一发展思路起了重要作用，并促进了中航第一飞机设计院对大型运输机预先研究工作的深入开展。

2006年夏末，按照国务院领导同志的意见，开始了大型飞机专家论证，19名专家组成的论证委员会开始了长达半年多的论证工作。顾诵芬是这个论证会的3位主持者之一。

自1999年以来，顾诵芬领导航空工业科技委飞机专业组开展了大量的研究，涉及通用航空用民机、大型飞机（包括大型客机和军、民用运输机）、轰炸机、高超声速飞行器、无人机、教练机、轻型多用途战斗机、外贸机等。形成的研

---

① 图纸现标准称图样。

究报告、咨询报告和建议书达 20 多份。为航空工业一些重点机型的发展提供了指导意见，为集团公司和国家决策提供了依据，促进了飞机技术的发展。

在顾诵芬积极建议下，从 2003 年开始，在中国航空工业第一集团公司和科技委领导下，开展了"2020 年航空科技发展战略研究"。2008 年开展了"2030 年航空科技发展战略研究"，为制定长远发展规划提供了技术依据。

ARJ21 新支线飞机是国家重大项目，顾诵芬对此倾注了极大的心血。他多次主持 ARJ21 飞机的设计方案评审、转阶段评审、关键课题讨论等重要会议。在 ARJ21 飞机研制的关键阶段，顾诵芬受中国航空工业第一集团公司（简称中航一集团）党组委托，带领专家组对研制设计工作及设计方案进行了评审，为党组决策提出了重要的咨询建议。

顾诵芬 1991 年当选中国科学院院士，1994 年当选中国工程院院士。

（摘自《中国航空工业人物传·专家篇》）

目 录

第一章　参加航空工业从修理到仿制 ………………………… 1

　　离别合众图书馆 …………………………………………… 1

　　进入航空工业局 …………………………………………… 4

　　参加政治运动 ……………………………………………… 7

　　在第一技术科工作 ………………………………………… 10

　　在机关的业务学习 ………………………………………… 17

第二章　开始自行研制设计 …………………………………… 21

　　一定要自行设计 …………………………………………… 21

　　筹备工作 …………………………………………………… 23

　　组建飞机设计室 …………………………………………… 26

　　自行设计歼教 1 飞机 ……………………………………… 34

　　风洞试验 …………………………………………………… 37

　　学习是最重要的 …………………………………………… 42

　　我不适合管人 ……………………………………………… 45

　　歼教 1 样机审查 …………………………………………… 46

　　请苏联专家审查方案 ……………………………………… 48

　　歼教 1 试飞 ………………………………………………… 50

　　参加"响尾蛇"导弹的分析 ……………………………… 55

　　歼教 1 后的设计任务 ……………………………………… 57

　　初教 1（初教 6） …………………………………………… 59

第三章　大跃进的"东风" …………………………………… 64

　　"东风"104 ………………………………………………… 64

"东风" 106 ………………………………………… 65

"东风" 107 ………………………………………… 68

邝厚全 …………………………………………… 74

在批判中向前走 ………………………………… 76

最后落实还是靠吹风 …………………………… 79

关于抬机翼的问题 ……………………………… 81

一个短暂的低潮 ………………………………… 83

两个设计室合并 ………………………………… 84

苏联设计专家首次来华 ………………………… 87

AT1 – 风洞 ……………………………………… 90

第四章　六院一所时期 ………………………… 92

一所成立 ………………………………………… 92

摸透米格 – 21 ………………………………… 96

国防科委第十六专业组 ………………………… 98

一所成立以后 …………………………………… 99

与江泽菲结婚 …………………………………… 103

被授少校军衔 …………………………………… 104

第五章　研制歼 8 飞机 ……………………… 105

改进米格 – 21 ………………………………… 105

要搞一个什么样的歼 8 ………………………… 107

陈大筏 …………………………………………… 110

机头进气还是两侧进气 ………………………… 111

选用雷达 ………………………………………… 113

进了学习班 ……………………………………… 114

歼 8 飞机的方向稳定性问题 ………………… 117

纵向稳定性问题 ………………………………… 118

水平尾翼效率 …………………………………… 119

关于振动的问题 ·· 121

出现振动 ··· 124

歼8越飞越快 ·· 126

一个好的试飞员是新机成功的关键 ······································ 127

在阎良试飞 ·· 128

三次乘歼教6上天 ·· 129

关于歼8飞机的重量问题 ·· 131

关于歼8飞机试飞中的停车问题 ·· 132

问题不是一下子解决的 ·· 134

歼8定型 ··· 135

歼8交到空军十一航校 ·· 138

关于歼8飞机减速板振动 ·· 140

一次事故 ··· 141

未能参加天安门阅兵 ·· 144

关于歼8全天候飞机 ·· 145

地面烧掉一架歼8全天候飞机 ··· 146

歼8飞机交部队使用 ·· 147

第六章　歼9飞机研制 ·· 149

从1964年讲起 ·· 149

确定方案不容易 ·· 150

飞机设计的"革命化" ·· 151

回沈阳以后 ·· 153

第七章　歼13飞机研制 ·· 155

要一个歼6后继机 ·· 155

选用发动机 ·· 155

斯贝发动机 ·· 156

考察斯贝 ··· 158

斯贝放在了 430 厂 ·· 159

确定歼 6 后继机方案 ·· 161

改用 910 发动机 ··· 162

接收米格－23 ·· 163

新歼方案 ·· 165

第八章　歼 8 Ⅱ 研制 ·· 169

歼 8 以后 ·· 169

一次住院经历 ·· 169

回访 NASA ··· 170

遇到小学同学蔡为仑 ·· 171

开始歼 8 Ⅱ 设计 ··· 173

关于歼 8 Ⅱ 设计中的技术问题 ··································· 175

82 工程 ··· 179

关于歼 8 Ⅱ 的一次事故 ··· 183

一次事故征候 ·· 183

第九章　离开 601 所 ·· 185

当了一段时间所长 ··· 185

交接工作 ·· 186

第十章　参加 "863" 的工作 ····································· 188

来京后第一项任务 ··· 188

"不能蹬自行车上月球" ··· 189

参加国际会议 ·· 190

看来走飞船的路是对的 ·· 191

第十一章　关于主动控制技术 ···································· 192

负责主动控制技术（ACT）研究 ·································· 192

第一阶段的试飞 ·· 193

全数字的也飞起来了 ·· 194

开展国际合作 ································· 195

摔了一架飞机 ································· 197

坚持进行下去 ································· 199

第十二章　关于气动力数值计算 ············ 201

最初的尝试 ··································· 201

再次推动 ····································· 201

始终未死心 ··································· 202

第十三章　对俄合作 ······················ 205

启动阶段 ····································· 205

按第三方案进行 ······························· 206

中苏气动、强度学术会议 ······················ 207

在苏联政局动荡之中 ·························· 208

克服困难、抓住机会 ·························· 210

请专家来合作 ································· 211

组织了一次汇报会 ···························· 213

关于战效分析研究的合作 ······················ 214

第十四章　地效飞机 ······················ 217

驻俄使馆的建议 ······························· 217

李绪鄂介入 ··································· 218

资金来源靠贷款 ······························· 219

请俄罗斯专家审查方案 ························ 220

在太湖试用 ··································· 221

想从军用找出路 ······························· 222

维持局面 ····································· 224

第十五章　关于苏 – 27 飞机 ················ 226

RAM L 新型歼击机 ···························· 226

与苏局设计师研讨 ···························· 227

苏局总设计师西蒙诺夫 ··· 229

赴苏考察 ·· 229

新机研制需要灵活的试制能力 ································· 231

第十六章　关于大飞机 ··· 233

民用飞机的酝酿 ·· 233

香山会议 ·· 234

对大飞机发展途径的考虑 ······································· 235

参加中南海的一次会议 ·· 236

形势起了变化 ··· 236

第十七章　我现在能做的 ·· 238

在科技委的工作 ·· 238

翻译出版了三本书 ··· 239

第十八章　我所认识的外国同行 ································· 243

法国达索的哈维兰 ··· 243

格鲁门公司的派莱哈克 ··· 244

米高扬设计局的别列考夫 ······································ 245

卢鹤绅 ·· 246

法国宇航院的波松·奎登 ·· 247

第一章 参加航空工业从修理到仿制

离别合众图书馆

1951 年 8 月，我从上海交通大学航空工程系毕业。

从 1939 年 7 月 22 起到 1951 年 8 月，我一直随父亲顾廷龙（注 1）、母亲潘承圭住在上海私立合众图书馆，那是我从小学到大学的学生时代。

我从小学开始玩航模就想搞飞机，高中毕业，我同时考了浙江大学、清华大学和上海交通大学（简称交大）三所大学，报的都是航空工程系，虽然都被录取，但最后选择的是上海交大。

1951 年从交大毕业时，我的希望是能够从事飞机设计，却被分配到了当时重工业部的航空工业局（即四局），这是新中国刚组建的主管航空工业的政府部门。

那一年，上海各大学的毕业生一共有二十几个同学分配到重工业部，大家一起坐硬座火车三十多个小时到北京。有的同学坐得实在太

与父母亲在燕京大学校园内

累了，晚上干脆就躺到座位下面睡觉。到北京站，重工业部的人来接我们，安排我们住在了原中法大学的校舍，是在沙滩北京大学红楼后面的位置。我们先

1

到对面一个澡堂洗了一个澡，然后住进宿舍，一间屋子住很多人，床铺是用课桌拼起来的。但大家觉得骄傲的是，一住下来，重工业部部长何长工（注2）就接见我们并做了报告。

到重工业部报到后，我们七八个人被分配到航空工业局，于是又到了前门外打磨厂航空工业局驻京办事处报到。办事处的同志本希望我们马上就到沈阳，但赶上东北发大水，火车不通，在办事处又多住了几天。

航空工业局分配我们到具体单位的时候，有同学表示坚决不愿意出山海关。当时在北京属于航空工业局的单位只有一个四院，但名额已经被先分来的清华大学毕业生占满了。由于北京的单位没有名额，所以，我们有一位同学被分配到了武汉正在筹办的中等专科学校，也

大学毕业

就是现在的南昌航空大学的前身，其他的都分到沈阳、哈尔滨的工厂里。我提出希望到搞研究的部门，负责分配的同志说有，于是就分我到了航空工业局机关。

后来我才知道，机关里倒是有研究单位，就是昝凌同志（注3）领导下的一个实验室，但他们正研究用国内能买到的器件研制闪光测速仪，根本不需要我这个专业毕业的。

我被分配到机关的原因，是不是我的学习成绩好些？我自己并不清楚。同时毕业的同学政治条件都比我好，譬如屠基达（注4），他在学校时已经是团支部书记，但同学们都被分到了工厂，却把我安排进了机关。

注释：

1. 顾廷龙（1904—1998），字起潜，1904年出生于苏州一个书香世家。1930年

考入燕京大学研究院国文部，并与其侄——史学教授顾颉刚一起研究《尚书》。1939 年，上海浙江兴业银行董事长叶景葵和商务印书馆董事长张元济、陈陶遗、李拔可等人取"众擎易举"之义，为抢救和保护祖国文化典籍，力邀顾廷龙南下，发起创办合众图书馆，并请顾主持馆务。顾廷龙遂放弃燕京大学图书馆职务，携全家赴上海，于 1939 年 8 月开办合众图书馆。

上海解放后，顾廷龙担任上海市文管会收购委员会书籍组委员，为国家收集了大量古籍善本。1958 年，由合众图书馆改名的上海历史文献图书馆与上海图书馆合并，1960 年，顾廷龙被任命为上海图书馆馆长。

1977 年，顾廷龙接受周恩来总理关于要尽快把全国善本书目编出来的指示，开始大规模古籍普查工作。1980 年，《中国古籍善本书目》编辑委员会正式成立，顾廷龙担任主编。经过 10 年艰辛，这部被称之为近年来中国图书事业最大成就的辉煌巨著终于完工，1991 年 7 月 11 日，为表彰上海图书馆名誉馆长顾廷龙的特殊功绩，上海市政府特给予他记大功奖励。从 80 年代起，他又主持编纂《尚书文字合编》，并于 1996 年出版。1992 年，因胃癌手术后上海家中无人照顾，顾廷龙被其子顾诵芬接到北京奉养，但仍关心上海的发展。

1998 年 8 月 22 日，顾廷龙因病在北京去世。

2. 何长工（1900—1987），原名何坤，又名何垄。1900 年 12 月 8 日出生于湖南华容。1919 年在北京参加"五四"运动，同年赴法国勤工俭学。1922 年加入中国社会主义青年团，1923 年转入中国共产党。1924 年回国，曾任中共华容区党委书记兼军事部长。1927 年参加秋收起义，曾任红八军军长、红十三军政委、红军大学校长、红九军团政委、抗日军政大学副校长、东北军政大学代校长。中华人民共和国建立后，历任重工业部副部长、代部长，地质部副部长、党组书记（担任地质部副部长期间组织创建了北京地质学院）、中国人民解放军军政大学副校长，军事学院副院长，是第三、第四届全国政协常委，第五届全国政协副主席，中共中央顾问委员会委员。

3. 昝凌（1912—1967），原名昝宝生。1932 年考入南开大学数学系，1936 年转入清华大学数学系。1937 年进中央大学机特班。1945 年夏被派往英国学习航空技术。1949 年，在华东军区航空工程研究室任特设仪表电气组组长。1951 年 6 月，在航空工业局工作。1956 年 5 月，加入中国共产党。先后当选为第一、第二、第三届全国人民代表大会代表。1956 年 10 月，昝凌向航空工业局分党组递交了《关于发展航空仪表研究设计工作的建议》书，局分党组采纳了他的建议，决定成立航空仪表设计室，并指定他负责筹备。1957 年 3 月，航空仪表设计室在北京正式成立，昝凌任室主任兼总设计师。1960 年 3 月，经一机部批准，航空仪表设计室扩编为航空仪表自动器研究设计所，昝凌任副所长兼总设计师。

昝凌在文化大革命中受到迫害，于 1967 年 9 月 10 日不幸去世，终年 55 岁。

4. 屠基达（1927—2011），1927 年 12 月 11 日出生于浙江省绍兴市。1951 年于上海交通大学航空工程系毕业。曾任哈尔滨 122 厂设计科副科长、科长。1956 年年底，到 112 厂飞机设计室任机身设计组组长。1958 年初春，屠基达和林家骅担任初教 6 主管设计师，后担任"东风"107 飞机主管设计师。1959 年，屠基达被调往成都 132 厂组建设计科。1966 年，他主持设计的歼教 5 飞机首飞成功，并大批交付部队。1970 年，他领导研制的歼 7Ⅱ飞机大批量装备部队，该项目于 1985 年获国家科技进步一等奖。他领导改装电子设备的歼 7M 飞机实现了大批出口，为国家挣得大量外汇。

1995 年，屠基达当选为中国工程院院士。2011 年 2 月 11 日，因病去世。

进入航空工业局

到了航空工业局以后，我被分到生产处。

徐昌裕（注 1）同志当时任航空工业局的生产处长。我到沈阳以后，他把我安排到了刘多朴领导的制图组里。

当时，苏联对米格-15 这些技术文件的保密制度非常严格，大部分资料都集中在航空工业局保管，不直接发放到企业。那时在航空工业局保管资料的是从大连建新公司来的刁有珍同志，他一只眼睛在战争年代负伤失明，工作非常认真、仔细，也非常热情。按照苏联制度要求，保管图纸资料的房间窗户都要加装铁栏杆，在柜子里还放着一支冲锋枪。

在这样的管理体制下，各企业要完成修理任务，飞机、发动机、配件的图纸就需要由航空工业局组织翻译、复制，所以组织了这样一个组，由刘多朴同志负责。

在1951年9月审干自我检查时，我和刘多朴同志在同一个组，听他讲到了他自己的经历。他是陕西人，1948年毕业于中央大学航空系，父亲曾是陕西有名的军阀。他的妻子出身于一个革命家庭，是共产党员。岳父一家不少人很早参加革命，而且有的担任了党的高级干部。在中央大学快毕业时，妻子要他回陕西老家，但他没有同意，一心要搞飞机设计，坚持到了当时设在南昌的国民党空军第二飞机制造厂，负责设计"中运三号"飞机机翼的一部分。在那里，他与徐舜寿（注2）认识并结下了友谊。解放前夕，国民党政府要将第二飞机制造厂搬到台湾去，他留下来，回到了老家。解放后，人民政府号召航空技术人员回到航空事业，他应聘进了空军工程部修理处，受徐昌裕领导。他工作非常认真负责，徐昌裕对他很欣赏。后来，徐昌裕被调来参与组建航空工业的领导机构，将他也带到了航空工业局。

我一到这个组，就赶上了画雅克－11飞机起落架图纸的任务。雅克－11是苏联雅克夫列夫设计局设计的一种活塞式中级教练机。单发、双座、下单翼，后三点式起落架。

尽管自己已经大学毕业，但完成这样的任务还是有困难的。

首先是机械制图的投影体系问题。我们在学校里学的是英美采用的第三象限法，而苏联标准是第一象限法。此外还有公差配合、材料牌号等，都与自己原来学的不一致。再就是图纸上都是俄文，尽管技术资料文字内容少一些，但还是需要掌握俄语，才能搞明白。

我在上海交大读到三年级时，上海解放了，航空系办了俄文班，利用晚上时间上课，我曾经读过两个多星期，认识了俄文字母，知道了发音、拼写和简单的语法，也掌握了一些单词。俄文的问题比较好对付，遇到不认识的单词，通过查词典也还可以了解词义，难的是材料牌号和公差配合方面的内容。

刘多朴很有心，他在空军工程部时就已经做了一些准备。他编了一本苏联的制图规范，是晒蓝的，其中对公差配合等有详细的说明。刘多朴虽然不会讲俄语，但通过自学认识不少俄文单词。他还邀请了哈工大毕业的宁佩，翻译了苏联机械制造百科全书中相关的两部分，一个是"苏联的公差和配合"，一个是"苏联的铝合金"，并由机械工业出版社出版。这些都为我们的工作提供了学习和参照。

有这样的条件，我顺利地完成了第一项任务——翻译并复制了三四百张 A4 的雅克－11 起落架图纸。

为配合工厂的需求，我们的任务有时非常急迫。

有一次，米格－15 飞机液压系统中压力卸荷阀坏了，飞机停飞，领导要求我们一个晚上赶出一二百张 A4 图纸。由我负责画总图，零件图按照俄文原图分配给组里其他同志。当时我们这个组有六七个人，突击一个晚上完成了任务。

还有一次是哈尔滨 122 厂需要图－2 轰炸机炸弹舱门的图纸，但苏联没有给全，我们从空军备件库借了一个舱门实物，就放在办公室里，通过测绘，绘出了图纸。

除画图外，我们还翻译编制了标准件图册。当时苏联来的标准件不统一，各设计局采用的都不一样。我们汇集最多的是拉沃契金设计局和雅克夫列夫设计局的标准件。我们绘制了标准件图、表格并做必要修改后发往各工厂。

虽然有一些困难，但我还是觉得这个工作比较简单。刘多朴经常对我讲，对画图一定要仔细，否则发到工厂，图纸中的错误会造成零件报废。在那时，图纸描完都由我负责校对，最后刘多朴再审核一遍。他对工作真做到了精益求精，虽然我尽量细心校过，但他还是能找出错误。

通过这些工作，我对苏联用于制造的图纸体系、公差配合标准、材料规格以及制造工艺方法等有了较多的了解。

注释:

1. 徐昌裕 (1914—2003), 1914 年出生于江苏省吴江县。1936 年毕业于上海交通大学航空工程专业。毕业后，进国民党空军南昌航空机械学校高级班接受培训，后留校任教。1938 年 2 月，脱离国民党空军，赴延安，进延安陕北公学学习，同年 4 月加入中国共产党。历任中央军委军工局安塞茶坊机器厂工人训练班班主任、生产管理组组长，延长石油厂工务科科长、生产管理科科长、技术协理员，张家口晋察冀军区航空站修理厂厂长，东北东安民主联军航空学校飞机修理厂厂长、航空学校机务处副处长兼飞机修理厂厂长，空军工程部修理处处长、部党委委员，重工业部航空工业局生产管理处处长、局党组委员，第二机械工业部第四局副局长，第三机械工业部第一生产技术司司长，第三机械工业部第六研究院副院长，第三机械工业部党组成员、副部长，兼任第六研究院院长。1982 年任航空工业部顾问。1985 年离休。

2003 年 12 月 23 日在北京逝世，享年 89 岁。

2. 徐舜寿 (1917—1968), 1917 年 8 月 21 日出生于浙江吴兴县。1933 年，考入清华大学机械系。1941 年 5 月，被派往由苏联政府援建的伊宁空军教导队，教授飞行力学。1942 年 8 月，被调回成都航空委员会编译处任编译专员。1944 年赴美国麦克唐纳飞机公司实习。1946 年在华盛顿大学研究院进修，同年回国，在空军第二飞机制造厂从事气动力研究并担任"中运二号"和"中运三号"运输机的总体设计工作。1949 年 5 月，徐舜寿加入中国人民解放军，被分配到东北航空学校机务处工作。同年 9 月，调华东军区航空工程研究室任飞机组副组长，12 月，徐舜寿加入中国共产党。1956 年 8 月，我国第一个飞机设计室在沈阳成立，他被任命为主任设计师。成功地设计了高亚声速飞机——歼教 1 喷气教练机。

1961 年 8 月，航空研究院沈阳飞机设计研究所成立，他被任命为第一任技术副所长。1964 年 8 月，调任西安重型飞机设计研究所（现 603 所）技术副所长兼总设计师。

徐舜寿在文化大革命中受到迫害，于 1968 年 1 月 6 日不幸逝世，终年 51 岁。

参加政治运动

1951 年 11 月，按照中央决定，在党政机关工作人员中开展了"反贪污、反浪费、反官僚主义"和在私营工商业者中开展"反行贿、反偷税漏税、反盗骗国家财产、反偷工减料、反盗窃国家经济情报"的斗争，也就是"三反"、"五反"运动。

运动开始时，分配给我的任务是跟着王祖浒（注1）同志去看管一个"老虎"（注2），是在沈阳南站中华路的一个五金店。据说五金店老板"五毒俱全"。当时我们航空工业基本建设的任务很重，需要采购五金器材，这个老板与航空工业内部的"老虎"有瓜葛。老板关系很广，连朝鲜人民军的空军也来人要他交代问题，还有地处小河沿的空军学校也和这个五金店有关系，我们还去那里核实过那个老板的劣迹。

1952 年三四月间，有一次，我与王祖浒一起到小河沿去搞调查，那天，天很冷，刮着大风。当时我们都围着围巾、戴着棉帽子。当我们顶着大风沙，到了小河沿空军学校时，摘下帽子、围巾，抖一抖，地上落了一层沙子。就在这样的恶劣条件下，我们在那里与学校的"老虎""干"了一个晚上。

以后，航空工业局迁北京，我随机关到了北京，留下部分人员继续在沈阳搞运动。政治运动并没有完结，只是内容改为思想改造，每个人都要结合对新中国的认识，检查个人的人生观。

我从学校毕业到了机关，每天的工作就是跟着刘多朴描图、抄数据，很枯燥。我觉得与自己想搞飞机设计、气动计算的志趣差距太大，有点想不开。当然，尽管兴趣不高，还是硬着头皮完成任务，但到了晚上的业余时间，就选喜欢的书来读。那时，我们有俄文版的，也有空军组织翻译的讲空气动力学、讲飞机设计的书刊资料。

那时，我总认为上级让自己干的不是自己想干的。这种思想，在运动中受到了徐昌裕同志的严厉批评。他对我说，当年他们到延安去，不能是自己想干什么就干什么，而是要服从组织的需要。现在国家需要我们为工厂修理、维护飞机，翻译、复制图纸，我们应该愉快服从，圆满完成任务，并指出我的根本问题是没有树立起正确的世界观。

当时我认为远离父母，从上海来到北京，参加革命工作，这说明自己的人生观问题已经解决了。徐昌裕则批评我说，只是从自己的兴趣出发，白天做组织安排的工作，晚上凭兴趣学自己喜爱的与飞机设计有关的图书资料，把工作中需要的画图、制造技术等放在一边，这说明没有建立起革命的人生观，还根本没有完成人生观的转变。

这些话对我触动很大，通过运动教育，我开始将业余时间的学习转到研究和解决白天工作中出现的问题上来。

当时已经担任了航空工业局副局长的徐昌裕很有远见。他多次去苏联，每次回国，从不买个人生活物品，而是把钱用来买很多苏联空军飞机使用维护方面的书籍。当然这些书都是俄文版的，但也都是我学习的资源。

到了航空工业局，学习俄文的培训班、补习班办了不少，但我从没有完整地参加过一个。我学俄文，靠的是一本英文版的《Self - taught in Russian》（俄文无师自通），还有一本韦光华编写的图解俄文语法。再有就是一本美国人二战后编的《俄英化工词典》。这本词典虽然是化工专业用的，但除了专业词汇以外，所有技术文献中用到的普通动词、名词都收集进去了，例如，英文的加 - tion，与俄文字尾加 - ние 等对应，英文与俄文对比，都能对得上，有了这本词典就可以不用别的词典。当时教育部也组织翻译了一些苏联的教科书，材料力学、理论力学，加上当时新组建的北京航空学院，有几位原来清华大学的老先生翻译的空气动力学等，可读的书籍已经有不少。就这样，慢慢地俄文技术书籍我也就可以看懂。

那个时期，我最大的乐趣就是每个周末、节假日，兜里装上 5 元钱逛书店。北京王府井南口有一家外文书店，八面槽还有一家影印书店，我去的最多。偶尔会找到一些讲航空技术或者其他相关技术的书，每次去总会有收获，这样也搜集了一些。有了这些书籍，在俄文水平有所长进的同时，我也掌握了一些飞机构造方面的知识。

注释：

1. 王祖浒，1948 年厦门大学毕业，解放初期，曾在华东空军航空工程研究室工作，以后担任了航空工业部发动机局局长。

2. 按当时对贪污犯的定性标准，贪污 1000 万元（旧币，下同）以上者，即为"老虎"，贪污 1 亿元以上者，为"大老虎"。

在第一技术科工作

徐昌裕认为，当时工厂不能及时完成修理任务，飞机交不出去的一个重要原因是我们对苏联飞机上装的仪表、电器等成品心中无数，修理有需求时，经常会缺这个少那个，向苏联提订货，一年只有一次，提不准就完不成修理任务。他下决心，要老专家昝凌带队，组织了高道（他也是参加革命很早的大学生，后来到 115 厂当厂长）、我，还有搞仪表的南京航空学院（简称南航）教授任葆良（他是修陀螺仪表的专家），要我们几个人从北到南，把几个机型的仪表、电器摸清楚，搞个大清单。

昝凌比我年长 18 岁。他人很和气，非常平易近人，生活也很俭朴。他是国家一级工程师，又是老前辈，但出差时，借钱、买火车票、决定坐什么时间的火车，这样的琐碎小事，都是他亲自做。后来，我看到一篇文章说钱学森在一个讲话中批评大学生，说连买火车票这样的事都不会做，我看了以后深感愧疚，因为那次出差，所有这些事都是让老专家替我干。

从沈阳 112 厂开始，我们爬进米格－15、米格－9 及雅克－17 飞机的座舱里清查。通过清查我们发现，实际上这些仪表、零部件是无法搞准确的。苏联来的飞机，批次不同，所用的仪表等也各有不同。米格－15 是刚生产出来的，各机也不相同。飞机用的自动断路器（老式的飞机用保险丝）都是德国西门子的，可能是二战的战利品。就这样，我们又到哈尔滨清查轰炸机，到南昌清查雅克－18、拉－9……共查了13种型号飞机的仪表，如空速表、高度表、罗盘等，各机种主要仪表、无线电、军械牌号都是相同的，只是电门、保险丝等差别大。

在学校的时候，我们也学过航空仪表、航空无线电、仪表原理等。我记得教我们航空无线电的老师蒋大宗是上海交大1947届电机系毕业，他讲航空无线电的一般性知识，都是原理性的。航空仪表就学得更差了，只是拿了一些20世纪30年代膜盒仪表拆拆弄弄，对当时的电动仪表则完全不懂。这次任务，给自己补上了一课，使自己对飞机的系统构成有了进一步的了解。

调研了沈阳和哈尔滨的工厂后，我们来到南京511厂，厂里有几位车间工艺员是昝凌的学生。1947年夏，昝凌从英国学习回来，被安排在当时国民党政府的航空研究院任电气组长，那时航空研究院招了几个研究生，其中有些人解放后留在了511厂。昝凌同志介绍了他考研究生的办法，就是出一个怎样将发电机改成电动机及电动机改发电机的题目，有的就是答不上来。他对这几个在511厂的工艺员很欣赏，其中有几位，去了他后来组建的30所。

接着去南昌320厂调研时，按照昝凌的意见，我们带上了南京航空学院（简称南航）的教授任葆良。他很有水平，和昝凌年龄差不多，在国民党空军干过。那时由于测试仪器的水平还不高，所以经验就显得非常重要。任葆良有一手绝活，就是对陀螺进行动平衡时，可以不用动平衡机，陀螺旋转起来后，他用手指夹住轴的两端，仅凭感觉，就能判断出哪里该加重、去重。我们调研结束，回京汇报时，他也参加了。跟着这些老专家，真的可以学到很多东西。

1951年年底，徐昌裕提出，生产上不去，器材供应是个大问题。刘多朴知道后，思考了一晚上，第二天向组织提出，自己去搞器材供应工作。这对刘多朴来说，应该是一个很痛苦的决定，因为他实在太想搞飞机设计了，但从工作需要出发，他放弃了自己的理想，去解决材料问题。这一点可以看出，他的精神是很高尚的。后来他与魏祖冶（注1）等同志一起去筹建材料研究所。

刘多朴不仅认真负责，也很有能力。虞光裕同志（注2）在搞 РД－45 喷气发动机修理时，急需高温合金材料，找到刘多朴。当时有一批从日本人手中接收的材料，但牌号与苏联的不同。我知道了这一情况，就将自己从沈阳南湖旧书市场上买的一本日本人编的材料手册送给他。根据手册中的技术数据，他给111 厂编写了材料选用的资料。

他是一个重理想也重感情的人。当时与他配合的苏联顾问是一个工人出身的专家，性格很急躁，经常会发脾气，凡是他布置的事，没有完成，就立即破口大骂，而翻译也是他骂什么就照原样翻译。有一次，他骂刘多朴是小官僚，刘多朴很委屈，为此还流了眼泪。

我是很幸运的，在参加工作，走上社会之初，就遇到了这样一些好同志，他们对我的帮助很大。虽然在机关工作这一段时间里，我并没有直接参与飞机设计，但却使我对飞机的构造和制造工艺有所了解，比在学校里学到的更切合实际，为以后自己从事飞机设计工作打下了比较好的基础。

1952 年年中，航空工业局机构调整，成立了飞机技术科，即第一技术科，主管各飞机厂的设计科以及飞机制造的工艺技术问题，由徐舜寿同志任科长。开始，徐昌裕是想让我接刘多朴的工作，我当时不是很安心，工作也没有做好，就没能及时接过来。"三反"、"五反"运动后，不需要局机关再复制图纸，我就不再跟刘多朴了，他专门去管材料，当时叫冶金科。我被调到了第一技术科当技术员。

我第一次见到徐舜寿是 1951 年 9 月在沈阳。当时他是航空工业局生产处技术科的副科长，负责审查俄文技术资料的翻译工作。那时，我经常向徐舜寿请教图纸上俄文的技术词汇，感到他很像我们学校的老师。

第一技术科的一个主要任务是处理各工厂上报的技术问题。

徐舜寿

记得有一次，哈尔滨 122 厂生产的图 – 2 飞机起落架支柱断裂，在故障分析时，与空军有争议。工厂将问题上报了航空工业局，这个问题就是由第一技术科负责处理的。徐舜寿根据上报材料分析，认为很有可能与材料的疲劳有关。但说话要有充分的依据，于是他将这个问题交给我处理，让我去查一查材料力学关于疲劳断裂的资料。我查了当时最权威的苏联的《材料力学》（БЕЛЯЕВ 著，1953 年商务印书馆出版）教材，这部教材共四册，大学里一般只讲第一、第二册。我在第三、第四册上找到了专门讲疲劳的内容，徐舜寿的分析是有理论依据的。我对照书上的内容拟了一个文件，以航空工业局名义给工厂做了回复。

那时我们的工作要随时配合工厂，其中有这么一件事。1954 年，南昌 320 厂仿制雅克 – 18，突然提出雅克 – 18 翼型数据没有，按照苏联资料给的理论图上的坐标数据画出来不协调，急需航空工业局给予解决。当时，徐昌裕已经担任了副局长，他要求第一技术科来解决。徐舜寿同志把任务交给我，要我到北京航空学院（简称北航）去查老的 NACA 报告，同时交代，因为试制任务紧急，必须两天内给予答复。

雅克 – 18 翼型为 Clark – YH 翼型，应该是比较老的一种翼型。

北京航空学院当时正从清华搬到现在的学院路新址，图书还没有上架。徐舜寿同志让我直接找沈元同志（副院长）（注 3）。沈元同志让图书馆的同志为我找来 NACA 报告，我从上面查出翼型数据表，抄下来后立即寄给 320 厂，算是解决了问题。

我记得还有一次，是太原 221 厂仿制空速管，技术条件上有一项要求，空速管的修正系数要经过试验与设计数据复核，所以必须进行吹风试验。我又找到北航，这次是找张桂联（注 4）教授，他当时是北航空气动力学教研室主任。他下令用沈元设计的铁风洞来为我们做试验，那是一座 30 厘米 × 40 厘米椭圆工作段的回流型风洞，刚从清华搬过来。我们就用这个风洞进行了测量试验，把风洞的实际流速与空速管测的数据进行了比较，解决了他们的问题。

在第一技术科，徐舜寿、黄志千（注5）等同志已经在开始筹划自行设计飞机的事。

1964年黄志千同志被选为第三届全国人民代表大会代表，并参加了国庆观礼

首先是黄志千提出，在雅克－18飞机已经生产出来，产量还是有限的情况下，我们能不能将空军用的教练机改装成一个洒农药的农业用飞机，也就是在后座设置一个装农药的箱子，再装两根管子，作为喷洒装置，这就可以满足用雅克－18做农用飞机的需要。我查阅了苏联百科全书机械卷，书上有洒农药的设备内容，我参照着写出了改装设计的建议，但后来这项工作没有继续下去。

在此期间，徐舜寿提出了将部队需要与实际可能相结合，设计一种中级教练机，以此开始锻炼、培养我们自己的设计队伍，而且设计出的飞机还应该有实际用途。

部队当时用的中级教练机是雅克－17，是喷气式的，发动机是苏联从德国缴获的一种轴流式涡喷发动机，后来苏联进行了仿制，称为РД－20。这种飞机由于技术落后，油耗也大，所以寿命很短，空军很快就不要了，由雅克－11取而代之。雅克－11总重2吨多一点，发动机选用的是500多马力（1马力＝735瓦）、活塞式螺旋桨发动机。但这种飞机空军没有安排从苏联引进、仿制。

徐舜寿认为，需要一种中级教练机，而且要做就应该是喷气式的。

注释：

1. 魏祖冶，1919年11月出生于湖北大冶。1937年在苏州参加抗敌后援会和前线服务团，后考上山西民族革命大学。1939年12月赴延安抗日军政大学学习，1941年任抗大政治部宣传科干事。1942年3月加入中国共产党。1942年任陕甘宁边区军工局茶坊兵工厂生产股长等职，后又参加创办制造手榴弹和炮弹的军工厂。1946年离开延安到东北兵工局工作，曾任哈尔滨军工部建厂负责人。l947年调任东北军工部24厂生产副厂长。

1950年，魏祖冶被派往中国驻苏联大使馆商务处担任技术代表。曾参与了中苏两国政府关于苏联援助中国航空工业的会谈，并参与管理我国与苏联签订的各项技术援助协议的执行。1951年回国后，担任新成立的航空工业局计划处副处长、处长。1955年5月，第二机械工业部和航空工业局决定组建航空材料研究所，魏祖冶受命负责筹建工作并担任该研究所第一任所长。在文化大革命中，魏祖冶受到了不公正待遇。重新工作后，继续担任该研究所的领导工作。1978年被调到航空工业部，先后任科技办主任、外事局局长兼中国航空技术进出口公司第一任总经理。1981年调任国务院国防工业办公室科研局局长，1983年离休。

2. 虞光裕（1918—1970），发动机专家，原名虞裕，1918年8月23日出生于江苏省金坛县（现金坛市）。1941年7月毕业于中央大学航空工程系，同年10月，在成都航空研究院任技术员。1944年被提升为副研究员。1944年冬，被派往美国圣路易斯城麦克唐纳飞机公司实习，在工程设计室学习设计。1946年3月进入圣路易斯城华盛顿大学工程研究院学习，9月由美国转至英国格罗斯特飞机厂参加南京国民政府与英国合作的飞机设计工作。1949年8月初回国。1956年，任410厂发动机设计室副主任。1961年任国防部六院第二研究所总设计师。

虞光裕在 1956 年被授予二级工程师。1964 年被授予技术中校军衔。1956 年出席全国科学大会，1959 年出席全国群英会，1964 年被选为第三届全国人民代表大会代表。

在文化大革命中，虞光裕遭受迫害，到车间劳动。1970 年 5 月 25 日，在拆卸旧锅炉劳动时，不幸被掉下来的通风管道砸伤，因流血过多，经抢救无效，于 1970 年 5 月 30 日去世，终年 52 岁。

3. 沈元（1916—2004），1916 年 4 月 26 日出生于福建省福州市。1936 年就读于北平燕京大学化学系。1940 年北平清华大学（后西南联大）航空系毕业。1943～1945 年，在英国帝国理工学院航空系读研究生，获博士学位。1945～1946 年，在英国罗·罗航空发动机公司考察制造技术。1946 年回国，任清华大学航空系副教授、教授、系主任。1951 年 4 月～1952 年 10 月，任清华大学航空工程学院教授、院长。1952 年 10 月，任北京航空学院教授、副院长、院长兼院党委副书记。1983 年后，任北京航空学院（现北京航空航天大学）名誉院（校）长。1956 年加入中国共产党。他是中国航空学会首届理事长。文化大革命之后，沈元再度当选为中国航空学会第二届理事长，后为名誉理事。他还是中国科协荣誉委员，中国空气动力研究会名誉会长，中国力学学会和中国系统工程学会名誉会员。1980 年被聘为中国科学院数理学部委员（后称院士）。1986 年曾与季文美等教授上书中央，提出我国应搞大客机的建议。2004 年病逝。

4. 张桂联，1918 年 2 月 26 日出生于山西省五台县六区殿头村。1937 年，在山西临汾山西大学机械系读书。1937～1941 年，在西北工学院航空系学习。1941～1944 年，在四川南川航委会第二飞机制造厂。1944～1946 年，在美国麦克唐纳飞机公司实习。1946～1949 年，在英国格洛斯特飞机厂工作。1949～1951 年，任天津北洋大学航空系副教授。1951～1952 年，任清华大学航空学院副教授。1952 年，任北京航空学院（现北京航空航天大学）副教授、教授。

5. 黄志千（1914—1965），1914 年 1 月 24 日出生于江苏省淮阴县。1933 年 7 月于镇江师范毕业后考入上海交通大学机械系，1937 年毕业后，入南昌航空机械学校受训。

1938年4月结业后，他辗转于云南垒允、昆明，缅甸八莫，四川新津等飞机制造厂，负责并参加了霍克－Ⅲ、И－15、И－16等飞机的修理及机场的服务工作。

1944年10月，他赴美国康维尔飞机制造公司任雇员，参加了B－24轰炸机的设计、制造和240型"空中行宫"双发运输机的应力分析工作。

1945年8月，他进入密歇根大学航空研究院攻读力学。1946年9月，转赴英国参加设计工作。在此期间他认真研究了英国的"流星"型先进战斗机和EI44型喷气式战斗机的技术资料，并参加了机身后段的结构设计。

1949年6月归国后，黄志千在华东军区航空工程研究室工作。1951年7月，调任沈阳飞机制造厂设计科代理科长，1954年9月，黄志千担任航空工业局第一技术科设计组组长。1956年年初，他参加了我国科学技术十二年发展规划的制定。同年8月，我国在沈阳组建第一个飞机设计研究室，黄志千被任命为该室的副主任设计师，参与领导了设计室的创建工作，并成功地设计了歼教1喷气式教练机。随后，他又参与组织领导了初教6初级教练机和强5强击机的总体方案设计。1961年8月，航空研究院沈阳飞机设计研究所成立，黄志千被任命为总设计师，参与组织领导了我国第一个飞机设计研究所的创建工作，并为歼8高空高速战斗机的研制成功奠定了技术基础。

1965年5月20日，黄志千赴西欧考察，途经开罗上空因飞机失事不幸罹难，被中央军委追认为烈士，享年51岁。

在机关的业务学习

1952年，苏联莫斯科航空学院的专家来我国为我们航空院校做校长顾问，四局领导安排专家为领导同志讲课，讲飞机制造等内容，我们也都参加了听课。

以后，学习氛围越来越浓。徐昌裕组织生产处党支部开展业务学习，荣科（注1）给大家讲金属冶炼、炼铁炼钢、铁碳平衡图等，吴大观（注2）给大家讲机械加工。

国家机关的学习气氛也很浓。那时国家计委刚成立（四局原办公室主任朱节同志被安排到计委当处长），朱节同志邀航空工业局去计委讲航空概论，不知怎么搞的，派了我去。那时没有现成的教材，也没有现在的PPT、投影仪，刚好局教育处有一些苏军给航校讲课时用过的挂图，我就从中挑选了一些，带去给他们讲。

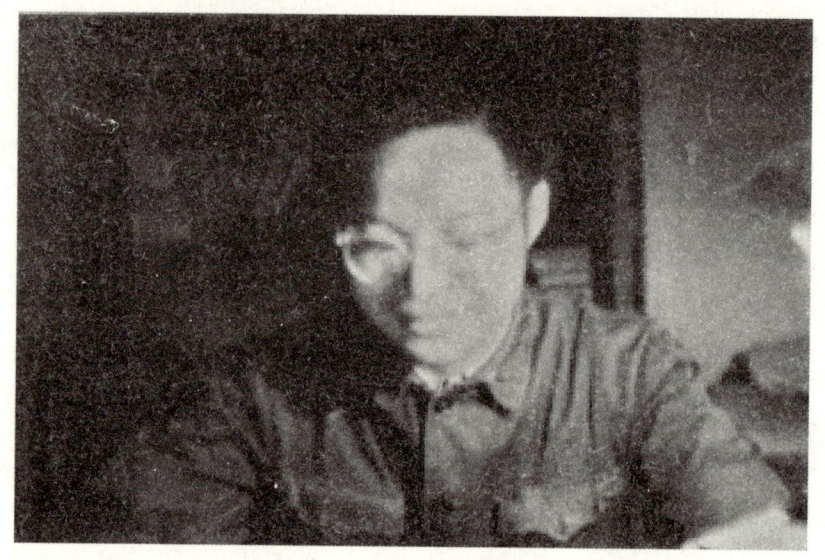

在112厂宿舍读书

后来局党组要学习文化、数学，也安排我讲课，我去讲了。记得当时的局领导有陈少中（注3）、范元甄（注4）等都来听课。陈少中也是大学生，但不知为什么也来听。

回想起来，那时的学习空气真的很浓，有一个学习的热潮。

注释：

1. 荣科，金属冶金学家，原名荣贵勤，1914年1月19日出生于辽宁省沈阳市，祖籍河北省青县。他毕生致力于冶金材料和铸造工艺研究，是航空工业局时期的一级工程师，1951年曾获全国劳动模范称号。曾担任英国铸造协会会员，中国航空学会理事、名誉理事，航空工业部科学技术委员会常务委员、特邀顾问，中国铸造学会理事长、顾问，中国金属学会理事，中国铁道学会理事、顾问，冶金学会理事，国防科工委发明评选委员会航空专业评选组成员，天津市工业局顾问，第六机械工业部技术顾问，第八机械工业部总局技术顾问等。曾是第 61 届世界铸造会议基金委员会名誉委员。

荣科是第二、第三、第五届全国人民代表大会代表。

2. 吴大观（1916—2009），发动机专家，原名吴蔚升，1916 年 11 月出生于江苏镇江。1948 年 11 月参加革命工作，1949 年 11 月加入中国共产党，2009 年 3 月逝世。他是我国航空工业和航空发动机设计研制事业的主要创始人之一，毕生致力于适合我国国情的新型航空发动机研制方法和程序的研究，主持研制多种型号的发动机，并培养了几代专业人才。为航空发动机的设计研制和促进我国航空工业的发展做出了重要贡献。

吴大观曾任中国航空工业集团公司科技委常委，第三届全国人大代表，全国政协第五、第六、第七届委员。2009 年 7 月 2 日，中共中央组织部决定，追授吴大观同志"全国优秀共产党员"称号。

3. 陈少中（1921—2008），四川省犍为县人，1938 年加入中国共产党。抗日战争期间，在延安中央组织部训练班、中央马列学院学习。后历任延安军委参谋部一局参谋、副科长，延安中央情报部军事情报室第三组组长，晋绥军区三军分区司令部秘书，晋绥独立二旅司令部联络科科长。1946 年 6 月至 1950 年 12 月，历任吉林省吉北地委城工部部长，长春市工委武装部部长，长春市人民政府建设局、工业局局长。1951 年后历任东北军区空军工程部副部长，二机部航空工业局处长、副局长，112 厂副厂长兼总工程师。1954 年 7 月起，历任三机部四局副局长、第三生产技术司司长、技术局局长。1978 年 4 月任三机部党组成员、副部长。1982 年离休。

2008 年 12 月 25 日在北京逝世，享年 87 岁。

4. 范元甄（1921—2008），1921 年出生于汉口，很早即投身革命。在学生运动的时候，就深得王明的赞誉；在重庆时期，为周恩来夫妇所喜爱；在延安马列学院时期，被称为"延安四大美人"之一。解放后，范元甄曾任航空工业局副局长、北京青云仪器厂副厂长兼总工程师、航空部技术局总技术处处长。文化大革命中，被送干校劳动，回京后不久便离休。

2008 年逝世，享年 87 岁。

第二章 开始自行研制设计

一定要自行设计

我们为什么一定要自行设计飞机？对于这个问题，在具体技术岗位工作的我是有着很深体会的。

20世纪50年代，苏联专家到我国，只是教我们如何制造飞机，并不教我们如何设计飞机。雅克－18、米格－15（后根据苏联方面建议转为仿制米格－17）等，图纸资料还是比较齐全的，但设计资料主要只是给出强度计算报告和静力试验任务书。我们觉得，要设计飞机，必须有气动设计规范等资料。每次向苏方提出订货时，我根据苏联飞机设计等教科书的介绍，都填上需要《设计员指南》、《强度规范》等，但都没有答复。

当时，南昌320厂在修理拉－9，自行制造了拉－9的机翼，因为没有气动载荷数据，不能做静力试验考核强度，我们向苏联要，大概拖了一年多他们才给了一张机翼静力试验加载图。拉－9是第二次世界大战结束前，苏联拉沃契金设计局对拉－7进行改进，在1944年设计的最后一代，也是40年代末期性能较先进的单座活塞式战斗机，是活塞式战斗机中的王牌飞机。

拉－9飞机的软油箱是装在机翼中的，用油绸一层层粘起来，下面还粘一种泡沫橡胶垫着，在遭遇弹击时，橡胶与汽油融化，可以自动堵住弹孔，燃油不致泄漏，但在我国，这些材料都解决不了。于是320厂提出，将原设计改为金属油箱，用金属油箱代替这个软油箱，铝板焊接相对也比较容易。结果油箱设计制造出来了，该厂的苏联顾问不让装机，认为必须请示拉局的总设计师拉沃契金。这个问题由四局写了报告到苏联航空工业部，半年后，苏联方面才给了这样一句话，说如果只是用于训练，这样更改是可以的。由于当时已经不打仗，所以就这样生产了。

这就是当时苏联航空工业的管理体制，设计局掌握着设计权，主生产厂不能更改设计，而扩散生产的工厂更没有更改设计的权力。我们中国的工厂就是苏联主生产厂的扩散厂，自然就不能改动设计了。

还有一件事情。320厂仿制雅克－18获得成功以后，为了加快生产进度，节约成本，将其中螺旋桨整流罩的加工工艺做了修改。雅克－18初级教练机是我国从苏联进口首批飞机中的活塞式初级教练机，曾用代号"1号机"。

这个整流罩是一个抛物线旋成体，原来苏联的工艺是用整块铝板旋压成形。320厂将其改成两块材料，分别用落锤冲压成形，然后焊接在一起。按说，这个部件并不承受很大载荷，原用材料是软铝合金，这种工艺变更应该不会影响飞机性能和质量。但厂里的苏联顾问不同意，要请示雅可夫列夫设计局。工厂将这个问题报给四局，四局领导交给徐舜寿处理。

那时，局里给徐舜寿配有苏联顾问，名叫凯特洛夫，是1953年来的，1955年回苏联。凯特洛夫原来是苏联航空工业部的主管工程师，他的办公桌与徐舜寿相对摆放，两个人关系很好，凯特洛夫对徐舜寿很敬重。徐舜寿自学俄语，那时的水平也已经很高，可以直接与凯特洛夫对话，不用经过翻译。就是这个凯特洛夫称徐舜寿为航空工业局的总工艺师。他们两个人商量后，认为320厂的这个设计更改可以不报告雅可夫列夫设计局，就直接同意了工厂的方案。

仿制而不自行设计，就等于命根子在人家手里，自己没有任何主动权。徐舜寿和我们与四局的领导想法是一致的，都认为我们必须有中国人自己的设计机构。

筹备工作

1956 年 8 月，航空工业局下达命令，成立中国第一个飞机设计室。徐舜寿任设计室主任，叶正大（注 1）、黄志千任副主任。四局分党组同时下令，调四局四个人——徐舜寿、黄志千、程不时（注 2）和我到飞机设计室工作。命令下达后，开始了紧张的筹备工作。

叶正大（左一）、徐舜寿（右三）、黄志千（右二）与苏联专家在一起

由于我们没有飞机设计的经验，徐舜寿安排的第一件事就是请北航的张桂联教授给我们讲课。张桂联与徐舜寿在美国麦克唐纳公司（McDonnell Aircraft Corporation）一起实习过。以后张桂联又与黄志千在英国格洛斯特（Gloster）飞机制造公司工作，黄志千是机身设计组的组长，张桂联是气动组的组长，他们相互之间都很熟悉。徐舜寿、黄志千认为一开始搞气动设计，必须找张桂联。

张桂联是一个很热情、很负责的老同志。我们四个人（徐舜寿、黄志千、程不时和我）在他的办公室听他讲了一个下午，他的办公室很简陋，我们围着四张课桌拼起来的大桌子坐。他讲的内容主要是告诉我们，遇到什么问题应该

23

参考哪些资料。

他从飞机设计怎样做气动布局的顺序开始讲，他强调：气动布局设计，机翼、机身最重要；翼型的设计可以参考 NACA（注3）的那些报告。他指出：机翼的翼根、翼尖组合应该协调，翼型的配置最重要的是不要出现翼尖失速。他还讲到，机翼和机身的配合最为关键，因为尾翼大大小小可以改，但一旦确定了机翼、机身的组合，那在以后的设计中连改变一个上反角都会引起结构的很大改变，而结构改变是很不容易的。

他也指出，发动机的确定是飞机设计的前提。

他告诉我们，飞机操纵稳定性的设计可以参考1945年《英国皇家航空学会志》，有一篇总结二次世界大战中飞机操纵稳定性和操纵面设计经验的文章。正好黄志千同志从英国带回的资料中有这一篇文章。

黄志千同志从英国回来时，带回不少很珍贵的资料。由于行李重量[1]有限制，他把这些技术刊物中的广告页都撕掉，只选取有用的部分带了回来。

对于进气道的设计，张桂联教授表示，他也不是很熟悉，两侧进气他没有搞过，但看过一些关于近几年来喷气飞机进气道设计总结性的技术资料，1956年的《英国皇家航空学会志》，有一篇总结性文章，北航图书馆里有，建议我们去查阅。

这次上课最有益的是，张桂联教授指点了我们，在遇到什么问题的时候应该看哪些资料。大家都非常满意，知道了设计该从哪里着手。

对于收集飞机设计所需要的技术资料，徐舜寿花了很大的精力。他首先是将当时用于苏联各型飞机修理的设计（也不属于真正的设计资料，只是制造图纸）、制造资料集中到设计室。这项工作得到了徐昌裕同志的大力支持，航空工业局和各工厂已有的苏联原文图纸资料，共有十几种飞机，全部调拨一份到沈阳飞机设计室。

还有就是国外的一些与飞机设计有关的研究报告。当时庄逢甘（注4）正在

---

① 本书所提"重量"均为"质量"概念，单位为千克、吨等。

筹建第五研究院，他把北航的 NACA、美国航空学会会刊等资料全部影印出来，也都被徐舜寿买了回来。

这些资料成为飞机设计室开展飞机设计工作的基础资料。

注释

1. 叶正大，叶挺将军的长子，广东惠阳人，1927 年出生。1947 年入东北民主联军俄文学校学习，次年加入中国共产党。1955 年毕业于苏联莫斯科航空学院飞机制造系，同年回国。历任松陵机械厂主任设计员、副主任设计师，国防部第六研究院第一研究所副所长，国务院国防工业办公室副主任，国防科工委科技委员会副主任，中国航空学会第二、第三届理事，俄罗斯齐奥可夫斯基宇航学院国际院士，西北工业大学兼职教授。是中国共产党十大代表、第五届全国人大代表、第八届全国人大常委。1988 年被授予中将军衔。参与了五种型号飞机设计、研制的组织工作。曾获国家科技进步特等奖，国家科学技术进步一等奖，中国人民解放军军事科学研究成果一等奖、二等奖，中国人民解放军"胜利"功勋奖。

2. 程不时，1930 年 4 日出生于湖南醴陵市。1951 年毕业于清华大学航空工程系。曾任上海飞机研究所副总设计师、中国航空学会"飞机总体设计及远景规划分会"副主任，中国航空工业总公司"飞机设计顾问组"成员。研究员级高级工程师，原中国航空航天工业部有突出贡献的专家。北京航空航天大学、南京航空航天大学、西北工业大学兼职教授，《飞机设计手册·民用飞机总体设计》主编。

3. NACA——美国国家航空咨询委员会（National Advisory Committee for Aeronautics）的缩写，是美国于 1915 年 3 月 3 日成立的联邦机构，负责航空科学研究的执行、促进与制度化。由于进入太空竞赛时代，美国联邦政府于 1958 年 10 月 1 日解散 NACA，并将其设备、资产与人员转移至新创立的国家航空航天局（NASA）。

NASA 组建于 1958 年 7 月 29 日。当时美国国防部下辖的所有非军事火箭及太空计划在总统行政命令下一起归入 NASA，包括正在进行的先锋计划和探险者计划以及美国全部科学卫星计划。原国家航空咨询委员会（NACA）的 3 个实验室：

兰利研究实验室、鲁伊斯研究实验室、艾姆斯研究实验室编入 NASA，更名为兰利研究中心、鲁伊斯研究中心、艾姆斯研究中心。爱德华兹空军基地的飞行实验室改名为飞行研究中心，海军研究实验室有关先锋计划的部分划归 NASA，在马里兰州组建了戈达德航天飞行研究中心。1960 年 6 月，接管冯·布劳恩领导的陆军弹道导弹局，在亨茨维尔组建马歇尔航天飞行中心，负责大型运载火箭的研究计划。而后 NASA 还相继调整、组建了肯尼迪航天中心、约翰逊航天中心、太空飞行器中心。

4. 庄逢甘，空气动力学家，1925 年 2 月 11 日出生于江苏常州。1946 年毕业于上海交通大学航空工程系，1947 年赴美国加州理工学院攻读航空工程，先后获硕士、博士学位。1950 年回国。1956 年调入国防部五院。1980 年当选为中国科学院数理学部委员（院士）。历任中国科学院数学研究所副研究员，哈尔滨军事工程学院教授，航天工业部总工程师和第一、第三研究院副院长，北京空气动力研究所所长，国防科工委基地副司令员。是国际宇航科学院院士，第三届全国人大代表、第五届全国政协委员。

他长期从事导弹、火箭再入飞行器空气动力学方面的研究、试验和计算空气动力学的研究工作，其研究成果于 1985 年获国家科技进步奖特等奖。在第 18 届国际航空科学大会上，他的"旋涡控制"演讲荣获大会颁发的"古根海姆奖"。

组建飞机设计室

1956 年 10 月，飞机设计室正式在 112 厂成立。根据四局的决定，飞机设计室业务上属四局飞机生产技术处领导，行政上委托 112 厂管理。工厂如有需要设计室帮助解决的生产、技术等问题，由四局统一下达。

一过"十一"，黄志千率我和程不时先行赴沈阳报到。

到达沈阳后，我们住进了 112 厂的招待所。112 厂招待所的位置在工厂大门外左侧，是一座小楼。当时，112 厂完成了喷气式飞机歼 5（米格－17）的仿制，来工厂参观、考察的领导和各方面人员很多，厂里将这些原来是厂领导住的房子改建成一个条件相对好一点的招待所。

我们在小招待所里住了几个月。当时条件很差，招待所里连热水都没有。黄志千买了一个热水壶，我买了一把柴刀，自己劈柴，用房子里配设的煤炉子烧水，解决我们几个人用热水的问题。

徐舜寿患有严重的椎间盘突出症。大约在我们到沈阳两周以后，他不顾孩子幼小，抛开在北京的舒适生活条件，来到沈阳。为避免由于安排家属等事务性工作影响组建设计室，徐舜寿和黄志千都是只身来到沈阳。

徐舜寿来了以后，与我们住在一栋房子里，他和黄志千一人住一个单间，我和程不时住一大间，后来陆孝彭同志来了，也住在这个大间里。那时大家热情很高，徐舜寿有了什么新的想法，马上就找我们几个人一起讨论。

虽然艰苦，但112厂的副食店供应还是不错的。我记得每到星期天，厂里食堂中午不开火，我们就到那里去买吃的。有一种是用油纸包着的枕头面包，很松软，是真有奶油在里面的。徐舜寿赞不绝口，说："在北京也买不到这样的面包呢！"

到沈阳以后，徐舜寿和黄志千、叶正大立即动手，开始人员调配和机构设置工作，很快向四局提出了飞机设计室各专业设置和人员配备的规划方案。

当时建设计室虽有四局领导的支持，但在条件上是十分困难的，不像航空工业建工厂和建第四设计院那样，苏联派来各方面专家并带来成套资料。对于建飞机设计室，苏联方面并不热心，四局苏联总顾问的态度是让我们干着看，并不要求有什么成就。空军方面也不指望要我国自己设计的飞机。在这种形势下，要创建自行设计飞机的事业，就只能成功不能失败。

飞机设计室办公地点在112厂技术大楼的三楼临时挤出的几间办公室，非常拥挤。从外地调来的人员一律不准带家属，都住单身宿舍，吃集体食堂。当时沈阳的生活供应比起北京和南方一些城市还是较差的，一些年龄较大的同志都能以工作为重，忍受生活上暂时的不便而毫无怨言。为了解决办公室的不足，1957年在112厂的厂部大楼后找到一排弃置多年的平房，加以修缮后作为设计室的办公场所，这样才得以正式开展工作。

设计室小平房

尽管当时的办公条件十分简陋，但是徐舜寿仍按照他心目中飞机设计室的要求来改建办公室。他要求把小间的屋子打通，变成大办公室，所有的制图桌都集中在一间大办公室里。他们三位领导的位置在屋子的一头，对整个办公环境可以一览无余，有什么问题，马上就可以协调解决。徐舜寿早年在美国麦克唐纳飞机公司实习时，那里设计室的环境就给他留下了深刻的印象。他常说："美国的设计室是个大屋子，设计员都在里面，总设计师可以看到大家，随时了解情况，解决问题。"

试验室是由原来的一间厕所改的。

办公条件虽然简陋，但徐舜寿对试验设备和办公设施却毫不含糊。譬如绘图桌就不是简单到外面选购现成的办公桌，而是由他与几个设计人员一起精心设计、订制的，绘图桌有好几层抽屉，这样可以多放一些书籍、资料，还配有可放铅笔、橡皮、三角板的专用板，另外还有可存放描图纸的长形格子。图板可以平放也可以竖起来。这种绘图桌的设计形式，一直沿用了三十年。

1956 年，在我们去沈阳之前，徐舜寿已经与黄志千在 8 月利用参观米格 – 17φ 的全机静力试验和试飞的机会，与叶正大商量过设计室组建的事。

叶正大是 112 厂设计科的主任设计员。按照苏联的管理体制，设计科有科长，还有主任设计师。在国内，由于我们资格浅，所以不称主任设计师，而任命叶正大为主任设计员。下面分专业组，机翼、尾翼一个组，机身一个组……有组长、有主管设计员，职务分工各有侧重。图纸上，按照审批权限，需要组长、主管设计员及科长、主任设计员中的两个人签字才生效。

这支队伍在仿制米格－17中发挥了很大作用，8月中下旬，米格－17仿制任务胜利结束，开了庆祝会。这次组建飞机设计室，叶正大把工厂设计科里的30多名主管设计员都带到了设计室来，成为飞机设计室设计力量的基础。

当然，这么一点人是远远不够的，徐舜寿、黄志千到了以后，决定从刚毕业的南航、沈航学生中调一部分来，徐昌裕同意这样做。更重要的是，从各工厂设计科抽调技术骨干——科长、主管设计员。徐舜寿特别看重从国外回来、有飞机设计经验的老专家，希望他们能来带一带这支年轻的队伍。

如北京南苑飞机修理厂的陆孝彭（注1），他是中央大学毕业的，曾经在美国密苏里州圣路易斯市麦克唐纳飞机公司实习，参加过舰载喷气式战斗机的结构设计，以后又被派到英国格洛斯特飞机公司继续实习飞机设计。解放初期，他与徐舜寿在华东军区航空工程研究室一起工作过。

还有高永寿，他也在英国工作过，当时是320厂的总工艺师，仿制雅克－18时，他是主管工程师，后来到南航当了教师。

汪方典，是有驾驶B－25飞机经验的飞行员，工程方面的经历也很不错，有技术、有经验。当时他在南京511厂，就只有一个工程师头衔。遗憾的是他没有能被调进飞机设计室，因为政治审查通不过。解放战争时期，他曾经驾驶B－25执行过轰炸解放区的任务，所以保卫部门坚决不同意接收。后来他到吴大观手下的发动机设计室，但也没有工作几个月，就被调出，又回南航教书了。他在管发动机时，我还和他协调过技术问题，他人很精明。

徐舜寿想请的老专家很难请到，最后只落实了陆孝彭，他自己也非常愿意从事飞机设计事业。还有一些老专家，不是徐舜寿点名要的，可能是四局配的，其中一位是沈尔康（注2），是从民航来的。

设计室的成立，在航空工业系统产生了极大的影响，当时在航空系统有志于飞机设计事业的技术人员纷纷提出要参加到新中国第一个飞机设计的队伍中。

在四局工作的管德（注3）、叶锡琳、陈钟禄、高锡康、李永明等一批20世纪50年代初毕业于各大学航空工程专业的大学生都坐不住了。

管德是在学校时就入了党，当时是四局党组秘书，实际上已经是"官"了，是四局调查研究室的主任，科长一级的干部。管德脑子清楚，写文章也快，四局的局长王西萍很欣赏他。当时北航办了函授班，对1951年后毕业的大学生进行再教育，管德已经参加了这个函授班，而且还准备考研究生。他后来跟我说过，王西萍对他讲："考研究生都是社会上失学青年干的事，你考这个干什么？"

高锡康比管德低一届，也是在学校时期就入了党。

当时徐舜寿号召力很强，所以他们都想来设计室，希望在自己所学的技术专业道路上能做更多的工作，不愿在局机关里继续做管理工作。在向上级提出申请并获得支持和批准以后，他们都来到了飞机设计室。

徐舜寿与管德约法三章，对他说："你来可以，但三七开，七分技术工作，三分行政，当秘书，也就是搞一些文件起草工作等。"管德来到设计室，徐舜寿先是分他画模线。画飞机模线外形要求光顺，绝不能直接用圆与直线切，必须用二次曲线，这样就需要解联立方程，解起来是相当费时费力的，手摇计算机太慢，所以专门给他配了电动计算机。

管德来了一个月后，徐舜寿对我说，要有专人来搞颤振，于是就选了管德，还有一位陈钟禄，原来是航空工业局搞计划的，由他们两个人来搞。管德搞得很好，成了这方面的专家。

我还记得航空工业规划设计院有一位1951年从国外回来的技术人员，在得知飞机设计室成立以后，坚决要求到设计室来。在国外，他学的是飞机强度计算，从北京到沈阳时，他把从国外带回来的书籍、资料装了满满好几箱。后因不习惯沈阳的生活，又回去了。临走的时候，他还给我们留下一篇NACA的飞行品质报告，这是个经典著作，张桂联教授一再提醒我们应该看的。

还有一位是122厂的王念清，1952年毕业于上海交通大学航空工程系，后在122厂工作。听说成立飞机设计室，也主动要求来，他的态度非常坚决，最后组织同意了他的要求。徐舜寿后来说，这是一个意外的收获。

设计室创建之初，就是这样一个状况，以112厂设计科为基础，大量的是沈航、南航的毕业生。南航第一届是1955年毕业的，第二届是1957年毕业的。还有就是一批50年代初期北航、清华、华东航空学院（西工大前身）等学校的毕业生，组成了一支平均年龄仅22岁的设计队伍。

11月，这些人员大部分都到齐了，徐舜寿开始了启动工作。

青年设计团队

他利用两个途径，首先抓了对设计人员的培训。一是他考虑到设计员必须懂工艺。112厂在仿制米格-17时，锻炼了一批工艺技术人员，于是他请了厂里的工艺主管，给刚分配来的年轻学生上课；再就是，各大学来工厂实习的学生都有老师带队，他抓住机会，请这些老师给我们讲课。他想了各种办法，把能请到的专家都请来，给设计人员授课，传授飞机设计的经验。在他所请到的专家之中，既有当时苏联在国内几个飞机制造厂的专家，也有几所航空院校及哈军工的教授。凡是有设计专长的专家来沈阳，他都要安排他们来讲课，如南航程宝渠教授讲打样、北航张桂联教授讲飞机气动设计等。

他还给设计室的技术骨干请顾问，如颤振请陈基建（注4）、张桂联教授和苏联的强度专家；风洞请马明德（注5）教授；气动请张桂联、罗时钧（注6）教授。

顾问的工作方式不像现在的评审会，而是专题专问，效率很高。我们的疑难问题经他们一指点立刻就解决了。

培训收到了很好的效果。

注释：

1. 陆孝彭（1920—2000），1920 年 8 月 19 日出生于江苏常州。1937 年，考入南京中央大学。大学毕业后，被分配到云南昆明空军第一飞机制造厂。1942 年，他到成都空军机械学校高级班学习，1943 年被分配到南川第二飞机制造厂任设计员。1944 年 12 月，他到美国密苏里州圣路易斯市麦克唐纳飞机公司实习，参加了舰载喷气式战斗机的结构设计，后又被派到英国格洛斯特飞机公司继续实习飞机设计，被分配担任总体设计。

1949 年 8 月回国，进入华东军区航空工程研究室。1951 年，到北京南苑飞机修理厂。之后历任 112 厂飞机设计室主管工程师，南昌飞机制造厂设计所副所长、副厂长、飞机总设计师，南昌航空大学第一任校长，江西省科协副主席，江西省第四～第六届政协副主席。是第四～第七届全国人大代表。1985 年获国家科技进步奖特等奖，被评为全国有突出贡献的科技专家，1991 年获得航空工业的最高奖航空金奖。1982 年加入中国共产党。1995 年当选为中国工程院院士。2000 年 10 月 16 日，因病在北京逝世。

2. 沈尔康，1919 年 10 月 12 日出生于江苏青浦县（现上海市青浦县）。1937 年，毕业于南京中央大学实验中学。1943 年，毕业于重庆中央大学航空工程系。1943～1945 年，在中国航空公司任机械员。1945～1946 年，到美国航空公司实习。1946～1949 年，在上海、香港中国航空公司任工程师。1949～1950 年，参加"两航"起义。1951～1956 年，在太原民航机械修理厂任检验科科长。1956～1961 年，在沈阳飞机制造厂飞机设计室任机翼组组长。1961～1964 年，在沈阳飞机设计研究所历任技术教育科科长、副总设计师。1964～1973 年，在飞行试验研究所任副总工程师。1973～1985 年，在航空救生研究所任副总工程师、总工程师、所长、科技委主任、研究员级高级工程师。他是第六、第七届全国政协委员，襄樊市第九～第十一届人大常委会委员。1994年离休。

3. 管德，气动弹性力学专家，1932年农历6月9日出生于北京市。1949年考入清华大学航空工程系，大学毕业前夕加入中国共产党。1952毕业后，历任第二机械工业部第四局编辑组长、指令检查室主任，112厂飞机设计室设计员、空气动力组副组长，沈阳飞机设计研究所气动弹性组组长、空气动力室副主任、总体和空气动力室主任、高级工程师、副总设计师、副所长，沈阳飞机工业公司副经理、总工程师。1985年，调任航空工业部任科技局局长，部总工程师，部科学技术委员会主任、航空研究院院长。1985，任中国民用航空总局副局长。北京航空航天大学兼职教授、博士生导师。1994年当选中国工程院院士。第八、第九届全国政协委员，中国航空学会第四～第六届理事会副理事长。

4. 陈基建，气动弹性专家，南航教授。

5. 马明德（1915—1969），原籍安徽省滁县，1915年12月12日出生于北京市。1938年，上海交通大学机械系航空门毕业，获学士学位。1938～1939年，在美国密歇根大学航空工程专业学习，获硕士学位。回国后，历任云南省垒允中央杭州飞机制造厂工程师、贵州大定发动机厂技士、重庆交通大学航空系副教授、教授、上海交通大学航空系教授。1949年，任中国人民解放军华东军区司令部军事科学研究室研究员。以后历任哈尔滨军事工程学院教授，空军工程系空气动力教授会副主任和空气动力实验室主任、工程科主任、空气动力专科主任、系副主任，院空气动力研究室主任，航空工程系教授、系副主任。国防部第五研究院科学技术委员会特邀委员，国防科学技术工业委员会空气动力专业组成员及试验技术分组组长。他曾参与制定国家大型风洞基地的长期规划。除哈尔滨军事工程学院的教学工作之外，历尽艰辛，自力更生地主持建成中国第一个包含亚、跨和超声速风洞的大型风洞群，对中国自行研制飞行器做出了重要贡献。1969年1月13日，逝世于哈尔滨。

6. 罗时钧，空气动力学家、力学教育家。1923年4月1日出生于江西南昌市。1945年，毕业于重庆中央大学航空工程系，获航空工程学士学位。1945～1947年，任中央大学助教。1947 年后，曾在美国明尼苏达大学航空工程系学习，获航空工程硕士学位。在美国加利福尼亚理工学院航空系学习，获航空博士学位。1951 年后，历任中国科学院数学研究所助理研究员、哈尔滨军事工程学院教授、空气动力学教研室副主任、西北工业大学教授、空气动力学研究室主任、副校长。1980 年加入中国共产党。1987 年后，分别任中国航空学会、中国力学学会、中国空气动力学研究会理事，《航空学报》、《力学学报》编委。后定居美国。

自行设计歼教 1 飞机

　　开始启动设计工作时，徐舜寿有两条原则，首先是"需要与可能相结合"，还有一条是"在实践中培养、锻炼队伍"。

　　从四局技术科成立设计组时，他就在考虑第一个设计任务的选型。在组建设计室的过程中，他明确了第一架飞机是一个中级教练机。他结合对部队需求的了解提出，这架飞机的临界马赫数不超过 0.8，不用后掠翼，选用平直机翼。因为我们没有技术储备，只能按手册设计，因此不能用后掠翼。仪表和无线电设备基本按照米格 - 17 选用，以便与高级教练机衔接。采用的发动机是按照米格 - 17 的发动机维卡 - 1 缩型，推力从 2700 千克力减少到 1600 千克力，相当于英国的"德温特"发动机，该型发动机是在抗美援朝战争中，从击落英国"吸血鬼"式战斗机上获得的。发动机由新组建的 410 厂发动机设计室负责研制设计。

　　徐舜寿这个考虑是从"需要与可能相结合"出发，因为当时我们没有高速风洞，已有的只是英、美的手册和仿制米格 - 17 飞机的经验。在需求方面，当时空军的中级教练机喷气式雅克 - 17 在淘汰中，而螺旋桨式的雅克 - 11 没有安排仿制，徐舜寿认为空军应该需要这样一型中级喷气教练机。他的想法在空军航校调研后，得到了肯定。

任务明确以后，分工我负责气动、程不时主管总体、屠基达主管机身、沈尔康主管机翼。起落架的设计开始分工由吴孟伟负责，他是华东航空学院1954年毕业被分配到112厂，是从112厂设计科调到飞机设计室，但后来在反右运动时被调出了设计室。

任务一明确，首先就是气动布局问题。我感到压力很大，平直机翼飞到马赫数0.8是一个难题。我找到张桂联教授介绍的美国NACA技术报告，经过比较，认为只能选用美国的6系列翼型。这个翼型，大部分是层流，压力分布是平顶型的，但问题就是要避免翼尖失速。张桂联提示我们，选翼型不要让零升力时的低头力矩太大，否则速压大了以后，平尾平衡这个力矩，受力就太大了，结构受不了。要避免张桂联教授所说的情况发生，选翼型时我没有选弯度大的，虽然弯度大，升力会好一些。在来沈阳以前，我还搜集和研究过拉-9、雅克-11、雅克-18等飞机的翼型，根据张桂联教授所讲的原则，翼尖用圆头翼型，选用63A210系列，有一点弯度，相对厚度小一些；翼根用对称翼型，选用63A013系列；机翼还用了1°的几何扭转。

整个机翼通过计算，失速在翼中，临界马赫数为0.8以上。

机身的考虑，当时徐舜寿明确提出，一定要两侧进气，不能再用机头进气。这也是个难题，国内没有先例。我按照张桂联教授讲的，到北航查找有关资料。

我从沈阳又到北京后，就住在航空工业局德胜门外羊房胡同的单身宿舍——我原来住的地方。当时四局机关经常会有同志出差在外，谁出差了，我就睡谁的床铺。

由于北航当时还是在建校时期，图书馆白天都被学生占用，我只能晚上去。我借了第一技术科副科长李泽藩同志的一辆自行车，每天晚上跑北航，查找并抄录资料。当时没有其他手段，只能买硫酸纸，把有用的图描下来。那时到北航的路还没有修好，三环路还没有，只能从黄亭子绕过去，晚上也没有路灯，就这样跑了一个星期。记得自行车还给李泽藩时，才发现自行车的前叉已经裂了，也不知道是什么时候裂的，就这么骑着跑了一个星期。

从北京回来，我向徐舜寿做了汇报。他很重视，听得很仔细，而且不断提出问题。不仅如此，他还把叶正大以及当时的苏联顾问都请来听。这个苏联顾问是 112 厂仿制米格 - 17 时苏联方面派来的米高扬设计局的代表，图纸有问题就找他，由他向米高扬设计局请示。他本人是搞军械的，不是搞结构设计的，曾经做过米高扬设计局驻捷克的代表，捷克的米格 - 17 比我们仿制要早一些。徐舜寿征求他的意见，他表示很有兴趣听。会后，设计室的几位领导都认为可以干，于是开始了进气道的详细设计。

整个飞机的气动设计，我在学校学的都是螺旋桨飞机，对于喷气式飞机的设计，根本就没有概念，只能学习，我找来苏联的教科书和毕业时刚出版的 Perkins 的《飞机空气动力学》（该书后由西工大戴昌辉教授翻译出版）看。但苏联当时出版的教科书，讲喷气式飞机的也不多，尤其对如何设计喷气式飞机，讲得都不细，所以困难很多，希望有老专家来带一带，但根本没有条件，只能自己硬撑着，手头也没有得心应手的资料。

1956 年冬，南昌 320 厂负责生产安 - 2 飞机，安东诺夫设计局派来的专家带来了一批资料，帮助 320 厂试制安 - 2。这位专家对中国很友好，他带了 ЦАГИ（苏联中央空气流体动力研究院）的有关技术资料和研究报告，当时我们在中国根本看不到，其中还有苏联 1943 年版的《设计员指南》和 1947 年版的《强度规范》等，这位专家把这些资料都给了我们。徐舜寿同志立即派气动设计员汪子兴同志到南昌把这批资料拍成胶卷，回来印成照片让大家看。看过这些资料后，感到非常有用，尤其是《设计员指南》，条文规定具体详细，按照条文规定，肯定能设计出飞机来。据说，这个《设计员指南》每两年改版一次。所以1943 年版的只是用于二战时期的飞机设计，不过好在对平直机翼的飞机都讲到了。

还有一本 1947 年版的《强度规范》，是九年前的，也是两年改版一次。

有了《设计员指南》和《强度规范》，就好开展设计工作了，如《设计员指南》中对尾翼的设计等都有详细说明。经初步计算，飞机的最大平飞速度为850 千米/小时，升限 12000 米，航程 1000 千米，正常起飞重量 4110 千克，装一门 23 毫米口径航炮，称为"歼教 1"。

徐舜寿当时与我们开玩笑说："我是我们设计室的销售工程师"。他带着图纸，每到一处，四个图钉往墙上一钉，就对人家介绍歼教1的方案设想。就这样，徐舜寿征求空军航校和机关的意见，航校的同志表示满意，向空军常乾坤副司令员汇报，这个方案得到常乾坤副司令的肯定。

徐舜寿在讲课

当时设计室气动力组有我，还有1954年从华东航空学院毕业的汪子兴，徐舜寿给我们分工，让汪子兴管操纵稳定性分析。还有一位北京大学力学系1956年的毕业生，钱学森教过她，是位女同志，名叫杨嗣英，很可惜的是，后来因为种种问题，把她从飞机这个行业给弄走了。当时就我们三个人在搞气动设计。

气动设计方面，确定了机翼、尾翼、襟翼等的安排。我用了比较保守的办法，机翼要保证飞到马赫数0.8，着陆速度要尽量小一些，应在190千米/小时以下，所以采用了占翼展60%、偏转60°的开裂式襟翼，这样副翼的面积设计就相应小了一些。尾翼的设计参考了张桂联教授推荐的英国文献和美国NACA文献。

风洞试验

机翼、机身等组合以后，问题就是计算数据是否靠得住了，徐舜寿非常重视风洞试验。当时，我们国家只有哈军工（哈尔滨军事工程学院）有两个直径1.5 米的低速风洞，是马明德教授在哈军工设计制造的，实验室也是他负责。

马明德是上海交通大学 1938 年的毕业生，与黄志千是同班同学。后来赴美留学，1939 年获密歇根大学航空工程硕士学位。回国后，在国民党时期的飞机制造工厂工作过，后在上海交大任教，1949 年离开。说起来，他是我的老师。1952 年创办哈军工时，他成为最早进入哈军工的教授之一。徐舜寿曾请他和张桂联、黄玉珊（注 1）等作为设计室的兼职工程师。

马明德很随和，很可惜在"文革"时，受迫害整得实在太厉害，他承受不了，用床单撕开编成绳子，上吊自杀了。当时国防科委要成立第十七院（空气动力试验研究院），已经任命他当副院长，命令都下了，但还没有送到他这里，他已经去世了。

马明德在美国做过风洞试验，是很有经验的。哈军工的风洞是两个直径为1.5 米的回流式低速风洞，其中一座试验段是开口的，称为 1 号风洞；另一座试验段是闭口的，称为 2 号风洞。他的思想是将两个风洞试验的结果一平均，就可以不做洞壁干扰修正了。

我就黏上马明德了，做试验找他，出了问题也找他，有时候就跑到他家中去问。还有就是自己找书来读，一方面看苏联的《设计员指南》，再就是读美国人艾伦·波普（Alan Pope）写的《风洞试验》。

哈军工的风洞，当时主要用于在苏联专家和马明德指导下，给学员开设空气动力教学试验课，还没有真刀真枪地用于科学研究和工业设计，而且常规模型试验雷诺数的量级仅为 0.5×10^6，这样的风洞试验能不能为飞机设计提供准确可靠的数据，还是一个问题。

马明德很有一套解决实际问题的办法。他提出先做一个美国 NACA 有试验结果的展弦比为 5 的等弦长机翼，把试验结果与 NACA 的数据加以对比。再做一个雅克 –11 的缩尺模型，这是有苏联大风洞试验结果的，就这样做对比试验，等于为哈军工的风洞做了校核。

112 厂木模车间的能力是很强的，而且选用木材也很讲究，原木料都用烘干炉烘干以后再加工。但由于翼型太薄，做出的模型容易变形。我根据风洞试验书上介绍，告诉木模车间的工人同志，木材要采用亚麻油浸泡，然后层层粘接，不能用整块木材。他们这样做了，模型变形确实小些。后来工人改用精制层合板，效果就更好了。

就这样，先吹 NACA 翼型，再吹雅克-11。两个风洞尺寸一样，一个是 1.5 米开口，一个是 1.5 米闭口。开口风洞吹出飞机升力比较小，闭口吹出的比较大，闭口就等于把空气紧缩了，开口的是随便放，两个试验数据有差别。马明德提出将数据相加再除以 2，得出了比较准确的试验结果。他这个人很重视工程实际，就用这样土办法来解决问题，我们就照他的意见做了。

哈军工的风洞天平很糟糕，只有纵向三分力天平，只能测升力阻力和力矩，横向的力和力矩都不行。实际测出来的结果，升力线斜率要比计算结果低。还有力矩特性，升降舵偏到 20 度就不行了，飞机就控制不住了。我觉得是由于雷诺数太小，对测出数据都有影响，也不怎么好修正。但好在测出来的数据与计算数据比较后，发现规律上还是相似的，这就使我们对自己的计算数据比较有信心了。

在哈军工风洞做试验，也有很多好处。比如机翼、机身的整流算不准，也画不好。也是马明德推荐，他说你干脆就在这里，模型上贴上毛条，通过吹风试验来确定。另外同时测压力，只要压力不是升高很快，机翼与机身连接的后端就不会有很大的气流分离，如果分离很大时，阻力也上去了。于是就按他的意见去做试验，不断修改机身、机翼整流罩形状，根据试验结果再计算、再修正模型。

修型也是很麻烦的。哈军工配合我们修模型的一位姓吴的老师傅，非常棒，背驼得很厉害。他手艺很高，毫不计较个人得失，不厌其烦，反复试验、反复修型，直到测得完全没有气流分离、做到很顺为止。尾翼和机身的整流形状就是这样吹出来的。最后歼教 1 的结构就是按风洞试验后的模型形状来设计。

当时还怀疑座舱盖在出现事故时能不能抛掉，打不打垂直尾翼？

徐舜寿当时为设计室订了很多国外的技术文献资料，其中有英国航空咨询会出的备忘录（ARC R&M），总结二战时期风洞试验的经验，介绍了用动相似模型，用电阻丝勾上，通电断开后抛放舱盖，可以模拟真实情况。我们参考这些总结，采用了动相似模拟方法，通过风洞试验，证实了歼教1的座舱盖抛了以后不会打到垂直尾翼。另外副油箱应该怎么抛，也是这样做了。就这样，歼教1的气动力设计一步步成熟。

进气道设计是个大问题。有文献介绍，当两侧进气，气流在一个大的空腔里汇合时，弄不好会出现一侧进气、一侧出气，造成发动机喘振。对这个问题，黄志千也很有压力，因为徐舜寿给他的任务是分管气动组和强度组。1957年冬天，天气很冷，黄志千亲自去哈尔滨做了两个月的进气道试验，当然还有我们气动组的人一起。如何进行模拟发动机吸气？经马明德提议，决定用鼓风机抽的方法，但所需鼓风机外面买不到。于是他安排我来设计，我找了鼓风机的参考书，设计了一个鼓风机，安排在军工实习工厂车间加工出来、装上去。能抽到进气速度比飞行速度还要高的情况。

当时，测量进气道流场要用一排排很细的管子，即排管，布置在进气道后测总压，但没有地方可以得到这样的东西。当时气动组新分配来一位胡同同志，他是1955年南航首届毕业生，南航毕业后进了俄专，是准备派往苏联学习的，由于形势变化，没有去成，分配到了我们气动组。他很能干，动手能力很强。最后，我们采用242医院用过的废针头焊在铜管上，再用白铁皮包起来，做成整流形状，做成了现在常用的测压排管。

那时除管德已经结婚以外，我们都还是单身，于是就把办公室当成作坊，在那里焊接加工。把不锈钢与铜管钎焊在一起，需要氯化锌做焊药，我们找来盐酸，加入锌片（从旧电池拆下来），自己加工焊药，就这样做了半个月，做好了拿去吹风试验用。

经过两个月的试验，达到了在进气速度超过预定飞行速度时，不会使发动机发生喘振现象的要求。

当时马明德是空气动力学教授会（即教研室）副主任，主任是岳劼毅

（注2），他的资格很老，比马明德还要老，也是留欧洲、留德的，但不知什么原因，那个时候，他没有穿军装。岳劼毅认为，做试验应该收点钱，因为风洞是连续运行的，所以计算收费的标准就参照出租车的办法，按时间来算。但马明德认为这样不大合适。马明德提出，可以不用交钱，但他们那个闭口风洞需要一个横向的天平，用来测横向力矩、滚动力矩、偏航力矩等，他们没有人能设计这个天平，意思是他们帮我们做试验，我们帮他们设计制造这个横向天平。徐舜寿答应了他的这个提议，派了设计室军械组组长胡除生负责这个设计，他是武汉大学机械系毕业的，搞机械设计比较好，与徐舜寿一起搞过航空工业展览会，徐舜寿对他很熟悉。他也搞过静力试验，搞过结构设计和辅助工具的设计，所以徐舜寿派他来设计这个横向天平，然后拿到112厂加工制造。

天平是做出来了，但设计原理有些问题，使用中干扰很大，后来也没有怎么用。新制造出的天平，铰接处都用很薄的弹簧片，军工当时也没有这种弹簧片。马明德的招数多，他说用工厂报废的千分垫就可以。于是我就多了一项任务，从112厂找这些垫片，每次去哈尔滨都带一大包。

纪士坪同志当时是马明德的助手。他在上海交大航空系，比我高一届，与朱宝鎏是同学，我们之间很熟悉。由于熟悉，他那个风洞就交我们管了。开始的时候，他们只负责来人打开总电源，启动以后就不管了，到以后连开电源都交给了我们。

有一次晚上加班，总电源闸合上以后，风扇不转，我们没有办法，就去找纪士坪，当时他也在办公室加班。来看过后，他说："怎么搞的？你们操作有错误。"经他自己调整，风洞工作就正常了。

注释：

1. 黄玉珊（1917—1987），1917年10月15日出生于江苏南京市。1935年，毕业于中央大学土木工程系，后在中央大学机械特别研究班学习航空工程，毕业后留校任教。1937～1939 年，在英国伦敦大学帝国理工学院航空工程系学习，获硕士学位。1939～1940 年，在美国斯坦福大学学习，获博士学位。1940～1949 年，任中央大学教授、航空研究院特约研究员。解放后，历任中央大学航空工程系代理系主任、兼任中国航空工程学会南京分会副会长、兼任浙江大学航空工程系教授、华东航空学院教授、飞机系主任、西安航空学院教授、飞机系主任、西北工业大学教授、飞机系主任、博士生导师、博士后导师，兼任国防部第五研究院顾问、国家科委力学专业组成员、国防科委专业教材编审委员会委员兼飞机设计与制造组组长、国防部第六研究院技术委员会委员和结构强度组组长、国防部第五研究院结构强度与飞行环境研究所所长、中国力学学会、中国航空学会常务理事、理事，《中国大百科全书》学科主编。

1987 年 6 月 9 日　逝世于西安市。

2. 岳劼毅，1915 年出生于陕西西安市。1936 年，毕业于清华大学机械工程系，同年起先后留学英国、德国，1940 年回国。曾任上海交通大学、清华大学、浙江大学教授。建国后，历任华东军区司令部科学研究室研究员，哈尔滨军事工程学院、西北工业大学教授。是第四、第五届全国政协委员。对流体力学及空气动力学有较深研究。20 世纪 50 年代与其他人共同主持建立了我国最早的比较完整的风洞群。编著有《空气动力学基础》。

学习是最重要的

那时真是什么都需要学习，遇到不懂的问题就找书本、找专家。有人到徐舜寿那里告我的状，说我晚上洗脚都在看书，是走"白专道路"，就是那个时候的事。

徐舜寿很重视搜集资料，他曾经想办法买到一批 NACA 刚解密的二战时期的技术资料，大约几百本，国内就进了这么一套，上面很多处还打着"classified（密级）"的字样，很珍贵。外文书店还曾经到我们这里借去影印，然后原书归还，同时还送我们一套影印本。设计室订购了从 1945 年起的全套英国《航空工程》和《皇家航空学会志》等杂志，后来订购了美国航空学会学报及美国 NACA 的 TN、TR 等报告，以后又陆续订购了英国 ARC（英国航空委员会）的 CP、R&M，以及法国的 ONERA（法国航空航天局），德国的 DFL（德国航空研究所），瑞典的 FFA（瑞典航空研究院），北大西洋公约组织出版的 AGARD 等出版物。

徐舜寿自己有一套有关飞机设计方面的参考资料，这些都是他在美国工作时用的，如《民机适航手册》CAMO4、《航空材料手册》ANC-5 等，最珍贵的是他 1948 年在南昌设计"中运三号"时的设计备忘录。这些书从南方到北方，从沈阳带到北京，以后又到沈阳，他从来没有舍得丢，这些资料在开始设计歼教 1 时起了相当重要的作用。如他的一本美国航空学报中有一篇关于 P-80 飞机设计的全面介绍，几乎成了设计室的人设计歼教 1 时的主要参考。

黄志千也从英国带回一本《飞机设计室手册》（Aircraft Drafting Room Manual）（1939 年版），其内容包括：制图规则、设计室机构、材料、工艺、表面加工、设计数据、螺接件和单位换算表共 8 章。原文一大本，内容非常具体，在当时什么实用的设计工具书籍都没有的情况下，这两本设计手册给设计人员提供了十分宝贵的参考依据。

1946 年，黄志千同志在英国格洛斯特飞机公司工作

黄志千在英国还手抄了《飞机设计规范》AP-970 的几个重要章节和用描图纸描的 Derwent（德温特）发动机的推力曲线。Derwent 发动机的推力约为 1500 千克力，是 РД-500 的原准机。北航有一台样机是抗美援朝时缴获的。410 厂发动机设计室副主任虞光裕也曾在英国工作过，他和设计室主任吴大观同志按照徐、黄的意见，参考 Derwent 提出将歼 5 飞机的发动机（ВК-1Ф）缩型的研制方案，就是以后为歼教 1 装用的喷发-1 发动机。

通过大力收集各类航空科技书刊和文献资料，当时在国内，112 厂设计室航空科技资料的收藏量是最多的。这样既为自行设计飞机准备了技术资料，又开创了设计人员勤学苦练的学习风气，也为培养人才掌握国外先进航空技术创造了重要条件。我们就靠这些资料、靠这个资源在工作。

黄志千回国时，抄了一本英国 AP–970 的设计资料，以后又有了苏联 1947 年的设计规范，美国的资料基本上没有。但有了苏联的规范，强度设计也就有底了。

气动布局弄好了以后，减速板还没安排好。

在黄志千带回来的 AP–970 中，第六章讲操纵稳定性，张桂联教授讲过这篇文章，我们就是依据这个来设计的。在亚声速的情况下，人力操纵基本上能用。按照 AP–970 规范，飞机在放减速板以后，应产生一个抬头力矩，千万不能有低头力矩。那么应该怎么安排减速板，由于不是一个简单的操纵面，所以计算也很难，只能靠吹风试验解决。

1957 年的夏天，徐舜寿给北航的张桂联教授打了招呼，请他帮助做吹风试验。张桂联教授是教研室主任，当时正值反右运动，试验室不工作了，他们下午都学习，但他还是让我们去了，就我和高锡康两个人。我把模型带去，做了一个月的试验。

北航的风洞，是在北航建校以后，苏联专家帮助建的，完全按照莫斯科航空学院的风洞图纸。那时反右运动已经开始，张桂联每天要去开会、学习，而且整个风洞实验室的人都要参加，所以我在那里的时候，除了打开总电源开关这样的事要由他们做以外，其他工作全由我包揽负责。

这个风洞是木制的，很简陋，天平放在一个阁楼上，观看测压力的排管在底层，吹风达到了速度要测力，要赶快爬上阁楼读天平数据。而且天平数据的刻度上有错，刻了两个 13，读起数据来很费劲，要记住过了第一个 13，第二个 13 一定要加 1。不过，就这样总算吹出了数据，有了结果。最后找到了减速板放下时，让飞机产生抬起的位置。

布局问题总算完全解决了。

我不适合管人

在我们对气动布局进行计算和吹风试验时，结构设计工作也已经展开，不能等全部数据吹风试验完了再开始。只能在飞机布局基本确定了就开始设计。结构设计最初就要气动组给外载荷，大部分的数据都是要空气动力提供，而数据则应来自吹风试验，好在有了强度规范，有的工作开展起来就有了依据。

但规范没有给出进气道压力的计算依据，也就是在飞行速度最大的时候，所有动能转变为位能时管道承受的压力、动压转为静压时的设计规范没有，怎么办？只能自己计算。我把任务交给了一位从北大分来的大学生，但她说计算不出来。气流压力的测量，是空气动力试验中最基本的测量项目之一。我听她这样讲，有点沉不住气，就说她："伯努利定理是中学时期就学过的，你一个大学生还算不出来。"这话当然是很伤人自尊心的，弄得她满腹怨气。当时我是组长，给组员发工资都是组长的工作。一次我给她发工资，她怒火中烧，将一把钞票摔在我面前。

我那时已经意识到自己管人经验不足。是由于自己清高、骄傲？也不是，可能是对处理人际关系方面想的过于简单。

我有时也感到委屈，工作很辛苦，但没人谅解。

以后，徐舜寿决定将颤振专业也放到气动组来，管德到了气动组，很快就担任了气动组和总体组两个组的党小组长。他在管人这方面很有能力，堪称一把好手。我虽然是气动组的组长，但管人的工作都由他来做，这样，我就轻松多了，与同志之间的矛盾大大减少了。

在文化大革命批判徐舜寿的时候，由于徐看重我，所以也被列为徐的一条罪状。

歼教 1 样机审查

1957 年 6 月，歼教 1 木质样机做出来了。

歼教 1 木质样机

9 月，空军决定对歼教 1 飞机进行木质样机审查，由空军订货部副部长丁仲带队，一行三四个人，都是少校、大尉——处长一级的干部，而且基本都是飞行员出身，还带了苏联顾问。我印象最深的是科研处的一位处长，他是搞文艺工作出身，能写东西，但在技术上似懂非懂。刘亚楼曾经对他有一个很经典的评价——"专家面前的领导，领导面前的专家"。

那次评审，开始的时候，他们的态度还不错，但第二天突然就改变了，说飞机性能不好，不能做高空特技，苏联顾问也这么说。我解释说："不是这样的，飞机的推重比摆在那儿，我来给你们算"。于是连夜将他们提出的特技飞行进行了计算，认为是可以做到的。苏联顾问表示接受，被说服了。但那位处长对自己研制生产的东西不支持，竟然说出，"我们宁可买美国的 T-33，也不要你们的歼教 1"。还强调空军取消了中级教练环节，直接从雅克-18 跳到乌米格。

最后他们给出一个结论，说飞机太重、机翼面积太大，等等。经过五天详细的审查，认为歼教 1 飞机作为空军训练用的中级教练机还存在严重缺点，要求提高飞机的机动性，不要求续航时间，其实这些意见与航校得到的意见是相反的。还提出了90多条其他意见。同时，审查委员会还确定了歼教1飞机新的战术要求。

在这次审查会上，争论很激烈，当时徐舜寿不在家。主要是黄志千、叶正大负责。那位处长甚至说出对黄志千是否诚实表示怀疑的话。黄志千是一个很沉稳的人，性格内敛。与他在上海交大同期的同学王子仁（原航天工业部一院试验站技术副站长、研究员）曾回忆："同学四年中，觉得志千性格比较内向，寡言谈。因他络腮胡很密，面目虎虎然，同学间亲切地称他为'黄老虎'。"

对黄志千的人身攻击，使112厂当时的总工程师熊焰（注1）看不过，他站出来说："我对黄志千是了解的，他的品德是高尚的，绝不是弄虚作假的人。"把这个话给顶了回去。

由于争持不下，四局副局长段子俊（注2）和苏联派到四局的航空工业总顾问也都来了。段副局长在会后对我们说："就这样听取他们的意见，再改一改。"他还对我们讲到他们在延安时的一句话——"大事要大方"，意思是不要太过于斤斤计较他们这些意见。以后设计室根据这次审查意见，对歼教1飞机的总体方案进行了修改，将机翼面积减少了1.5平方米，燃油减少了200千克，总重减少到4吨，以提高飞机的机动性，并重新打样，在11月完成了样机的修改。

11月底到12月初，审查组对样机进行第二次审查，样机顺利通过审查，并报请上级批准，订货部部长黄炜华少将签了字。这样，歼教1飞机转入了详细设计阶段。

注释：

1. 熊焰（1919—1996），湖北大冶人。1937年毕业于南昌航空机械学校甲级班航空发动机专业。1938年入延安抗大学习。1939年加入中国共产党。曾任晋察冀军区航空站机场勤务科科长、东北民主联军航空学校机务处修理厂副厂长。建国后，历任沈阳空军第五厂厂长，空军工程部东北修理总厂第二厂长，沈阳飞机制造厂厂长、总工程师，中国航空研究院飞行研究所所长，中国航空学会第二、第三届理事。曾组织领导多种歼击机的试制和生产工作。负责创建了我国飞行试验基地。1970年11月，熊焰被调上海担任运10飞机设计组负责人。1978年，又被调回阎良，继续担任飞行研究试验领导工作，1983年离休。1996年3月27日，熊焰因病在北京逝世，享年77岁。

2. 段子俊（1913—2006），1913年1月27日生于河南省济源县。中国航空工业主要领导者和创建人之一。1927年开始从事学生运动和农民运动。1932年被派往苏联学习。1936年毕业于苏联莫斯科交通学校。回国后，历任中共中央军委三局科长、通讯器材厂厂长、处长和敌委第四部部长，曾在党中央直接领导下，负责与第三国际的机要和电信联络工作。1945年后，历任军委东北通信联络分局局长兼东北军区第三处处长，东北军区驻大连通信特派员、大连电信工程专门学校校长、中苏远东股份有限公司董事长、大连大学秘书长兼党委副书记、沈阳邮电总局党组书记兼副局长等职，对组织恢复东北电信工作和培养电信工程技术人才做出重要贡献。1950年末调中央重工业部，先后担任重工业部航空工业管理局党组书记、副局长，第二机械工业部第四局副局长，第三机械工业部副部长，中国航空研究院院长等职务。1983年被选为全国人民代表大会第六届代表。1982～1985年任航空工业部顾问。

2006年2月21日在北京逝世，享年93岁。

请苏联专家审查方案

就在1957年木质样机审查时，苏联专家说了一句话，说反正是锻炼队伍，设计成功也行，不成功也行，不是非得要干到批量生产。这就让航空工业局的领导很不放心，于是在1957年中，将歼教1的整体方案，包括三面图、理论图都送到了苏联，请他们研究一下我们的方案。

1958 年春，苏联中央空气流体动力研究院（ЦАГИ）对歼教 1 的正式评审意见反馈回来。苏联方面从总体上对歼教 1 的评价很好，认为这个飞机基本上实现了设计要求，按此设计制造出的飞机甚至会比设计指标还要好。但也指出，水平尾翼的展弦比原设计为 4.5，该参数与机翼的展弦比接近，不够合理，因为要求机翼失速后平尾还不失速，因此平尾展弦比应改小一些，以 3.5 ~ 4 为好。再就是进气道唇口前缘太尖，应该将进气道唇口再改圆一些。原设计怕进气道处先产生激波，所以用薄而光的型面，这在设计之初，黄志千就有些担心，怕进气道会出现局部失速。另外他们还提出进气道喉道部分应有一段 1 米长的面积等直段，以提高进气效率。

但这时图纸已经发出，如对设计做大的改动，必然会使试制出现返工，所以解决这些问题的难度很大。徐舜寿经过思考，决定采取不动平尾面积、通过缩短翼展及加长翼梢的方法，在结构没有做大改动的前提下，满足了苏联方面提出的修改意见，使试制工作得以顺利进行。

1958 年 3 月，应中方邀请，苏联雅可夫列夫设计局又派了总体组的主管设计师马尔达文来 112 厂审查歼教 1 飞机图纸。马尔达文是一位知识面很宽、很有经验的飞机总体设计师，年龄与叶正大相仿，对气动力、强度、气动弹性都很熟悉。他后来成为垂直起落飞机雅克 - 38 的总设计师。他来的主要任务是审查歼教 1 设计，用了三天时间，就那么站在图板前，看完了 2 万多张 A4 的图纸。他水平的确很高，就这么几天时间，还真看出了问题，指出我们的设计中，垂直尾翼的传力路线存在问题，也就是垂尾的载荷传递不到机身。大家对他很钦佩。

徐舜寿听取他的意见，马上布置结构室修改结构图纸。

但苏联方面对于歼教 1 风洞试验的报告，迟至 1959 年才给我们。这是我们的模型第一次在国外做风洞试验，应该说试验做得很全面，试验报告包括马赫数和雷诺数影响及尾旋的内容。后来我发现南斯拉夫的 G - 2 "海鸥"与歼教 1 飞机非常相似。我怀疑是不是苏联人把我们的图纸等技术资料给了南斯拉夫。南斯拉夫这种飞机在 20 世纪末的科索沃战争中还参战了。

歼教 1 试飞

总的说来，歼教 1 的设计还算顺利。

在全部设计工作完成以前，我们就已经开始考虑试飞的准备工作了。当时有一个机会，为我们提供了一些条件。

1958 年年初，112 厂仿制米格－17，在交付空军时，空军的飞行员提出飞机有振动，而且振动较大，稍微拉起来一些，或做放减速板等动作时就会产生一系列振动。试飞员表示这样的飞机不能接收。飞机制造出来了一批，停在停机坪，交不出去，苏联专家也很着急。这件事，在当时的影响还是很大的。后来请了苏联试飞英雄、上校试飞员阿诺新来帮助解决问题。他一只眼睛失明，是试飞颤振时受的伤，人非常谦和。

阿诺新的任务就是一架一架飞，一架一架评定。他飞了，提出了意见，就按他的意见处理。当时这批飞机的问题，有的是结构间隙造成的，也有的是自然现象，实际上振动并不严重。就这样把飞机交了出去。

在阿诺新处理飞机振动的过程中，112 厂的总工程师顾问[①]请他就怎样试飞新飞机讲一讲课，我也去听了。他讲试飞方面的技术知识和经验，讲新机如何进行试飞。后来，我们还将他讲的内容专门印了出来，作为我们学习和准备工作的依据。

阿诺新讲道，新飞机，首先应该在跑道上进行低速滑跑、高速滑跑、预起飞。

他叮嘱我们，错了的事，一定要及时纠正，绝不要留给试飞员在试飞中——在天上纠正。他还举了一个例子，如副翼连接反了，成了反向的，也就是左右舵面钢索接反了，应该在地面上就纠正，不能告诉飞行员在飞的时候，注意反过来操作。他讲的是实际发生过的事情。他的夫人也是一位试飞员，这

---

① 112 厂的总工程师顾问卡列夫是米高扬设计局的副院长，1993 年米高扬设计局总师别列可夫来时，我问过他认得卡列夫否？他说："他是很好的领导，他去世后，我还为他抬棺送葬。"——顾诵芬注

件事就发生在他的夫人身上。在地面，技术人员告诉了她，结果到了空中，她忘记了，差点摔了飞机。

歼教 1 试飞开始了。

试飞前两周，才定了空军试飞员是于振武（注），还有空军三航校派了一位教员敖厚德，再有就是 112 厂的吴克明同志，他是工厂米格 – 17 的首席试飞员。于振武是试飞站推荐的，他那时是军里的技术检查主任，当时是上尉军衔。在接米格 – 17 时，他的飞行技术留给试飞站同志很深的印象。他们说，于振武飞直线平飞时，在记录仪的蜡纸上画出的就真是一条直线。他 1951 年毕业于空军航空学校，1994 年，担任了空军司令员。

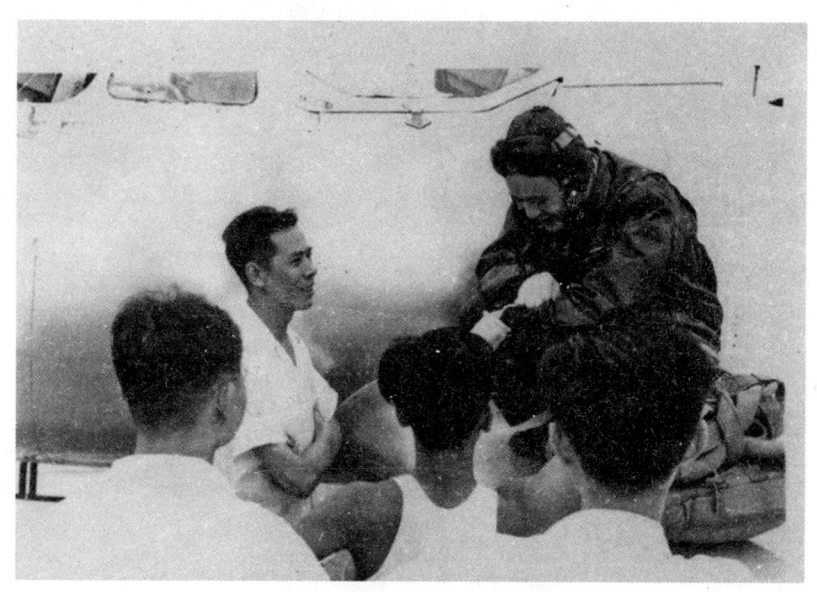

设计人员与试飞员于振武

我给他们 3 位介绍了歼教 1 的情况并提出了试飞时应注意的事项，座舱布置与米格 – 17 一样，他们一看就明白了。但飞机气动特性不一样，特别是首飞那一段，如发动机不能用最大推力，只能用到 14000 转、推力虽然最大可达 1600 千克力，但只允许用到 1400 千克力。这些都对试飞员说清楚了。于振武看了根本不在乎，认为没有什么要紧的。我们提要不要进行预起飞——即在滑行过程把飞机升空后，很快再着地。于振武是很有经验的，他说："没有必要。"

歼教 1 于 1958 年 7 月 26 日首飞。

8 月 1 日，为庆祝八一建军节，沈阳市在于洪机场做一次歼教 1 飞行表演。于振武提出，由于歼教 1 很多科目没有飞，飞行表演难以飞什么动作，于是就设计了一个高速通场，他与敖厚德一起飞。当时也有朝鲜的武官在场。在通场时，坐在后座的飞行员正转头看侧面，于振武一加速，由于加速度很快，后座飞行员的头都无法转回来。

歼教 1 试飞

8 月 4 日，歼教 1 在沈阳又做了一次飞行表演。这一次，叶正大请来了叶剑英元帅和空军刘亚楼司令员。于振武飞得很低，而且做了盘旋。刘亚楼一看就急了，赶忙喊停。结果，于振武又飞了一圈。徐昌裕也在现场，于振武的表演给他留下了非常深刻的印象，他在回忆录中记述：

1958 年 8 月歼教 1 试飞时，叶剑英去了，刘亚楼也去了。试飞员是于振武，后来担任过空军司令员。我们在主席台上，刘亚楼也在主席台上。当我们看到刚出来的新飞机"哗"地冲过来，超低空飞行，噪声很大，我们都很兴奋。刘亚楼急了，大声嚷嚷："飞机出事可了不得，机场有上千人看

叶剑英观看歼教 1 飞行表演

呢！不要冲了！"他刚说完，飞机又"哗"地冲过来了，惊叫声一片，现场的人看得直叫好，试飞员真厉害，技术真高！

——徐昌裕《为祖国航空拼搏一生》

据说，沈阳军区空军后来为此还找于振武谈，说你怎么飞得比电线杆子还低。于振武说："我再有胆量，也不可能飞那么低！"原来要给他一个处分，后来也就不了了之了。

首飞下来后，试飞站的苏联专家曾经对徐舜寿说："我真为你捏了一把汗。试飞员只用两周时间熟悉情况，在苏联从没有过。"

歼教1飞机从7月26日开始到8月5日止，共进行了8次飞行试验，总计飞行2小时23分，完成了初飞试验。飞行员对飞机的初步评定是：座舱宽敞，前后舱视界比米格－15好；座舱内的安排合适，部分电门仪表的安排使用时感到不方便，应加以改进；起落架减振好，刹车灵活，转弯容易；起落架收放时力矩变化不明显；放襟翼时飞机低头，力矩变化较大；收放起落架和襟翼时对横侧操纵和稳定性无影响；起飞时抬前轮拉杆量大，比乌米格－15容易；着陆滑跑距离很短；飞机的稳定性很好，没有很大摆动，横侧稳定性似乎过大，操纵时杆重……总的评价是，除了几个故障需排除外，其他基本性能都是较好的。以后，又飞了几次。速度提高以后，飞行员感觉出现了振动。我怀疑是有气流分离。

8月下旬，在浙江前线获得了一枚美造"响尾蛇"导弹，军委组织技术人员在北京对"响尾蛇"导弹做分析研究，叶正大带我去了。等我从北京回来，歼教1已经停了下来。当时，112厂、410厂都在忙着生产米格－19。虽然首飞的时候，刘亚楼说过，要生产10架，空军要。苏联航空工业部还给段子俊副局长来过电报，对歼教1表示兴趣，说可以派一组专家来帮助我们完成试飞，但最后还是停了。

进入20世纪70年代以后，空军又需要一种喷气教练机，又重想起歼教1飞机，也曾打算恢复歼教1飞机。但图纸已入三线的档案库，工艺装备也全部销毁，歼教1飞机再也恢复不起来了。可叹的是，30年之后，20世纪80年代，空军又要最大速度为 800 千米/小时的喷气式教练机，于是又研制了 K - 8 飞机。在研制中，K - 8 的气动布局与歼教 1 相近，选用了仿制的乌克兰 AI - 25TL 涡喷发动机，取得了成功，现已陆续装备部队。但总的性能 K - 8 不如歼教 1。

歼教 1 不足之处是发动机采用的是老式的离心式压气机，耗油大。没有坚持下去不是技术方面的原因，主要是空军犹豫不决。

在我国开始设计歼教 1 飞机时，捷克、日本等国也在设计喷气式教练机，他们的工业基础比我们雄厚，设计经验也比我们丰富，而捷克 L - 29、日本 TIF2 的上天时间都比我们歼教 1 晚了一两年。相比之下，歼教 1 飞机的性能比同时代的教练机都要高，而国外的这些飞机都一直用到 80 年代。

歼教 1 飞机从 1956 年 10 月开始设计到 1958 年 7 月首飞成功，只用了一年零九个月的时间，其速度之快，在国外也属罕见。

在歼教 1 前合影（右二为顾诵芬）

注释:

于振武，1931年出生于辽宁宽甸。1947年参加中国人民解放军。参加了辽沈、平津等战役。1949年加入中国共产党。1951年毕业于空军航空学校，后任空军团领航主任。1953年参加抗美援朝。回国后，历任中国人民解放军空军飞行大队大队长、军射击训练主任、团长、副师长，空军军训部副部长、部长，空军军长，军区空军司令员，空军副司令员，1994年11月～1996年11月担任第七任空军司令员。是中共第十二、第十三届中央候补委员。1976年参与组织螺旋试飞，总结出飞机进入螺旋后改出的新方法，立二等功。第九届全国人民代表大会代表、常委会委员。1988年被授予空军中将军衔，1996年1月晋升上将军衔。

参加 "响尾蛇" 导弹的分析

1958年，台湾派飞机来大陆骚扰，我们空军迎战。台湾空军用"响尾蛇"导弹反击，我军受到损失，其中有些没有炸，落在了浙江某地，被捡了回来。

但是，我们空军对"响尾蛇"导弹的情况不是很了解，对这种新式航空武器心中无数。当时国防科委组织了一批人，对这类导弹进行分析。空军来了，也找了一些人，叶正大是其中之一，可能是技术负责人之一。叶正大找我参加了气动分析组的工作。我记得当时是在北海西边国防科委的机关大楼里，条件很简陋，四人一个房间，都是折叠式的木板床。分了几个组，有气动、总体、材料、控制等，每天都要介绍进展、汇报情况。

气动组有曹京涛（注）、张炳暄等人。张炳暄于1952年清华大学毕业，挺能干，当时在北航工作。还有几位刚从苏联回来的，其中有一位是老五所的科技处长——苗述异，人很不错，后来去了洛阳014中心。还有一位姓王，后来分到哈军工当教师。我们几个人一起，要算导弹的气动特性，每天工作都很紧张。

我们刚开展工作，第二天就来了六七位苏联专家，他们可能是直接与国防部联系的。他们对导弹的技术状况比我们熟悉得多，在我们做分析汇报中，他们也分组，一组一组介绍他们的分析结果。我们的人在分析过程中还有一些分歧和争议，他们都能给予解释。

当时空军最关心的是。在空战中如何防御"响尾蛇"导弹的攻击。他们也给空军做了讲解，说如发现导弹发射的火光，要向火光的另一侧转弯躲避，这样导弹就跟不上，就会掉落；再就是先向着阳光飞，再急转躲避，这样"响尾蛇"导弹就失去目标了。

过了四五天，苏联专家就撤离了，还带走了分解下来的一些部件。

与苏联专家等在歼教1飞机前合影（二排左三为顾诵芬）

注释:

曹京涛,空气动力学专家。直隶(今河北)满城人。1956 年加入中国共产党。1938 年毕业于北洋工学院机械系。1943 年起,先后入美国康索里德·沃尔特飞机制造厂、密歇根大学研究院和英国格洛斯特飞机制造厂学习。1948 年回国,曾任国民党政府空军航空研究院研究员。1949 年后,历任解放军华东军区航空处航空工程研究室飞机组组长,空军工程部工程师,北京工业学院、北京航空学院教授,海军高级专科学校训练部副部长,海军第二炮兵学院副院长兼研究部部长。他是中国宇航学会第一届理事,中国空气动力学研究会第二届理事。1958 年,参与设计、制造"北京一号"飞机,获得成功。1980 年,成功研究无指挥仪射击法及导弹射表。合编有《飞行器飞行与控制》等。

歼教 1 后的设计任务

1957 年夏天,歼教 1 设计打样任务已经结束,设计室面临着思考下一个型号的任务。

徐舜寿提出了三个设想:

一是搞超声速战斗机。

二是在伊尔 – 28 基础上改一架行政用专机。按现在的说法,就是公务机。当时的提法是可以用来传送邮件,还有就是用来接像达赖这样的要人到北京开会。他说:"现在多慢,如果用伊尔 – 28,当然会好得多。"这当然是个形象的说法,只是为了说明问题。但"文革"中成为徐舜寿的一大罪状,好像他只是想着为达赖服务,不为广大群众服务。批判徐舜寿的时候,达赖策划西藏叛乱失败,已经出逃,这个罪名当然就小不了。

三是搞一个初级教练机。

第一个设想交由我负责提出方案；第二个是汪子兴负责；第三个由程不时负责。我当时在北航做歼教 1 的吹风试验。利用在北京的条件，通过四局到力学所找到了郭永怀先生（注）。

郭先生那时刚从美国回来不久，我向他谈了徐舜寿的想法后，郭先生认为这是一个工程问题，创建不久的中国航空工业搞超声速战斗机，在空气动力学上差距还很大，无论理论和试验都不行，而且工程问题也不是靠理论计算就能解决。他建议我们最好派人到苏联的设计局去实习一段时间。我明确地告诉了郭先生，这在当时是办不到的，因为我们当年向苏联要《设计员指南》和《强度规范》就碰过钉子，人家说没有义务教中国人设计飞机。听了我介绍的情况，郭先生说，那就先读一下 1957 年刚出版的《高速空气动力学和喷气推进丛书》第六、第七卷，即高速空气动力学的一般理论和部件空气动力学。两本书各是六七百页厚厚的一大本。这部丛书，钱学森和郭永怀两位先生都参加了编写。

我们设计室有一套这两本书的原版，是我买来的。当时，徐舜寿给我们几个人一点特权，就是每次到北京出差，都可到王府井八面槽外文书店看一看，有用得到的书籍就买回来。我买回来这套书以后，大家抢着读，分配不过来。徐舜寿通过他的姐夫伍修权（当时是中国驻南斯拉夫首任大使）在南斯拉夫又买了一套。

但这些书都是讲理论的，读过了也不能直接用到工程上来。于是我又去请教北航的张桂联教授。他听了我转述郭先生的意见，认为郭先生的意见是科学家的意见，与航空工程的实践是有差距的。他说："这些书念得再好，也就是成为一个郭先生，还是设计不出飞机来。"

我回到沈阳，把他们的意见向徐舜寿同志汇报了。他说："看来这个想法只能停一下。"

后来，徐舜寿与我商量办两个短期的学习班，让我提出教课的人选。我提议请哈军工的罗时钧和马明德两位教授，分别讲授高速空气动力学和高速风洞。罗时钧是庄逢甘的同学，他们两位都是钱学森的研究生。因为我常去哈军工，这个任务就交给我去办。我到哈军工请了罗时钧、马明德两位教授，他们分别各讲了一个星期。

罗时钧在哈军工的声誉比较高，因为他讲课讲得好。他在"文革"中被整得很惨，可怜极了，就像是水浒中对林冲那样，用滚烫的水给他洗脚，烫成泡。他的喉部被打哑，声带也被搞坏了。但罗时钧后来没有计较这些，还在搞科研，继续搞气动力的数字计算。他培养了一批人，603所有几个搞气动数值计算的都是他培养出来的。

哈军工撤销后，罗时钧被调到了西北工业大学（简称西工大）。

第二个改伊尔-28为行政用专机的项目，经过汪子兴计算分析，发现发动机耗油太大，达不到预想的航程，行不通，也只好作罢。

注释：

郭永怀，国际著名的流体力学和应用数学家，是中国近代力学事业的奠基人之一。1941～1946年，他在美国期间的跨声速流动方面研究成果，为飞机突破声障奠定了理论基础。1946～1955年在美国康奈尔大学期间，解决了黏性流动头部奇异性问题，被命名为庞加勒-赖特希尔-郭永怀（PLK）方法。超声速飞行是人类航空史上重要的里程碑，郭永怀先生为之做出的贡献使他受到国际学术界的尊敬。

初教1（初教6）

唯一可行的是由程不时负责的第三个方案，也就是雅克-18的后继机。当时我国仿制的雅克-18是后三点式起落架，飞行员改飞到乌米格等飞机上有些习惯很难纠正，因此空军非常希望有前三点起落架的初级教练机。

徐舜寿提出几个原则，一是不要再用雅克－18飞机钢管桁架加整流的蒙布结构，除技术方面的考虑以外，他看到雅克－18用的30XΓCA无缝钢管，鞍钢生产量小，满足不了当时全国范围的需求，而哈尔滨新建的101厂的薄铝板却大量积压，用全金属方案，刚好可以扩大101厂的薄铝板销路。所以徐舜寿认为我们不需要再仿制雅克－18，完全有能力自行设计全金属的前三点起落架的初级教练机。

程不时很欣赏美国T－34教练机的方案，T－34选用的是汽缸并列的发动机。当时从介绍资料上看到捷克出口公司在推销一种200多马力、并列汽缸的发动机。我当时在北京，徐舜寿要我找一下这方面的资料，后来设计选用了这种发动机。

徐舜寿告诉我，高速飞机还是要抓，但现在不具备条件，而初级教练机是唯一可行的。

1957年8月5日，徐舜寿向四局提交了《请示飞机设计室第二设计任务方向的报告》，随后，四局即下达了新的设计任务，决定由飞机设计室设计一种全金属前三点式起落架、采用螺旋桨发动机的初级教练机，以代替当时我国仿制的、已落后的雅克－18初级教练机。飞机定名为初教1，代号102。后改称为"红专502"，最后定名为初教6。

新的设计任务下达之后，徐舜寿立即组织力量开展初教1飞机的总体方案设计和编制设计任务书。方案中提出：初教1飞机采用螺旋桨前三点式起落架、全金属薄蒙皮半硬壳结构；装备新式超短波电台；最大速度比雅克－18大；在飞机的总体布置上，如视界、着陆角度、停机角等将尽量接近歼教1飞机；座舱内部布置原则上同歼教1飞机相似，使两个机种成为一个体系，便于飞行员完成两种机型的转换。

1957年12月，空军和四局联合批准了初教1飞机的试制，设计室开始进行初步设计。徐舜寿安排了林家骅为该型号的主管设计师。

林家骅是1951年厦门大学航空系毕业的，曾在320厂担任设计科长。他业务能力还是很强的，但缺乏一点想象力，所以总体布置进展较慢，后来就安排程不时接了上去。程不时接上以后，搞总体布置并到部队进行了调研。到开始打样时，徐舜寿安排由屠基达、林家骅两个人担任主管设计师。

我负责初教 1 的气动力设计。1957 年 12 月开始，1958 年 3 月就完成了。载荷报告中计算数据很多，北航知道后很感兴趣，主动安排过一组学生来实习。气动力单独有一组，带队的是曹京涛先生。

解放初期，曹京涛在华东航空工程研究室，与徐舜寿在一起，他是飞机组的组长，徐舜寿是副组长。他带了六个学生，加上西工大的一个，一共七个人。我这里正好人手不够，我就抓他们的差，我们的人忙不过来，就让学生们帮着做一些计算工作。

这一批学生中有两位是很突出、很不错的。一位是西工大的余松涛，他很聪明，稍加指点，他就知道应该怎么做。还有一位西工大派到北航去参加四年级学习空气动力学的，叫高浩，后来搞飞行力学很有成就。我和他们以后还有过接触。

余松涛调到 320 厂，参加强 5 飞机的设计。"文革"时期，他被整得很厉害，以后曾参加过教 8 飞机的研制，并担任农 5 飞机的总设计师。1991 年，301 所要出版《飞机设计手册》，何文治主持，王南寿、郑作棣等主编，要我担任空气动力学分册的主审。我还是负责任的，认真看了编写的东西，觉得差距较大，但要做大的修改，我也没有精力，于是提出辞掉主审的职务。但编写委员会不同意我退出。我又提出建议，请余松涛担任主审，后来还是没有得到同意，只请他做了副主审，还是要我任主审。实际上还是靠余松涛，他干的事我基本上是信得过的。

高浩后来到了西工大，做了飞行力学教授。

20 世纪 90 年代初，我们引进了俄罗斯的空战模拟软件，开始我是希望 620 所做一些摸透和改造的工作，但他们没有这方面合适的人选，601 所也不行。我就想到了高浩。刚好那一年，我们一起去南昌审查教 8 的方案。我征求他的意见，他表示可以。我请他过来，还有一位搞导弹的曾颖超教授，他们是同学。那个时候，个人用计算机也很少，他们自己买了计算机，暑假也没有休息，一起经过二年的努力，对这个软件加以改造，做成了一个能自动运行空战的软件。这项工作由当时 601 所的所长解思适领头，但主要工作是高浩做的。他临退休前，还编写过一部专著——《高等飞行动力学》，还有大学教材《飞机飞行动力学》等。

当时苏联专家来审查歼教 1 的图纸，顺便也请他们看了初教 1。他们强调，教练机要保证一定不能在翼尖先失速，如果失速，容易进入尾旋。我参考 NACA 的报告和苏联的《设计员指南》配置翼型，翼根选的是升阻性能比较好的 NACA23013，但这个翼型的毛病就是失速以后升力掉得很多。翼尖用弯度大一些、失速缓和的 4412 系列，做了半模型，在 1.5 米的风洞里，贴上毛条做吹风试验，证实了翼尖不会出现失速。后来程不时在美国，参加由美国的"实验飞机协会"（Experlmental Aircraft AssociatSon，EAA）组织的"飞来大会"时，讲过初教 6 不会失速的问题。

在初教 1 设计中还遇到了螺旋桨的一个特殊的气动问题。

螺旋桨转动与不转动对飞机稳定度的影响很大，计算也很复杂，不好算，只有国外的经验。多大的螺旋桨，涉及到对机身、机翼，会产生多大的影响。《设计员指南》书中也给出一些参考数据，但没有把握。所以我下决心做一个动态模型来试验。就是用一个马达带动螺旋桨，到北航的风洞做试验。选马达的任务就交给了胡同，胡同非常聪明，动手能力很强。我对他说，找找看，模型的动力相似在 Alan Pope 的《风洞试验》书中。他用歼 5 飞机上的一个操纵面调整片的马达——YT－6，解决了初教 1 风洞模型的动力模拟问题。

动力模型的风洞试验，这是第一次，别人没有干过，很顺利地走通了。

那时做风洞试验是不算钱的。工厂有很强的生产能力，下个任务单就解决了。需要马达，徐舜寿签个字到库房就领来了。所以我们做试验，从来没有遇到缺钱的问题。当然小事都好解决，真遇到大事也就办不了了。

胡同同志 1958 年被派到清华，在钱学森办的力学班学习，回来后，赶上研制设计"东风 113"，他专门负责进气道。1969 年以后，他被调到了成都 611 所，也是负责进气道设计的，但没有能很好地发挥作用。他俄文很棒，成都市与俄罗斯伊尔库茨克进行友好城市交流，请他做翻译，那时他刚退休，还经常跑跑国外，现在已经全退了。他这个人能动手，技术上也很行。我印象最深的就是他喜欢亲自动手做一些什么。在设计室的时候，有一点空闲时间，他就拿起电烙铁，焊装一台单管收音机。

当时，全国范围的大跃进已经进入高潮。基于设计室和工厂正处于歼教 1 飞机试制最紧张的时期，而且还要上超声速的"东风 107"飞机，两个型号不能都挤在 112 厂，所以四局决定，初教 1 飞机的详细设计和试制工作转到南昌 320 厂。由屠基达、林家骅带领 20 多名设计人员去南昌 320 厂，与 320 厂设计室共同进行初教 1 飞机的设计发图工作。在此期间，徐舜寿还亲自去南昌检查指导过工作。

初教 1 转到南昌 320 厂开始结构设计，由屠基达带队。有一天，我接到屠基达长途电话说，23013 翼型后缘太薄、太尖，没有办法加工，问我如何解决。那是我第一次工作上用长途电话，他把电话打到了设计室。我想了想说："太尖切掉一部分就行了。"屠基达说："留到最薄处也要切去 10 个毫米，这样切掉的机翼面积就太大了，要切掉一大片。"我记得，在 112 厂试飞站有空军八航校拉不回去的伊尔 – 10 飞机，是一种对地攻击机，它的机翼就选用的是 23013 翼型，我仔细看过，后面也确实是切掉了一块，保留下来的大概有 5～6 毫米厚。我对屠基达说，就大胆切吧，没有问题。

对这些问题，并不是一开始设计就知道的，就是在实践中，参照实例去做，来解决自己出现的问题。

初教 6 样机

第三章 大跃进的"东风"

"东风" 104

1958 年 3 月，苏联专家马尔达文来审查我们的歼教 1 飞机图纸，在听说了我们想设计超声速飞机时，很支持，也非常热情，并提出一个建议，就是搞一个马赫数为 1.4、用单台 РД–9Б 发动机（米格–19 飞机用的）、总重 4 吨左右、采用有尾三角机翼、机翼相对厚度 4%、机翼前缘带锥形扭转的全天候超声速战斗机，并给出了该机的战术指标。提出不用雷达而用红外探测器，只装一门航炮。

前缘锥形扭转在美国的 F–102、F–106 上都用了，是当时大后掠薄翼为提高巡航升阻比所采用的流行措施。

他带了苏联 1953 年版的《强度规范》数据，把主要内容都讲给我们听，强度组长冯钟越做了很详细的记录。他根据自己的记忆提供了一些数据，其中很突出的是垂直尾翼载荷为其面积乘 500，而且载荷集中在方向舵。他的这一说法给我们后来结构设计造成了很大的困难。

这个建议方案交给了叶正明（注），他在这个基础上，考虑了一个轻型歼击机的方案，也就是后来被称做"东风"104 的方案。这个方案采用的新东西很多，机翼为采用大量蜂窝结构的三角翼，前缘扭转的薄翼型，飞机做得很轻。

那个时候，正好黄志千出国，徐舜寿让我代管黄志千的部分工作，并要我用黄志千的办公桌。当时他宣布这个决定，在室里是很有异议的。我自知自己是个有争议的人，当然没敢坐那个位子，但室里很多要黄志千签字的工作，我还是做了。那时叶正明要先做一个 "东风" 104 的展示模型出来，因为模型做得不够快，进度排得太靠后了，他对我很有意见，说我对他有偏见。其实是由于任务太多，设计室当时只有两位做木模的师傅，实在是忙不过来。

由于这个方案采用的技术太先进，国内当时根本办不到，徐舜寿的评价是 "浪漫有余"。到 1958 年 6 月，不得不停止设计。

在苏联专家审查歼教 1 图纸的小组中，还有一位发动机专家，是来研究下一代发动机的研制方向问题的。发动机设计室的吴大观主任带了人来，要我们提出下一代发动机的设想。当时徐舜寿要我表态，我根据将来设计超声速战斗机的需要，提了个 4 吨级推力、轴流式压气机的发动机方案。当时米格－19 的发动机推力只有 3.2 吨。

注释：

叶正明（1931—2003），1931 年 4 月 13 日出生于澳门。是叶正大同志的胞弟，十分喜爱飞机设计。1957 年从莫斯科航空学院毕业后，即来沈阳飞机设计室工作。1958 年调往五院搞导弹，他不愿意去，但最后还是服从了分配。生前曾任中国人民解放军总装备部科技顾问，中国对外应用技术交流促进会主任，享受政府特殊津贴的专家。——顾诵芬注

"东风" 106

1958 年年初，部里开会传达任务时讲到，空军曾提出需要一种比较先进的强击机，但没有具体要求。飞机设计室立即根据空军需求，组织技术人员收集资料。徐舜寿派程不时到徐州空军强击机部队、南京军事学院强击机教研室调

研。军事学院有一位刚从苏联回国的教师，带回了苏联的资料、说明书。程不时回来说，当时部队用的还都是螺旋桨的强击机伊尔－10。但到南京军事学院，他们提到了要搞超声速强击机，也有一些说明书之类的资料。后来军方出版了苏－7Б的强击机方面的说明书。

在叶正明按照苏联专家的建议提出"东风"104方案的同时，米格－19的图纸已到沈阳，程不时提出了将米格－19改成两侧进气的方案，并给厂党委打了报告，保证1959年能上天，作为国庆10周年献礼。这个方案要用两台米格－19的发动机，那时候112厂已经在仿制米格－19，发动机是现成的，当然不会有问题。

这个方案后来被命名为"东风"106。

6月，徐舜寿组织在设计室对两个方案进行了内部评审。他强调，飞机设计不能脱离实际太远，"东风"104方案采用的新工艺、新技术太多，短期内是实现不了的；"东风"106的方案以米格－19为基础，较为现实可行，可以进行下去。但是"东风"106当时只是画了一个总体图，什么都没有计算。

8月，四局在沈阳112厂召开航空工业技术会议，确定了由112厂飞机设计室自行设计比米格－19更好的"东风"107超声速战斗机，并决定将"东风"106改为强击机，改称"雄鹰"302，研制任务交由南昌320厂负责。会议期间，320厂和112厂、南京航空学院共同商讨了研制过程中的技术协作和技术支援问题，并分别签订了相应的协议。112厂和飞机设计室的领导也在会上表示，对320厂研制"雄鹰"302飞机将尽力支持。

会议结束后，320厂设计室主任高镇宁（注）等14名设计人员和南京航空学院讲师乔新等15人，由320厂副总工程师冯旭带队到沈阳112厂。飞机设计室向320厂和南航来厂的人员介绍了有关强击机的设计问题，并介绍了访问部队，征求部队对新机设计的意见等情况。同时着重介绍了"雄鹰"302飞机的初步设想。之后，112厂飞机设计室的同志协助320厂、南航的技术人员，在沈阳飞机设计室进行"雄鹰"302方案设计，他们遇到问题随时找我们来问，一直到1958年年底。

1958 年 10 月底，在 112 厂制成了全尺寸木质样机，经沈阳军区领导审查后，于 11 月初运到北京。由空军等领导机关组成的样机审查委员会，在常乾坤副司令员主持下，对样机进行了审查。之后，副总参谋长陈赓大将听取了汇报和审查意见，同意进行研制。彭德怀、李富春等中央领导也曾先后到 112 厂听取"雄鹰" 302 等飞机设计情况的汇报。

此后，"雄鹰" 302 飞机的研制工作全部转到 320 厂进行，沈阳设计室也调了一部分设计人员去 320 厂，112 厂飞机设计室的主管工程师陆孝彭也被调到 320 厂，担任"雄鹰" 302 飞机的主管设计师，协助设计室主任高镇宁工作。陆孝彭一直关心我国强击机的发展。1954 年，他曾提出过将米格 – 15 比斯改为强击机的设想。在接受"雄鹰" 302 任务以后，他对原"东风" 106 的设计方案进行了大调整，增大了机翼面积，增加了弹舱等适应强击机需要的措施。后来，"雄鹰" 302 改名为强 5。

注释：

高镇宁，1929 年 10 月 2 日出生于辽宁省沈阳市。1949 年 10 月考入清华大学航空系。1952 年 9 月大学毕业后，到南昌飞机制造厂（320 厂）工作，先后任技术员、模线室主任、车间主任、飞机设计室主任、设计所所长等职。1978 年，高镇宁任西安重型飞机设计研究所（603 所）所长兼总设计师。1982 年任航空工业部副部长，兼任中国航空研究院院长和部科技委主任。1985 年，任中国科学技术协会党组书记、书记处书记，兼任国家科委党组成员、国家科委委员。1986 年、1991 年两届当选为中国科协副主席。还是中国共产党第十三、第十四次全国代表大会代表，中共十三届中央委员会候补委员，第八届全国政协常务委员，研究员级高级工程师。

"东风" 107

1958 年 8 月 6 日，在王西萍（注 1）局长主持下，四局在沈阳召开了一个新机研制计划会议，研究下一步设计什么飞机。徐舜寿、黄志千、叶正大参加了会议，他们在被动的状态下仓促参加了讨论。当时设计室开始酝酿的是"东风" 104 的方案，经过会议讨论，认为应该大大地跨进一步，要超过米格 – 19。因此，设计方案需要重新考虑。

在讨论型号设计时，徐舜寿认为：我国尚未具备研制超声速飞机的条件。因为仿制米格 – 19 飞机还没有过关，设计人员还没有超声速气动力学的理论基础，国内还没有可供设计用的跨超声速风洞；在结构设计上，还不能进行有限元应力分析；在气动弹性方面，还不知道如何进行压缩性修正；在材料上，还没有高强度材料和钛合金；在工艺上还不会制作整体壁板和蜂窝构件；液压泵只能做到 130 个大气压，等等。因此，他提出新机指标不能定得过高。

但他的意见没有得到重视。会议接受了当时空军领导人的建议，决定将"东风" 104 的马赫数提高到 1.8，升限提高到 20 千米，改名为"东风" 107，代号为"107 号"机。会后，四局征得空军同意，决定加速设计，争取 1959 年 8 月研制成功，以迎接国庆 10 周年。

"东风" 107 飞机设计工作是在没有任何参考资料的条件下，发挥"破除迷信、敢想敢干"的精神进行的，整个设计室几乎没有人见到过超声速飞机。设计人员更谈不上设计经验，大家对超声速飞机的了解只限于一些外国杂志上的介绍。当时苏联的米格 – 19 只是跨声速飞机，可供参考的资料也十分有限。

徐舜寿在设计室内组织招标，由程不时、我、管德、冯钟越 4 人各搞一个方案。我的提议是将两台发动机上下叠在一起，参考英国人"闪电"飞机的方案。

程不时提出的是仿制美国 F – 8U 抬机翼方案，因为超声速的飞机翼载都很大，若要飞机保持好的起降性能，飞机迎角就很大，机头抬得也很高，但是影响飞行员视线。于是，美国人想出了把机翼安装角在起降时增大（我们称为抬机翼）的方案。最后徐舜寿决定，采用抬机翼这一方案。这个方案用两台 "红旗 2" 喷气发动机，对单台发动机的推力要求是：不开加力时为 40 千牛，开加力时为 50 千牛。

9 月，赵尔陆（注 2）部长也急了，当时他已经知道哈军工搞 "东风" 113 的事，是哈军工校长陈赓捅到中央军委的，并得到了高层领导支持，所以赵部长的压力很大。因为如果连学校都有决心搞超声速飞机，我们作为专业的设计部门，当然应该搞出更先进的超声速歼击机，那才符合大跃进的形势。他由航空工业局副局长油江陪着到沈阳，找了飞机和发动机设计室组长以上的干部开座谈会，研究到底该怎么办？徐舜寿、黄志千、叶正大和我都参加了。我是觉得，我们目前的水平根本就弄不了这个事，立刻要这么弄，肯定不行。于是，我就提了要和国内各院校及工业部门合作起来搞研制设计。赵尔陆不太满意。徐舜寿也是这个观点，赵尔陆批评徐舜寿，说米高扬要在旁边，你可能坐都不敢坐。

但发动机设计室是雄心壮志、豪情满怀，认为什么都能干。每次这样的会，都是飞机挨批、发动机受表扬。

座谈会后，赵尔陆叫了徐舜寿、黄志千和叶正大到哈尔滨，去看了哈军工的 "东风" 113。那次只是徐舜寿和叶正大进了现场，由于政审通不过，黄志千还不能进去看，被留在招待所。看过以后，赵尔陆提出，你们怎么办？于是叶正大到外面买回丁字尺、三角板等绘图仪器，在招待所，他们三个人一个晚上赶出了一个类似 F – 104 的方案。指标也提到了马赫数 2.0，升限 20 千米。也是为了应付赵尔陆的。

在设计室主任徐舜寿和叶正大、黄志千将 "东风" 107 的马赫数一个晚上从 1.8 提到 2.0 时，我不在沈阳。回来听他们说了以后，我没有表示不同意见。飞机的马赫数，是飞机的需用推力和发动机可用推力两条曲线的交点，当时 "东风"107 的方案中，确定马赫数为 1.8，实际上发动机的可用推力是有余量的，按照当时选用的发动机和飞机实际需用推力，有可能实现马赫数 2.0。

后来才了解，其实超声速飞机不是这样设计的，在马赫数为 1.8 时，是应该有很大的剩余推力，最大马赫数的限制不是可用推力，往往是飞机的操纵稳定性和气动加热。

任务是明确了，但困难还是很大的，两台发动机并排，机身很宽，占机翼的翼展比例很大，所以过去习惯用的按机翼计算气动力不能代表整个飞机，如果将机身加上去，则机翼升力会被破坏，这样的干扰怎么算？飞机阻力系数怎么算？一个是对阻力计算没底，再就是对翼、身干扰计算没有底，还有就是垂直尾翼面积怎么定？

当时我们已经知道，美国摔了好几架 F－100 飞机，原因就是垂直尾翼面积不够，方向稳定性不够，因而横滚以后，侧滑太大，使垂直尾翼受载太大而撕掉。这当中，首先的难题就是超声速阻力怎么计算的问题。苏联安东诺夫设计局代表带来的《设计员指南》只能算亚声速（低速的），高速的没有办法。没有可用的资料，教科书上也没有。郭永怀先生介绍的两本书中倒是有，但都是理论的，算波阻的曲线在声速点上都成了尖峰，但在工程实践中不可能直接应用。

正好，那时西工大被派往莫斯科航空学院进修的教授陈士橹（注 3），学了两年以后回国。陈士橹在苏联师从苏联著名空气动力学家奥斯托斯拉夫斯基教授，他仅用两年的时间获得了一般要 3～4 年才能拿到的技术科学副博士学位，是莫斯科航空学院获此学位的第一个中国人，他在上海交大时是曹鹤荪（注 4）教授的助教。上课时我们在一起，我们的作业由他来批改。那时，上曹先生课的我们只有 3 个学生，我一个，汪乔森一个，还有一位女同学叫张渺，她后来在 182 厂工作。上课的时候，还有两个造船系的助教来听课，最多时也只有七八个人听课。

这样，我和陈士橹教授非常熟，我知道他回来就去找他，问他超声速飞机怎么计算？他给了我一本晒蓝的曲线图，这份图没有任何说明，但看得出波阻曲线与理论对照，苏联人把美国人给的冒尖部分砍掉和修圆了。这就是我们的宝贝了，也就是以此来确定超声速飞机的阻力系数。1960 年，我买到苏联出版的《有翼无人驾驶飞行器空气动力学》（北航翻译的），发现陈士橹先生给的曲线就是该书中的，写那本书的作者在北航讲学时也给了那些曲线。我们就靠这个来计算。

翼身干扰的问题，很难，如何修正？机翼后掠角、展弦比如何确定？后面牵扯到结构设计，要给出载荷数据，这个设计就比较麻烦。罗时钧给我们讲课时讲过一种方法——奇异点办法，就是在机身每一段都可以假定有一个奇异点，源、汇、偶极子一边流出、一边流进。要把这个点的强度凑到使机身边缘上的扰动速度与机身表面要相切，不能是垂直透过，计算难度就在确定奇异点强度。没有好的解析计算办法，只能靠人工来凑。一个机身几十个剖面，工作量相当大。这种方法行不行？国内别的单位没人搞过。

当时北京大学也想搞航空，准备和我们合作。北京大学的黄敦副教授负责具体联系，他也是从苏联回来的，人很好，为我们排忧解难，想着和我们一起干。他针对我们提出的方案，提议找一些老教授议一议。

1958 年的 9 月，请了周培源、郭永怀、陆士嘉、庄逢甘等老教授，他们都很忙，所以只能利用晚上时间开会。我住在城里招待所，因为要晚上讨论，回不去，还在黄教授家住了一夜。哈军工已经在搞 "东风" 113，罗时钧出不来，没有参加。晚上八点多钟开始，开会到十点多钟。讨论的结果，老先生们都认为方法是可行的，可以试试看。但要计算，工作量大，怎么办？恰好科学院计算所办了一个计算技术培训班，是由北大徐献瑜先生主持，各单位派了刚毕业的学生去学习，我们也派了 1958 年刚从吉林大学数学系毕业的两个大学生付有光、朱玉林去学习。

1958 年，北航来了 4 个学生，徐舜寿说先不要分配，也派去北京学习。其他各单位的人加在一起，有 70 多人。

我们具体管这项工作的是一位北大 1957 年的毕业生，叫邝厚全，刚分到了气动室，他技术上一般，但他在校期间当过班长，活动能力很强。这项工作得到了四局的大力支持，专门安排了技术处的谭震华（他是在美国留过学的，后来到南航教空气动力学了），借图板、电动计算机，就在中关村摆开战场，黄敦负责与计算所联系，用了三个月，一叠计算结果有近半尺厚，共三包，全是计算表格。当时学校很想出名，想写论文，作为科研成果发表，我说是机密，不能发表。

当时"东风"107的设计任务已经上来了，设计进度很紧，要求10月把飞机载荷数据发出去，等北京的计算结果来不及，我就参考陈士橹带来的曲线图和美国的NACA TR1307报告，简单估了一下，给出了小展弦比宽机身机翼组合体的超声速干扰气动力数据。待后来详细计算结果出来以后，对比之下，基本一致。

这些资料没能充分发挥作用，这是很遗憾的。黄敦教授也觉得很可惜。

"东风"107抬机翼飞机模型

注释：

1. 王西萍，1914年12月出生于山东乐陵。1936年8月弃学从军，到西安参加张学良将军创建的学兵队并秘密加入中国共产党。历任中共东北军工作委员会委员、军官支部书记，中共东北军五十一军党的工作委员会书记；中原局友军工作部秘书、驻鄂西北代表。解放战争期间，历任中共旅大地区党委书记兼秘书长、宣传部长，大连县委书记兼县长，旅大区党委财经委员会委员，关东行署农业厅厅长。1952年8月7日，任第二机械工业部航空工业局第一副局长，主持工作。1953年1月，航空工业局成立分党组，王西萍任分党组书记。1955 年 3 月，中共中央正式任命王西萍任航空工业局局长，兼任第二机械工业部部党组成员、部长助理。

在 1960 年召开的国防工业三级干部会议上，王西萍受到错误的批判和处理，随之以 "国民党特务嫌疑" 蒙冤被隔离审查两年多，1963 年重新分配工作，调交通部工作，历任公路总局局长、公路运输局局长、水运工业局局长、交通部副部长、部党组成员。1978 年，中共中央组织部行文给予彻底平反。他是中共第七次全国代表大会代表、第八次全国代表大会列席代表。第六、第七届全国政协委员。

2. 赵尔陆（1905—1967），1905 年出生于山西崞县（今原平）北三泉村。1926 年加入西北革命同志同盟会。1927 年初到武汉，入国民革命军第二十军教导团。不久，参加南昌起义。同年加入中国共产党。1928 年随朱德、陈毅到井冈山，先后任中国工农红军第四军第二十九团团长，第一军团供给部部长。参加了中央苏区历次反 "围剿" 和长征。到达陕北后，任红军前敌总指挥部供给部部长。1936 年入抗日红军大学学习。历任八路军总供给部副部长、晋察冀军区第二分区司令员兼政治委员和中共地委书记，冀晋纵队司令员兼冀晋军区司令员。1946 年任军事调处执行部张家口执行小组中共方面代表，后任华北军区参谋长兼后勤司令部司令员、第四野战军暨华中军区第二参谋长，第四野战军暨中南军区参谋长。1952 年起任第二、第一机械工业部部长，兼国家计划委员会副主任，中共中央军委国防工业委员会副主任，国务院国防工业办公室常务副主任兼中共中央国防工业政治部主任。1955 年被授予上将军衔和一级八一勋章、一级独立自由勋章、一级解放勋章。是中共第八届中央委员，第一至第三届国防委员会委员。1967 年 2 月 2 日，于北京逝世。

3. 陈士橹，1920 年 9 月出生于浙江东阳。1945 年毕业于清华大学航空工程系，之后，任教于清华大学、交通大学、华东航空学院和西北工业大学。

1956 年，陈士橹被派往莫斯科航空学院进修，师从国际著名航空科学家奥斯托斯拉夫斯基教授。回国后，陈士橹教授着手组建西工大宇航工程系。1959 年年底，宇航工程系正式挂牌，并开设了导弹设计、火箭发动机、飞行器控制与导航、飞行力学 4 个专业，次年即招收在校高年级大学生入系学习，数十年从未间断。1988 年 12 月，在此基础上发展成为航天工程学院，成为以航空、航天、航海为其特色的西北工业大学的重要一翼。

陈士橹教授是国务院学位委员会学科评议组航空宇航组第一、第二届成员，第二届召集人，长期担任我国飞行力学专业委员会名誉主任委员。1997 年，当选为中国工程院院士。

4. 曹鹤荪（1912—1998），1912 年 9 月 15 日出生于江苏省江阴县。1925 年，曹鹤荪考入南菁中学，1928 年初中毕业，直接考取上海南洋中学高中三年级。次年又以高分考入交通大学电机工程学院。1934 年秋，他先在意大利的那波里东方语言学校学习意语，后进入都灵大学航空工程研究生院学习。1936 年被授予工学博士学位。学位考试后，曹鹤荪即去罗马附近的意大利航空城空气动力学实验室实习。取得学位后他在都灵大学理学院又学习了数学物理、数学分析和外弹道等课程。然后去德国哥廷根大学继续进修空气动力学理论。回国后曹鹤荪被分配至成都空军机械学校任基本学术组组长。1942 年，交大重庆分校改名为交通大学，曹鹤荪被任命为交大航空工程系代理主任。当时在他周围已集聚了季文美、许玉赞、岳劼毅、马明德等年轻教授。1948 年年底，曹鹤荪接任上海交通大学教务长和交大教授会主席。1952 年 11 月，调哈尔滨军事工程学院任科学教育部教务处处长，负责全院教务工作。1978～1984 年曹鹤荪被任命为国防科技大学副校长。1984 年 1 月加入中国共产党。1985 年他参加《中国大百科全书》的编写工作。1985 年当选为国际宇航科学院院士。

1998 年 10 月 29 日，于长沙逝世。

邝厚全

邝厚全的命运是很坎坷的。

他 1957 年刚走出学校，先在试飞站下放一年当工人，回到气动组的时候，我们正在与北大、科学院计算所合作，利用计算所在徐献瑜先生主持下办计算培训班的机会，组织了 70 个人，按照罗时钧教授的方法，计算翼身结构设计的载荷数据。当时，是他负责与北大黄敦教授联系，黄敦教授是他的老师。具体事务工作、借电动计算机等，都是他负责，他也参与了一些具体计算。

成立一所以后，他当过性能组的组长。授衔时，他被授予上尉军衔。

他的老家在湖南，解放前他还参加过游击队。解放后，他的父亲被划为四类分子。1963 年，他回家探亲，穿着军装去找当地政府，要求不要管制他的父亲。后来，当地政府告到我们单位政治部，结果他就挨整了。那是搞四清的时候，还比较客气一些，不是那么暴风骤雨式的。到了文化大革命一起来，那就不得了，就被揪住，打成了反革命。被下放到一所在铁岭附近的新台子农场劳动改造，种水稻，与乌可力（乌兰夫之子）几个人长期在那里劳动。

邝厚全这个人与同志们相处得比较好。

有一天，他们从地里回来，坐在一辆拖拉机的拖斗里。经过铁道时火车来了，开拖拉机的那位老伙计比较机灵，一看不妙，自己跳出来跑了，结果整个拖拉机拖斗被火车撞翻。乌可力反应快，看到这个情况，立刻从拖斗跳下来。邝厚全晚了一步，被撞受了很重的脑外伤。这次事故中还牺牲了一位设计员。以后他的身体总算慢慢恢复了，但还是继续在农场劳动。直到 1970 年才 "解放" 回到了室里。

他与王南寿关系很好，王南寿到成都的时候，把他带到了成都。但以后没有受到重视，他还是想回沈阳，1973 年从成都回来了。我是很欢迎他回来的，但我做不了主，本想建议所里任命他当一个主管工程师，但党委、特别是当时的所长不同意。

他从成都回来，牵动了一批成都的人要回沈阳。

后来，我当了总设计师以后，让他担任气动室性能组组长，以后又调到总师办担任主管工程师。我离开 601 所以后，他被安排在所的科技委。到 20 世纪 90 年代初，由于患老年痴呆症去世了。我觉得他的痴呆症还是与那次被火车撞有关。

他在那 70 个人的计算中起了大作用。

在批判中向前走

布局问题解决后，要做的事就多了。各系统要展开设计，都来要数据，最突出的是载荷数据。结构、强度等设计都需要载荷数据，这都是气动组的任务。机翼强度设计方面，我们有苏联 1947 年版的《强度规范》，对滚转拉起情况规定得很死——副翼偏多少度、过载是几个、滚转角速度是多少……但那是针对亚声速的，超声速条件下这套是否能用，我表示怀疑。我了解西方的强度规范，称之为滚转拉起情况，要计算一系列滚转响应以后，再挑出最严重的受载情况，计算相当麻烦。

我不断地找资料，发现新资料后又有启发，觉得先前给的数据不行，再计算，同时，发更改通知，要求结构、系统组更改方案。

修改数据的通知一发下去，强度、结构等专业组的同志们就闹翻了，因为这意味着他们刚加班加点设计完的图纸都得推倒重来，反映非常强烈。当时正是 1958 年，大鸣大放，一下子就给我贴了不少大字报。但若不改继续做下去，将来会出问题，还得更改。因为当时一下子看不到那么多资料，所以新的计算依据在不断了解中，有了新的资料，还得修改。

面对铺天盖地的大字报，我有些犯怵，改？还是不改？这是个问题。我找了黄志千，谈了自己的困惑。黄志千同志很宽厚，很理解我，他说："不要管那些大字报，硬着头皮也要改，现在不改，将来进入制造阶段，改起来就更难办了。"就这样，我在批判声中继续做工作，并发出更改的通知。

就这样，我的名声在设计室就搞坏了。

当时气动组只有四五个人，大部分是新手，没有一起讨论研究的条件，他们都要等我给办法，因此气动工作变成集中在我一个人身上了。最得力的胡同当时去学习了，邝厚全又在北京，汪子兴给调到业余工学院去了，所以变成气动工作我一个人说了算。当时我非常渴望有张炳暄这样的同志来共同设计，但是这样的同志是调不来的。于是 1959 年为新来学生办英文速成班，希望有更多的人能看新资料，一起来讨论研究。

苏联 1953 年的强度规范只是马尔达文给了关键数据，也不知道原由，因此也只能作参考。一个很突出的实例是垂直尾翼的设计。1953 年版的《强度规范》有一个规定，即载荷为垂尾面积乘以 500，而且这个载荷必须全部加在方向舵上。这样一来，搞垂尾设计的就干不下去了。垂尾面积至少 5 平方米，乘以 500，得出 25 千牛，全部作用于方向舵，而方向舵厚度很小，要集中这么大载荷，压强为 1000 千克/平方米。设计时发现，方向舵管梁用实心钢也做不出来。怎么办？规范上的数据——苏联专家马尔达文讲课时讲到的数据就是如此。

最后黄志千拍板，按此数据减少一半设计。这也是没有办法的办法，没有什么依据，先这么对付着搞下去，否则根本设计不出来。

操纵系统，开始设计歼教 1 是全靠人力操纵的，没有助力器的问题。现在设计必须靠助力器。当时 "东风 107" 的主管设计师是屠基达，有人告状，说水平尾翼助力器按照我给的载荷，大到得做水桶那么粗才行，没地方装。我采取的计算方法是假定水平尾翼突然偏 20 度，这样速压很大，20 度加上去后，作用在水平尾翼铰链力矩大约几万千克/米，当时作动筒液压系统用的是 135 个大气压，当然大得不得了。后来才知道，实际上不用计算最严重的情况，因为一边偏水平尾翼，飞机的迎角一边在加大，而水平尾翼真正的迎角在减小，载荷不会这么大，如果按极限情况就设计不出来。后来只能按配平的情况，要按保持 10 度的迎角飞，水平尾翼偏 2～3 度就可以了。助力器空载时偏转很快，载荷大了以后，偏转速度很慢，是一个缓变过程，不可能一下子加上去。

载荷数据是一个大问题，布局一定，要设计外形要画图，就要给出数据，都是气动力组的事。所以当时的处境，是在大批判、大字报的压力下匍匐前进。

还有一个难以计算确定的载荷，是后机身风罩载荷。装发动机时，在发动机与机壳之间有一个缝隙，流通空气冷却发动机。纯粹按理论算，冲压进气口进来的空气慢慢减慢、阻滞以后，压力仍然很大，结构无法承受。但实际情况，冲压空气进来以后，能量损失很大，所以实际压力并不是很大。应该如何计算？我到处请教，到北航找了徐华舫（注）教授，他是教空气动力学的。但徐教授只能说出什么时候出现壅塞，对如何计算也没有好的方法。

当时很多问题国内没有人解决，一些理论权威、老专家不一定能解决我们的实际问题，只能自己摸索着、对付着干。

1958年下半年到1959年年初，已经不仅是"东风"107的问题了，大跃进的形势越来越猛烈，"东风"107仓促上马，已经应付不了了，但同时还有人提出要搞马赫数为3的"东风"119，这就牵涉到气动加热的温度分布和热应力，温度怎么算？

接着还要搞 X–15 一级、马赫数6以上的飞机，这么个处境下，真压得人喘不过气来。

当时，徐舜寿病了在住院。黄志千和叶正大主持工作，黄志千是非党人士，有些话也不好讲，只能跟着上面的意思办。我当时的压力很大，一方面是被当做"资产阶级知识分子"，在"白、专"等问题上不断受到批评，另一方面也在努力应对着工作上的难题。不过还是得到了一些谅解和鼓励。

1958年12月，四局副局长段子俊派了党组秘书周星如来找我谈话，他后来调到国防工办当秘书去了。他对我说，段局长对我的工作是肯定的，不要受人们批判的影响，应继续努力。他还对我说，段局长讲："现在这么多工作，还是要远近结合，以近为先。"这样一说，我的心里有了底，还是抓主要工作——抓"东风"107。

四局总技术处的一位处长，还专门来看"东风"107的情况。他也对我说："你用简单的方法计算出来的结果，与人家几十个人算了三个月的数据出入不大，说明你的工作是有成效的，是很不容易的事。"这对我也是一个很大的鼓励。

当时钱学森加入了共产党，报纸上公布了。段局长派周星如找我谈的时候还鼓励我应该要求入党。我那时也有一股子劲，希望真正地好好为党干事，争取入党。不过我找党小组长谈了以后，他给我当头一盘冷水，认为我与党的要求差得太远，根本达不到入党的标准和条件。以后我就再也不敢提及入党的事了。那是 1959 年时候的事。

注释：

徐华舫，浙江鄞县人。1942 年毕业于西南联合大学航空工程系。1948 年留学美国。1949 年获普渡大学航空工程硕士学位，同年回国。历任清华大学讲师，北京航空学院副教授、教授，北京市航空学会理事长。长期从事空气动力学的教学与研究工作，主持了我国第一座中型超声速风洞总体设计和气动计算工作，并从事尾喷流对尾翼气动力的影响和大迎角气动力的研究。编著有《气动力学》、《高速空气动力学》、《飞行器部件空气动力学》等。

最后落实还是靠吹风

计算问题解决了，但最后落实数据还是得靠吹风试验。

1955 年秋，哈军工根据苏联专家建议，由马明德安排纪士坪去向民主德国（东德）订购跨声速风洞。这个风洞是东德人刚刚搞出来的，在试验，可以卖。风洞买回来，钱学森提出先给五院用。这个风洞是 1959 年 3 月安装在北航，是借用北航的地方，但属于五院，是一片飞地。这是中国第一座跨声速风洞。

当时各单位的风洞试验都要挤在这里，所以要排队。先是给哈军工的 "东风" 113 吹，然后才能吹 "东风" 107。

从东德引进的这个风洞技术上并不成熟。其先进的地方是天平测量结果用光学的方法来记录，天平在风洞外有一个大的框架支撑着，模型架在刀片形的支架上，支架与风洞外的框架交联。风洞框架的各个角落，都有镜面，模型有了移动，镜面反射光线来指示，在显示屏上显示出来，通过事先标定的刻度指示数据。

风洞用航空涡喷发动机抽气的方式，如果空气湿度过大，则会出现结冰的情况，万一出现结冰，则采用从发动机的排气引一部分热气流去加温。在潮湿的空气中，一开机，流场不好，整个试验段结雾，看不清楚。特别糟糕的是支撑模型的支架是一块很大的刀片。如何减除刀片的影响呢？办法是先不加模型，测单独刀片的气动力，测出结果后，再装模型，测出数据再减除刀片的气动力，才算是飞机的数据。

在做横侧特性的时候，模型一偏角度，刀片也随着偏转，这时单独刀片的载荷很大，模型加刀片的载荷也很大，但两个相减后，所得的数据在误差范围里，直观地看，得不出好坏结果。

我急于获取数据，但五院按钱学森的严格要求，制定出一套很烦琐的规定。应该如何列表、如何计算、再如何处理成飞机数据等。吹风后一般要一周后才能得到结果。在测试的时候，试验人员记录，我也在做记录，我把数据做了处理，并告诉他们，这样测得的数据不行。

做完试验后，我刚回到沈阳，五院就来信了，说我的数据不是他们的数据，不能用，不合法，这就是对我提出批评了。但已经看出来，那个高速风洞吹了那么久，试验结果根本不能用。

原来"东风"107属于绝密，不能告诉苏联方面。后来解除了限制，可能是由于有了"东风"113吧。四局安排了叶正大、徐昌裕去苏联，请他们对"东风"107方案进行验证评审。我们准备了数据、模型，送到苏联，请他们做吹风试验。1959年4~5月，苏联航空工业部派了专家，在莫斯科正式提出他们的审核意见。徐昌裕、高锡康都去了，叶正大当翻译。这次谈话，决定了"东风"107的命运。苏联方面提了几个大问题：

1. 性能达不到马赫数2.0，最多1.8。

2. 抬机翼的方案不能用。理由是要保证机翼不出现颤振，最关键的是翼根要有很强的刚度,而抬机翼形成了翼根三点支撑,无法保证翼根的刚度。

3. 水平尾翼布置太靠下,地面效应会影响机头无法抬起。对于这一点,我是不同意、不接受的,因为对于大迎角的稳定性,只有尾翼的位置低一些才能有保证。我们和美国人都做了大量试验证实,而且也计算过不会抬不起前轮。

叶正大写信回来,讲了苏联方面的意见,大家都感到是问题。当时黄志千认为方案得赶快修改,徐舜寿那时已经出了医院,也觉得应该修改原来的方案,这也就影响到王西萍局长在哈尔滨一次会上决定"东风"107得停下来。

可以看到,上"东风"107的时候,确实没有技术储备,硬着头皮在干,对气动力没有量的概念,我没有办法,只好这么修修,那么改改。最后是参考了日本航空学会志中的一个学术报告,有一个三角翼飞机的例子,超声速时阻力系数在0.02左右,我凑来凑去,凑了一个0.022的阻力数据。后来拿到苏联去审,苏联专家说,根本达不到那么低的阻力系数,大概只能是0.036、0.037这样的水平。

关于抬机翼的问题

抬机翼的问题,也是很不好计算。我认为气动力的问题,主要应该靠风洞试验。当时没有大的风洞,也没有高速风洞,主要是哈尔滨的1.5米风洞。那个时候,我们气动组增加了一些人。原来的力量是很弱的,从1957年毕业的大学生中选了几个,先到车间劳动一年,1958年回到气动组。7~8月建风洞,好几个气动组的人被抽调去搞风洞建设了。

就在那个时候,大概是8月末,程不时、汪子兴也被调出设计室,安排到车间劳动了。由于气动组人手不够,徐舜寿说,把学过气动的都抽到气动组来,这样有了一部分新人。正好，那时从第四设计院来了一大批人，有些是 1952 年的大学生。据说是由于航空工业系统基本建设设计任务完成得差不多了，所以要他们改行搞飞机设计。先到沈阳飞机设计室实习，加强和支持我们。分到气动组的有二三个人，机翼主管设计员沙正平是从 112 厂设计科调来的，还有1957 年北航毕业的童永福，她原来是搞空调系统的。

童永福很能干，她负责在一线做吹风试验，我则通过电话遥控，有问题的时候，告诉她应该怎么干。

通过吹风试验，发现抬机翼并不是原来想象的，抬 10 度机翼就能增加 10 度迎角。实际上，抬 10 度安装角，只能起增加 3 ~ 4 度迎角的作用，着陆速度还是很大。

按照赵尔陆说的要求，徐舜寿等回到沈阳就动员大家快干，原有的"东风"104 飞机方案没有怎么改，只是马赫数搞到 2.0。应该承认搞超声速飞机时，我们确实没有经验，最多能看到的只是米格 – 19，但米格 – 19 最高马赫数就是1.4，温度等问题就不存在，液压系统也不行，只有 130 个大气压，电子雷达还没有，与设计马赫数 2 的飞机差得很远。

当时仿制米格 – 19 时，米高扬设计局派了代表到沈阳，是副总设计师谢苗诺夫，他对结构很熟悉，气动方面差一些。他看了"东风"107 的方案（开始是不让他看的，后来同意了）。苏联专家谢苗诺夫提出，不能抬机翼，不要用两侧进气。按照苏联的经验，进气道如果不到 20 米长，尽量不要用两侧进气。

叶正明也是强烈反对抬机翼方案的。那时他已经调出设计室到了北京，但还是念念不忘设计飞机。我到北京搞"响尾蛇"导弹分析任务的时候，叶正大也在那儿，而且搞"响尾蛇"导弹的那一批人大部分都是从莫斯科航空学院、茹科夫斯基空军工程学院学习回来的，所以叶正明知道我在北京，托人带信，约我到中山公园见面，很神秘。见面后，他给我两样东西，一个是给我的一封信，信中明确表示，不能采用抬机翼的方案；再就是给我一卷图纸，是用描图纸描下来的，是当时留苏学生描的有尾三角翼飞机两侧进气的设计方案，苏联人吹过，有试验报告。他让我把信带给黄志千。

一个短暂的低潮

1959 年 5 月，“东风” 107 停下来，设计室进入了一个低潮，大家都有点迷茫。我也只能是看资料，总结前一段的工作，看哪些是算得对的，哪些是错了。而徐舜寿则在考虑下一个型号应该怎么办。

讨论的时候，他提出用两台米格－19 的发动机，用有尾三角翼布局，先搞一个侦察机，大家觉得可以。于是赶紧画图、做模型，拿到哈尔滨去吹风。按照苏联人的建议，采用了前缘扭转、后退开缝襟翼；平尾不是太大，平尾的位置放在中间一点，不是很靠下；机头进气。这个模型在哈尔滨做吹风试验，低速试验的数据不错。但传来消息，空军不要侦察机。无奈，我们又做了双座教练机的方案，继续做。结果教练机空军也不要。于是，我们干脆改做试验机。

这个时期，每改一次方案，都是 112 厂的厂长牛荫冠（注）来做动员。设计室士气低落，大家有点失去了信心。徐舜寿也动员不起大家的干劲，只有请牛荫冠来讲。

1959 年 8～9 月的时候，设计室又分配来一批大学生，给我们气动组分了 6个人。当时我是很希望这些年轻人赶紧能投入工作。但新来的大学生的问题是俄文没学好，英文更不行。我觉得他们应该能与自己同时阅读一些英文资料，于是顶着各种压力，决定组织他们学习。在请示了党支部以后，开办了一个英文班。当时没有英文的速成教材，我借用学习俄文的办法，自己编讲义、亲自刻蜡板、印教材。应该说效果还不错，有几个人的英文就是那时候打下的基础。但这件事情在批判徐舜寿的时候，也作为一个问题给带上了。所以我感到委屈，这么干，反而挨批！

这种情况一直延续到了 1959 年的 11 月。

注释：

牛荫冠，1912 年出生。1933 年夏天考入清华大学。1935 年加入中国共产党。曾任清华大学党支部书记、北平市委组织干事等职，是"一二·九"学生运动的领导者之一。1949 年后，历任江西省财政厅长、江西省人民政府副主席、省委常委等职。1954 年年初，任株洲航空发动机厂厂长兼党委书记、湖南省委委员。1955 年调沈阳飞机制造厂，任厂长、辽宁省委委员。

两个设计室合并

1958 年春，全国大跃进的高潮在形成。在全国范围内，有一点能力的单位之间正在酝酿着搞更高速度飞机的竞争。北航很厉害，率先提出搞"北航 4号"。当时哈军工落空了，还没有想出招来。哈军工空军工程系的一位副主任，姓戴，他曾经专门来沈阳找徐舜寿，徐舜寿就拉了冯钟越、程不时和我与他谈，他是希望与我们合作。由于有这个考虑，所以我们当时请罗时钧、马明德来讲课，来做我们的顾问工程师都很容易。当时大家都在考虑要搞一个什么样的高速飞机。

后来我们之间的联系就断了，因为哈军工已经打着学生毕业设计的旗号，在闷头搞"东风"113 的方案了。有了"东风"113 的设想，他们就开始与我们绝对隔离，不让我们知道。哈军工搞"东风"113 是由马明德与一位搞电气的蒋教授抓总，各科主任、助教和高班的学生一起搞。但学生们没有画过工程图，拿到工厂很难加工。他们的面铺得很宽，因为是学校，所以各专业的人都参加进来，希望搞一个全系统的飞机。

"东风"113 的实质是以美国 F－105 为基础来设计的，号称马赫数为 2.5. 即所谓双 25（马赫数 2.5，升限 25 千米）。但是 F－105 没有达到马赫数 2.5，实际上是做强击机用，在越南战场被打下来最多的就是这种飞机。

哈军工对于提出马赫数 2.5，并不是很明白。那个时候，他们也不会设计超声速飞机，按照他们的方案，飞机要实现马赫数 2.5，增速会很慢很慢，要好几分钟，与实际使用要求差距很大。

他们在学校里搞了一段时间以后，又到 112 厂建立了第二设计室，我们设计室变为第一设计室。搞到 1959 年 7～8 月，问题越来越多，首先是学生面临毕业，不能不回去上课，而这样一来，老师也得回到教室讲课。徐舜寿是很宽宏大量的，"东风"107 的一些问题，包括苏联专家的意见，都让我传达给当时"东风"113 在 112 厂的负责人罗时钧。罗时钧认为有的他们也没有考虑到，在"东风"113 上也存在，是问题就应该解决，但他很快也调回教研室了。在这种形势下，哈军工空军工程系主任沈百英给中央军委打了报告，要将我们第一设计室转到第二设计室的"东风"113 上去。

对于他的这个意见，设计室的许多同志不同意，冯钟越同志态度很激烈，表示强烈反对。但这个意见还是得到了更高级别领导的支持，下了命令，当然得执行，必须合起来。徐舜寿考虑，两个设计室要合应该先做一些准备，先提一个方案，想好应该怎样合。于是派了我、管德、杜先宜（他当时已经从气动组转到总体组当组长了）去哈军工看一看"东风"113 的进展情况。

1959 年初冬，哈尔滨的冬天很冷，我们三个人去了，学校里冷冷清清，没有人出来接待我们，最后是宋文骢与我们见面。他那时是少尉军衔，一见面就先发了一通牢骚，看得出是一肚子意见。他们的指导员在布置反右倾的事，他可能也有些事，还要他去学习。他对我们说，我还在学习呢，需要说些什么吧？随便对付我们几句就离开了。我们只好回到沈阳，把情况给徐舜寿做了汇报。

结果徐舜寿他们组建方案还没考虑好，那边已经正式下了命令。两个设计室合并，由哈军工飞机系军械专业的科主任王秀山任主任，他是少校军衔。副主任有罗时钧，排在徐舜寿前面，然后是叶正大、黄志千等一大串，最后一名副主任是屠基达（注1），下面各专业组组长都是哈军工的同志担任，气动组的组长是谢光（注2），我是副组长。

1959年年底，正式安排办公室。两个单位的人合起来，场地也不够。我们一部分人在112厂设计科三层楼上办公，合并以后，这些人又回到了平房。大楼里有几间办公室还继续用着。哈军工有一个好处是设计室有专门的保密室，有军人在管着，看资料方便。

当时哈军工来气动组有三位同志，除谢光外，另一位是学员，叫黄彭年，是很不错的，后来到南航当了教员；还有一位叫陈世豪，搞气动弹性的，后来到了611所任副总师，10号工程时出了很大气力。他在气动弹性、颤振、计算机方面都很有能力，与管德合作也很不错。

合并以后，哈军工的少将副院长和一位中将军衔的政委来视察设计室，也来看了我们的气动组。那位副院长与大家见面以后，用大批判的口气说："别以为自己了不起，什么都知道，要反对专家当政。"我当时没有说什么，但我知道这些肯定是针对我来的。这次视察后，他再没有来过。

注释：

1. 1959年12月，112厂原第一设计室全部合并到第二设计室，组成"东风"113飞机设计室，即产品设计室（后来成为601所的主要组成部分），王秀山为主任，罗时钧、徐舜寿、黄志千、叶正大、杨庆雄、黄序、屠基达为副主任。至此，"东风"107飞机的设计工作全部停顿。

2. 谢光，江苏宜兴人。1949年参加中国人民解放军。1953年加入中国共产党。曾任第十四兵团随营学校区队长、军后勤部文教研究组组长。1958年毕业于军事工程学院空军系。后历任军事工程学院助教，国防部第六研究院沈阳飞机设计研究所研究室主任、成都飞机设计研究所副所长，国防工业办公室科研局副局长，国防科工委科技部副部长，中国系统工程学会第二届理事，中国航空学会第二、第三届理事，国防科工委副主任。1988年被授予少将军衔。1990年晋为中将。

苏联设计专家首次来华

到 1960 年年初, 两个设计室合并后, "东风" 113 的设计工作还没展开, 突然接到四局通知, 苏联方面答应派专家组来进一步审查 "东风" 107 的方案。

对于我们来说, 这是一个难得的学习机会, 所以必须抓紧。"东风" 113 绝对不能让苏联人看, 但 "东风" 107 的设计工作实际上已经完全停止了。在这种情况下, 徐舜寿与叶正大商议, 还是用 "东风" 107 的方案, 在此基础上改一改, 用来与苏联专家讨论。当时还有一个方案是在南昌 320 厂铺开一摊, 但这个方案没有通过。

那时, 我正在上海, 休春节的探亲假。

1959 年批判徐舜寿的右倾机会主义, 也把我带上了, 自己心情很不愉快。我觉得徐舜寿那样努力为党工作, 为了 "东风" 107 夜以继日地干, 不断地找资料, 解决问题, 最后却戴了一个反对革命的帽子, 感到震惊, 也感到很委屈, 年底就请假回去过春节了。那时, 春节假也就只有四五天。请假非常困难, 就是春节几天假, 一个来回, 至少一个月的工资扔在铁路上了。我回家住了没几天, 就接到电报, 让我待命, 也许会上南昌。后要我立刻回沈阳, 准备接待苏联专家。

当时就在 112 厂设计科大楼里腾出了房间, 装扮成 "东风" 107 的设计室。组织了我们几个人, 把已经放弃的 "东风" 107 方案重新又捡了起来。

首先是气动力的问题, 上次人家已经提了, 该怎么改? 好在后来在研究用 "东风" 107 改教练机、试验机时, 做了一些修改工作, 多少有些数据。我做了一些修改, 例如根据 NACA 数据和算法, 对阻力系数进行了调整。苏联专家来了, 我们就把这些对他们做了介绍。翻译对我说, 专家们认为计算的结果是正确的。

这次是苏联第一次派了设计方面的专家来我国, 其中带队的是苏联航空工业部外事局局长，来的专家中有米高扬设计局的总体组组长，得过列宁奖章；还有搞气动的老专家，其中搞操纵稳定性的比施根斯，技术上非常强，他是实际上的专家组组长，各专业的专家有事都找他。他后来是苏联科学院院士，担任了ЦАГИ的副院长。还有搞气动弹性的，水平都很高。

徐昌裕对这次苏联专家来我国很重视，亲自来坐镇，每天晚上都要听汇报。当时还安排了122厂、320厂的设计人员都来参加，哈军工也派了人，换上便服来听。我提了一个方案，希望请苏联专家们具体讲一下设计超声速飞机的方法，但僵持了一天，人家就是不讲。第二天，专家组正式回复我们，这次他们来华的任务是审查方案，不是来做系统讲课的。审查方式应该是我们做详细的方案，他们提出问题。

以后就是这样，他们白天提出我们方案中存在的问题，我们连夜加班计算，第二天再把结果交给他们，他们再提出修改意见，我们再改。

那些天搞得很紧张，也很疲劳，而且生活困难，吃也吃不好。晚上加班很晚，回去后没有什么吃，食堂根本没有东西卖，只有一种果酱之类的液体什么的，吃了充一充饥。办公室的钥匙在我手中，每天早上7点钟就要去开门。有一天，我睡得很晚，早上睡过了头，起来晚了，急急忙忙赶到设计室，苏联专家已经等在门口。不过他们没有批评我，对我表示原谅，说你们很不容易，我们白天提出问题，你们连夜要改出方案，够辛苦了。

他们对我们的这种工作精神是很满意的，所以当1992年与ЦАГИ重新开展合作，研究新飞机课题时，比施根斯院士特别提出要在沈阳进行。

一共搞了10天。根据他们的意见，原来的方案大部分做了修改，他们觉得满意。最后，由徐舜寿作为中方总设计师总结了方案的修改过程和形成的最后方案。比施根斯代表苏方也做了总结，又指出了些问题。比施根斯最后建议，最好还能请苏联方面的搞强度和结构的专家来，再做一次咨询审查。

苏联专家走后，徐舜寿打了报告，希望留下两个人继续搞"东风"107，得到了四局的同意，我记得冯钟越留下来，因为他是搞强度的。但苏联方面没有再继续派专家来。其他的人则都转去搞"东风"113了。

　　我们把苏联专家针对 "东风" 107 提出的问题，像搞质量复查一样，对 "东风" 113 进行了复查，发现有些设计要求很不合理。如要求最大速压取 11000 千克/平方米，徐舜寿就给他们提了，这样不行，强度是承受不了的，进气道、座舱盖都抗不住。设计室副主任杨庆雄是哈军工来的，原来是上海交大的助教，到军工以后担任副教授。他说："这不能改，因为是中央军委批准的，绝对不行。"徐舜寿很生气，说这样做下去，飞机是出不来的。最后经哈军工方面讨论，认为不能这样坚持，还是接受了将最大速压减下来。

　　机翼没有看出什么大的问题。

　　最大的问题是进气道不落实。当时是谢光在抓，也觉得不吹风不行。哈军工方面为 "东风" 113 专门建了各种试验设施，进气道要飞马赫数 2.5，就建了专门能吹到马赫数 2.5 的超声速风洞，用的是现在暂冲风洞的方法，就是将 130 个大气压充到一个高压的气罐里，打气要用一天，只有一个能吹到马赫数 2.5 的喷管，每次试验只能吹 30 秒、50 秒、60 秒，一天吹不了两次，我们的人去了，一待就是两个月。但不管怎样，吹来吹去，总压恢复不上去，设计要求到 0.7，只能达到 0.5，这也就是说要飞到马赫数 2.5，是相当困难。当时寄希望采用调节锥的方案，为此，我专门去找了一篇美国自动工程学会会刊讲进气道调节的文章，给了谢光，他就整天琢磨怎么搞好这些事。以后谢光又找我去哈尔滨一起做吹风试验。我原来也没有搞过自动控制，与哈军工一位搞发动机调节的梁君湘一起搞，最后，发现进气道的气动设计不合理。进气道的设计在喉道以后应有相当长一段等直段，但他们的设计，过喉道以后扩散太快。我提了设想，为进气道做了一个半模型（受风洞尺寸影响，用半模型可以做大一些），但因当时成立六院，没有能进行。

　　这次试验到 1960 年四、五月就停止了，因为要成立六院了，"东风" 113 也就此下马，不了了之。

AT-1 风洞

1958年6月，在筹划设计超声速战斗机时，徐舜寿极力主张赶快建超声速风洞。早在1956年，他就详细阅读了当时能买到Hilton的《高速空气动力学》，对高速风洞设计已有一定的了解。因此，在决定设计马赫数等于2的战斗机时，他就让我协助他设计高速风洞。我们两人用一个晚上画出一个风洞布置图，第二天由设计室高锡康去北京向四局党组汇报。这个方案很快得到局党组的同意，并且从国防部五院得到了一套苏联高速风洞AT-1的图纸，就立即在沈阳112厂开始组建风洞试验室。

徐舜寿推荐沈航校长韩志华调来组建这个风洞试验室，还把设计室的高锡康和一些刚从北航气动专业毕业的同志也都调去搞风洞建设。韩志华曾与黄志千一起在英国共同设计喷气飞机。解放初期，他和徐舜寿、黄志千都是华东军区航空处航空工程研究室的。

开始时，风洞试验室也由徐舜寿统管，就以苏联AT-1风洞的图纸为基础建高速风洞。只用了一年多时间就建起了AT-1风洞。如今很多同志都不知道，这个风洞的创建人还是徐舜寿。这是我国第一座跨超声速风洞，1970年8月定名为"风雷"1号（FL-1风洞），即现在626所的风洞，至今仍在使用。

这个风洞建起来后，先把"东风"113的模型拿去吹，吹了以后，阻力很大。我看后，认为原因是进气道外廓收缩太快。于是，我提出在收缩部分给模型涂了腻子缓和一下，修改了外形，一试果真行，阻力下来了。再有就是方向稳定性，侧向力的变化，非线性出现得早，我怀疑是雷诺数太小，提出加转捩带，试后也证实了是雷诺数影响。就这样，对"东风"113，按照苏联专家对"东风"107的建议，进行了细致的排查。做到四五月，都停下来了，都在等待成立六院。

我将"东风"113 这一阶段的气动工作，包括各气动导数等怎么计算，写了个总结。对这个总结，院校有兴趣，但这些资料不能公开，西工大派了两位教员，只能到资料室来看。8 月，六院一所正式宣布成立，要求我们把所有的资料都交出去，交给六院了。

第四章　六院一所时期

一所成立

1961 年 8 月，正式宣布成立六院一所。其实在三四月的时候，刘鸿志（注 1）就带王南寿（注 2）来了解情况，办交接手续了。当时六院派了器材部长，航空工业局由徐昌裕为代表，沿着设计室的房间一个个来看，办理交接。

六院一所是按照军队建制组织的。刘鸿志来了以后首先是整顿。刘鸿志担任所长，徐舜寿、叶正大任副所长，黄志千为总设计师。原来的组都改为研究室。总体室的主任是空一所来的一位少校吴永常，杜先宜当副主任。王南寿任气动室主任，秦丕钊任副主任，都是空一所的，秦丕钊是苏联茹科夫斯基空军工程学院毕业的。后来谢光也当了副主任。当时宣布的时候，还没有谢光。

成立六院以后，又是一个全新的格局。归军队管理以后，突出的一点是生活上得到了保障。那时正是困难时期，当时接收的时候，112 厂设计室不少同志患了浮肿以及各种慢性病。刘鸿志所长采取了措施，由北京南苑派出医疗小分队到沈阳开展医疗服务，为科技人员普查身体，对有病需治疗的职工，一个个进行检查，有的送到了北京空军总院，有的送到沈阳空军 463 医院治疗，或就近联系疗养院短期住院疗养，使有病的职工得到了及时治疗。

一所成立之初，所部设在北京南苑，当时在沈阳有好几摊，部分科研设计人员在 112 厂，还有的在小河沿试验工厂。

用抛物线办法处理就可以了。

最大马赫数，原来在搞"东风"107的时候，我想，按照发动机的可用推力曲线与飞机需用推力曲线的交点远远超过马赫数1.8，在马赫数2.0时，发动机还有很大潜力，所以马赫数提到2.0并不困难。现在看到米格－21确实也是这样的情况，说明自己以前的路没有走错。

当时有一个好的条件，我们气动室副主任秦丕钊被空军十一航校请去做翻译。他是苏联留学的，俄文又好，跟讲课专家很合得来。所以专家就将带来的资料都给了他，秦丕钊把其中有用的资料，如一些理论图、气动特性曲线用描图纸描下来，寄回所里。我们将经过吹风试验获取的数据与这些资料给出的数据进行比较，心中就有底了。

原来有些我们没有想到的问题，苏联的说明书上都说到了。其中最大的一项，就是米格－21最大马赫数是如何限制的，说明书上讲的是由方向稳定性限制，就是在飞到马赫数2.05的时候，方向稳定性还应该有足够的余量，但没有说这个余量是多大。说明书上也给出了方向稳定性的一条曲线，也就是 m_y^β 导数随马赫数变化的那一条曲线，可是没有标这条曲线是在哪个高度时测得的，也没有说是哪一种型号。那时米格－21还没有定型，飞机的垂尾在不断加大，所以给我们的资料也在不断改版。这个曲线有两条，一是直接从第一次给的说明书上给出的数据，还有是后来从专家讲课拿到的数据。在马赫数2.05时，方向稳定性有两个数据，一个是－0.00045，一个是－0.001。

对摸透米格－21，我觉得对气动力讲应该做风洞试验，也就是按照他们的图纸做模型吹风试验。我们有了AT－1风洞，可以不用再找五院的德国进口风洞吹。

AT－1风洞性能还是可以的，图纸是五院从苏联拿来的，当时五院701所在北京云岗的AT－1风洞还没有建成，我们沈阳的已经可以做吹风试验了。不过，沈阳的风洞室很快就划归了五院。

用这个风洞吹风的结果，我们的方向稳定性为－0.0037，比－0.00045的数值差了近10倍。什么原因？弄不清楚。

国防科委第十六专业组

1963 年年底到 1964 年年初，国防科委主任聂荣臻元帅根据钱学森建议，成立了国防科委第十六专业组——空气动力专业组（注），组长是钱学森。徐舜寿推荐我和管德为气动专业组的成员。那时的专业组，真的是研究问题的。我们在专业组提出了米格－21 吹风与资料提供数据的差别问题，专业组进行了多次认真的讨论。

我记得有一次在友谊宾馆讨论，钱学森也参加了。

六院七所的同志对这个问题也没有底，各种想法都有。当时做模型吹风试验，天平杆是从飞机尾后部插进机身的，为了模拟发动机喷流，尾段加了一个圆筒形的环。他们搞气动试验的同志说："你们方向稳定性吹得那么大，可能是加了这个环引起的。"钱学森听了说："如果这个环真有这么明显的效果，那就可以不要垂直尾翼了，弄个'环'不就行了吗?"把这个说法顶了回去。当时用了多种方法试，都没有弄清楚。最后还是通过试飞才把问题搞清楚，那是后来的事。

还有米格－21 水平尾翼效率。低速时风洞测出是－0.01，而资料是－0.013，差了 30%。用资料的数据计算，飞机的抬前轮那些性能，结果全对。我们的吹风试验是这样的结果，什么原因？当时条件也不行，大雷诺数没有风洞，喷流也做不了，短时间搞不清楚。所以以后设计这一类型的平尾就按米格－21 的数据，也就是在吹风试验得到的数据基础上再加大 30%，按 1.3 倍定就行了。

还有垂直尾翼载荷，按强度规范为 500 ×S（垂直尾翼面积）。米格－21 的资料上不是这样算，是按蹬方向舵飞机偏航到最大以后立即回中，让飞机晃，在侧滑最大时计算垂直尾翼有多大载荷。这样计算结果要小得多，另外方向舵和垂直尾翼的载荷分配也合理了。

所以当时设计"东风"107时，许多弄不清的问题，看了米格－21资料后，都迎刃而解了。我觉得，摸透米格－21起了一个做习题对答案的作用。

另外，还发现用全动平尾后的飞机，因为平尾面积达到机翼面积的20%左右，所以平尾提供的那部分升力不能像过去用升降舵飞机那样忽略不计，特别是计算飞机强度过载时，不能用无尾机的最大过载值代替全机的过载，必须把平尾那部分配平升力计算进去。

还有一点，因为平尾提供的升力大了，所以在算平尾效率时，出现了在迎角等于常数时的平尾效率要比在升力系数为常数时的平尾效率高。强5在1963年复查时，发现平尾效率比歼6的低。我看了结果，告诉他们因为用的是升力系数为常数的值，如用迎角为常数，则平尾效率将与歼6相同，两者可差到30%。

注释：

据《中国航空工业史丛书·航空空气动力专业史》记载：1964年，国防科委成立空气动力学专业组，负责全国气动力学研究的规划和风洞建设，钱学森任组长，沈元、庄逢甘、马明德、徐舜寿任副组长……

一所成立以后

成立一所以后，还有一些其他方面的工作。

首先是按照刘鸿志所长的计划，要设计室的老同志给空一所的同志讲课。空一所原来是研究维护修理飞机的，所里要我去北京空一所给原来不搞飞机设计的同志讲课，讲气动力设计。

还有，1962年春天，部队反映，陕西武功县空军部队的几架杜－4轰炸机，有的已经到了寿命，要我们分析一下，看能不能再飞一段时间。因为这个飞机是苏联仿的美国 B－29，原来由空一所负责杜－4 使用维护，现在成立了一所，所以就要一所解决。

当时成立一所的时候，刘鸿志将使用和维护合起来搞了一个研究室，这个任务交给这个室，但这个室完成起来有困难。于是，就安排了气动和强度的人一起来做这项工作。我和强度室主任纪绍钧一起到武功空军部队调研，纪绍钧是苏联茹科夫斯基空军工程学院毕业的优等生。武功的师长招待得非常热情，1950 年，纪绍钧曾经当过他们师的翻译，那个时候那位师长还是团长。我记得那次没能解决什么问题，因为就这么几架飞机，还能怎么折腾呢？又没有人出经费，所以这个问题最后也没有解决得了。

紧接着夏天，空军提出要将歼 5 航程加大。这样就要将原来两个 400 升的副油箱加大到 800～1200 升。副油箱加大，前部伸出机翼前缘比原来大得多，肯定影响到气动力。徐舜寿将任务交给气动室，我说应该做风洞试验。大风洞没有，后来是在北大的风洞做试验，那个风洞还算好一些，2.25 米的直径。按照这个项目要求，应该做一个动相似的副油箱模型。麻烦的是模型的重量要按长度的 3 次方缩，惯性矩按长度的 5 次方来缩，而且重心还要在同样的相对位置，所以做出油箱壳子模型要非常轻，每个模型都要加配重、调重心和惯性矩。

如何实现这些要求？我说用做航模的材料——轻木做，当时还没有塑料，然后用铅块配惯性矩和重心。我们一方面做模型，一方面给做出的模型调惯性矩，然后放在飞机模型上。

试验的时候，一投放，一瞬间就吹走了，没有什么方法能测。我们归军队管有一个好处，就是与八一电影制片厂联系很便利，于是找了著名的电影摄影师——电影《哥俩好》的摄影师张冬凉来摄影。他借来了水电科学院的高速摄影机，做了两周试验，从拍出的影片测出结果，又找了 NA-CA 报告结合分析。试验的结果是飞机稍有一点迎角，800 升的油箱会从机翼上方打出去。最危险的是副油箱往外扫，会把翼梢下面的无线电高度表天线打掉。所以试验结果出来，我的意见是只能强迫投放。后来据说空军采用了强迫投放的方法。

1961 年 8 月，有一架美国 RF-101A 飞机（是台湾空军的侦察机），被我们空军在福建地区上空击落。六院组织分析。1961 年年底，分析工作结束，写了报告。结果给空军科研处扣住了。我们算的结果是 RF-101 能飞到马赫数 1.8，空军说，抓到的俘虏飞行员讲这架飞机只能飞到马赫数 1.4，数据算得太好，就因为这个，把我们骂得一无是处。徐舜寿找我问我怎么算的？我说这个数据是我给气动组提供的方法计算出来的，我觉得没有错。于是，他让我去北京，那时六院在 621 所技工学校的楼里办公。第二天派车把我送到空军大院空军科研处，空军科研处还是那位审查歼教 1 时的那位冤家对头处长，但他干不了这事，于是就把朱宝鎏（注）找来。

朱宝鎏是 1950 年上海交大的毕业生，比我高一届。毕业后，他是唯一被分配到空军航校当理论教员的。他的家是香港有名的中医，很有钱。他很关心下一届的同学，给我们来信说，看到一批批中国的雅科夫列夫从学校走出去，他感到很兴奋、很高兴。我们后来才知道，他教的是飞行员，不是飞机设计师。

他在空军一航校教书很有名气。后来国家体委还把他拉去当国家航模队教练，培训航模运动员。1955 年，我国第一次到匈牙利参加世界性的航模比赛，他是主教练，由于是第一次参加，没有经验，只得了第二名，为此朱宝鎏感到很遗憾。后来他留在了北京空军司令部科研处工作。"文化大革命"期间，他被派往越南，搜集美国战机残骸。1968 年回国，按照当时极左思潮，他的家庭问题是不少的，但所幸没被触动。

我讲了我们对 RF-101A 性能的计算，朱宝鎏认为能够说得通，他同意我的说法。这位处长一看朱宝鎏点了头，也就没再说什么，让朱宝鎏拉我去他们校官食堂吃饭，也算是对我表示歉意，此事就算了了。

科研处的这位处长很有意思，1968 年我们搞歼 8 刚要试飞的时候，又是他找了朱宝鎏来。他很仇视歼 8，认为我们的飞机飞不起、落不下，挖苦我们说："歼 8 起落架像仙鹤腿"、"机身像大面包"。那个时候传说，空军有人对歼 8 如此态度，关键是歼8"出身"不好、"先天不足"，是六院自行决定、聂帅批的，而"文革"期间，聂帅被批"老右"，日子也不好过。

歼8做吹风试验时，这位处长到了现场，问道："顾诵芬怎么没有在？"那时我正在接受审查，在学习班里，每天连家也不许回。有人告诉了他，顾诵芬还没有解放。他表示不理解，说怎么搞的，我们朱宝鎏都没有什么问题，一直在这儿干，顾诵芬能有什么问题？

后来我被从"学习班"放出来时，做检查大家提意见，张守一（后来到611所任副总师）批判我，提起这位处长问我为什么不在吹风现场的这件事，说："你这种人，不问政治，只管技术，谁来了都要用你。"

注释：

朱宝鎏，广东广州人。1950年毕业于上海交通大学航空系，同年参加中国人民解放军。1962年加入中国共产党。历任空军航空学校教员、主任教员、机械系主任，空军司令部科研部科长、副部长，空军第八研究所副所长兼总工程师、高级工程师，南京航空学院兼职教授，中国航空学会第二、第三届理事，中国空气动力学研究会第二届理事，中国科学技术情报学会第一届理事、国防科技情报专业组副组长。在喷气式战斗机螺旋理论方面有较深研究。著有《现代作战飞机》、《现代喷气飞机性能计算提纲》、《现代战斗机螺旋特性预测方法探讨》、《外国作战飞机性能估算法》等。

与江泽菲结婚

与父母一起

说点个人的事，我是 1962 年 8 月初结婚的。

1961 年，黄志千介绍我与他妻子的妹妹江泽菲认识。那次黄志千约了我和江泽菲在他家里见面，是一个早上，我和黄志千要出差到南京，是为了水轰 5 的事。等到我们要出发的时候，她也没有来，我们就走了。至于有文章写到我与江泽菲第一次见面的情景，我真的忘了，记不清楚了。

江泽菲

江泽菲的家庭，按当时的说法，政治条件是有问题的。黄志千在给我介绍的时候，特别强调说，江泽菲的家庭政治上是有点问题的，如果与她结婚，可能与他自己一样，有的工作就不能干了。意思是有些涉及国家绝密的、太尖端工作就不能干了，让我仔细考虑。我听了他的话，也没有太多想法。

江泽菲是北京医学院毕业的，她的二姐在北京儿童医院工作，是很有名的儿科大夫。如果二姐说了话，江泽菲大学毕业可以留在北京，她的父亲也希望她能留在北京。但组织上认为他们家已经有一个女儿在北京，就没有考虑她留北京。她接受分配到了沈阳，在沈阳医学院（现称中国医科大学）附属医院当儿科大夫。

被授少校军衔

我在气动室是光杆工程师，也就是没有任何职务，就只是做工程师。我们当时大部分是1963年9月参军，我晚了半年。后来我知道是因为要授我少校军衔，与尉官不在一批。我授军衔是在1964年初。

在授衔提级这些问题上，气动室室主任王南寿一再告诫我，外面有不少反映，不仅在一所，连二所都有反映，认为我只专不红，要我一定要谨慎。

王南寿从厦门大学毕业就参军了，是1949年10月2日参军的，很遗憾，就差了二天，不算离休。他与刘鸿志在空一所组建时就在一起。他对飞机很熟悉，而且很能组织大家一起工作，组织协调能力很强。空一所那几栋楼，都是在很困难的情况下他主张建起来的。刘鸿志很器重他。

刚来一所时，王南寿是大尉军衔，两年后提为少校。

我是在1963年夏天被提为一所副总设计师的。

1964年授少校军衔

第五章 研制歼 8 飞机

改进米格 - 21

六院成立以后，刚开始唐延杰院长不同意自行设计，但可以搞改进改型。

1963 年开始，部队要求六院帮助部队学习、掌握和使用米格 - 21 飞机。程映雪带了几个人，其中有一位叫王子方，后来到 611 所当了副总设计师，还有张守一、陈耀春等。他们到部队以后，发现飞行员在飞米格 - 21 时，有一个动作——加速上升转弯，做起来普遍有困难。飞机在 13.5 千米高度时，剩余推力很小，边增速边转弯，可爬升到 19 千米，但如果急着压杆、盘旋，增速很长，就飞不上去了。他们几个人，干了半年多，计算了大量数据，把问题搞清楚了，程映雪很聪明，总结出了几句口诀，便于飞行员记住做上升转弯的要领，总算解决了这个问题。当时空军十一航校和空三师的飞行员都掌握了，可以很容易地爬升到 20 千米。

当时，米格 - 21 的主要任务是打美国的 U - 2 飞机，打了几次都没有打成。最近中央电视台 7 频道（军事频道）有一个访谈节目，请到的嘉宾是原空军副司令员林虎，他说了几段米格 - 21 的事——打导弹往往就是过头了；最大问题是看不见，在空中人的肉眼只能看到 6 千米，必须要有雷达才行；再就是留空时间太短，到升限以后，理论时间是 3 分钟，但实际留空时间只有一分半钟。所以空军十一航校打 U - 2，从沧县机场起飞，执行完任务就得找就近的机场降落。有了任务，米格 - 21 爬得太慢，等等。由于留空时间短，装的油少，起飞时一般就不敢用加力，只能用最大状态，这样起飞时滑跑距离就太长。

程映雪把这些实际情况带了回来，这些在对米格－21改进改型，也就是设计新型歼击机时都要解决。后来设计歼8时，唐延杰总结了几点：要爬得快、留空时间长、看得远。

1964年4~5月，在摸透米格－21的同时，从苏联方面引进生产线时带过来的两架散件也在组装。开始是大散件对装，以后过渡到小散件，装出来在四五月时都飞起来了。

这个时候，唐延杰院长开了口，说可以让我们考虑搞改进改型了。

在1964年5月以前，我们搞的是米格－21改进，一所做了不少工作，如进气锥的无级调等，原来是分三级调，后来改进了。还有增挂机翼副油箱等。

多年后与航空老专家们在一起

1966年，112厂仿制成功歼7后，就让转到贵州去生产，后来又转到132厂。以后我们设想的改进米格－21的方案，就都被132厂屠基达接过去，搞了歼7大改飞机。屠基达是1959年从设计室副主任调到成都132厂的。当时成飞厂长是晋川，原来也是哈飞的，他很欣赏屠基达。

1965年，原沈阳气动室划归了五院，后来不知怎么搞的，合作不是很好，于是六院决定要在沈阳再建空气动力研究所，人怎么办？就要从一所气动室抽人。我急了，我虽然不是室主任，但我是负责气动的副总师，我找叶正大，气动室就这么几个人，都抽走了怎么办？不同意所里从气动室再抽人。因为当时成立沈阳气动室时，已经从我们室抽走了一些人。其中有两个人很优秀，我还记得一位叫赵连生，1962 年北航气动力专业毕业，人还是很能干的，当时我很舍不得，结果抽走了，气动室的技术力量都空了。叶正大说："那这样吧，把所里所有学气动的人都给你。" 当时，一些学得差的气动力专业的同志都被分到机关了，叶正大这样一说，这些同志又调到了气动室。

这些同志在气动力计算方面虽不很熟悉，但办事能力很强。

要搞一个什么样的歼 8

1964 年，三机部召开了一个大的工作会议。会上，孙志远部长宣布了部院合并。对于部院怎么合并这些问题，刘鸿志在自己的回忆录《回忆与思考》中有详尽的叙述。

也就是在这次会议上，孙志远部长决定搞歼 8 飞机。

当时任命了黄志千为总设计师，实际上，是叶正大在张罗，技术问题是叶正大在抓。为了帮助黄志千开展工作，成立了技术办公室，有几个副总设计师。蒋成英、我，以后还有冯钟越（注 1）等。蒋成英是一所成立不久就任命的副总设计师。

1965 年，黄志千空难去世，王南寿担任了技术办公室主任，没有副主任，就是我们几个人，还有胡除生，共 5 个人。每周六晚上由叶正大主持召开会议研究、解决技术关键问题。

1964 年夏，歼 7 刚仿制成功，所技术委员会就在考虑新型号的问题。8 月，开了技术委员会扩大会议，所长刘鸿志、党委书记于达康同志都参加了，首先面临的第一个问题是新机用什么发动机？

从 1963 年起，我们就与二所协调发动机。开始新机准备用单发，推力 8 吨多，二所搞了 20 多个方案，还是爬不快，留空时间也不够长。当时总设计师黄志千同志带领我们做方案时，一直认真地与二所协调，总是怕发动机不落实放不下心来。所以在 1964 年 8 月的技术委员扩大会上，黄志千提出是否搞一个用两台米格 -21 发动机的备份方案。选用两台现成发动机，性能有把握。提这样的想法在技术上是无可非议的，但在关系上可能影响二所的积极性，也可能遭到院里的非议，在当时技术人员表态的也不太多。

黄志千提出双发的方案建议，刘鸿志他们都表示赞成，叶正大也赞成，我不赞成，发表了反对意见。我觉得二所设计发动机比我们一所设计飞机强。我举例说，歼教 1 用的喷发 1 发动机他们及时提供了；"东风" 107 飞机用的 "红旗 2"，苏联评审时给打了 4 分，而飞机则打了 2 分。我说别小看了二所，也许他们是可以搞得出来的。但最后技术委员会还是同意了黄志千同志的意见。

黄志千提出双发的想法后，让总体室做了一个方案。这个方案肯定比米格 -21 好，座舱就坐一个人，重量肯定比两架米格 -21 轻，阻力也肯定小，两台发动机性能肯定是有把握的。

黄志千做事很谨慎，也很深入，一直耽心发动机做不出来，于是定了做一个双发的方案以后，要总体室做一个方案看看。总体室就做了一个展示模型。

二所的意见当然是不希望把这个双发的方案捅出来，因为这样二所就被动了。就在 10 月六院开会定案前，我亲眼看到，吴大观找了叶正大，在路上对他说："千万不要把双发的方案捅出来，如果捅出来了，我们干什么？"

在六院会议讨论单发方案时，二所对新歼击机采用全新方案感到难以保证研制周期，会议僵持不下，六院的一位助理员说一所还有一个双发的方案。这个模型当时用报纸包着，唐延杰让拿到会上，这个事就搞乱了。

当时院里的总工程师室董绍庸（注 2）、荣科都参加了，董绍庸原来有一套方案，先涡喷，再涡扇等。这样打乱以后，就定了一个用双发的 65 方案，再搞一个单发的，怎么搞，当天下午就让我们讨论。

最后在会上唐院长拍板决定，新的歼击机方案还是用双发。

注释：

1. 冯钟越（1931—1982），1931 年 12 月 31 日出生于北平（今北京市）。父亲冯友兰是北京大学教授。冯钟越 1952 年毕业于清华大学航空系。被分配到沈阳飞机制造厂，任总装车间工艺室主任、厂设计科强度组长。1956 年，调入飞机设计室任强度组组长。1961 年 8 月六院成立后，任六院一所强度室副主任（1962 年任主任），1965 年调总师办主管结构、强度、试验工作。1970 年后任成都飞机设计研究所强度室主任。1973 年，任飞机结构强度研究所副所长兼总工程师。1982 年 10 月，因病逝世于北京。

他是中国力学学会理事、中国航空学会理事、航空工业部科技委委员，1981 年晋升为高级工程师。他领导了我国第一个飞机强度计算软件的开发，1985 年获国家科技进步 1 等奖。由于冯钟越是歼 8 飞机研制的主要参加者，在歼 8 飞机设计中做出了重要贡献，1987 年 6 月，国家科学技术进步奖评审委员会颁发他特等奖光荣册。

2. 董绍庸（1916—1967），1916 年 3 月 7 日出生于浙江省杭州市，原籍浙江省海宁县。1936 年考入南京中央大学电机工程系。1945 年 10 月去英国曼彻斯特大学航空系攻读硕士学位，主攻航空发动机。因学习成绩优异，英国政府推荐他去伦敦大学玛丽皇后学院航空系继续攻读硕士学位。由于他才思敏捷，勇于探索，实践能力强，受到指导导师平格（Pieng）的赞扬。后来英国因我国内形势变化而毁约，停止中国留学生的公费供给，平格将董绍庸推荐到美国俄亥俄大学航空系当研究生。1948 年回国后，他先后在上海中央航空公司、广州机场、香港启德机场工作。1949 年在香港参加"两航"起义。历任中国民用航空局工程师，哈尔滨军事工程学院教授、技术部副处长、教研室主任，中国航空研究院副总工程师、航空燃气涡轮研究所副所长。1959 年加入中国共产党。著有《喷气推进机》、《喷气发动机原理》等。1967 年"文革"中被迫害致死。

陈大筏

当时二所有一位室主任——陈大筏，他思想很敏锐。在会上，他发言说，要搞的双发方案，不是简单的用原来米格－21的发动机，应该用装有气冷叶片的815发动机，研制出这个发动机，可以称815甲型。二所的技术领导对能否干出这个发动机很担心，而且也没有来得及好好研究，所以举棋不定，没有表态。在这种情况下，当时在六院总工程师室的荣科同志站了出来，与二所领导打赌，说一年之内如果做不出来气冷叶片，甘愿把自己的脑袋挂在二所的大门上示众。

荣科是很有个性的，他当时情绪很激动，说了一些斗气的话，说老受发动机的气以后要让自己的女儿进北航学发动机，等等。我对此印象很深。

后来，荣科找了中科院金属所的师昌绪，得到金属所的支持，果然一年后搞出了气冷叶片。

陈大筏人是很聪明的，二所搞出了815甲（涡喷7甲），经过地面试验后，到阎良装机试飞，是装在歼7飞机上试。112厂生产零部件给了试飞所，但发动机不是简单地推进机身就行，还有部分改装的工作。那时，正是1967年，"文革"已经闹得很乱了。原来我们还有几个人在试飞所在画图，后来试飞所也武斗起来，几个人全跑了。当时是我和所里气动室的王景云到试飞所现场处理技术问题。

二所就是陈大筏还有两个人去了。这3个人分为三派，陈大筏是"831"派，与一所的技术人员是同一派；还有一位是"辽革"派，是辽宁省委机关保宋仁穷的；另一位是"辽革站"派，是跟陈锡联的。但很好，虽然三个人分为三派，但三个人的责任心很强，到了阎良以后，都是考虑工作，不讲派性了。

但一所原来的几个技术人员跑了，资料都锁在办公桌里，而且房间的门都是锁着的。我看了只有气窗开着，就说咱们只能革命了，我做主从气窗爬进去，再打开门，撬开办公桌抽屉，把图纸资料拿出来，请陈大筱他们一起看，是不是与他们的发动机配得上，就这样我们几个人就改图、试验。

这个装在歼 7 上的发动机总计飞了 15 个起落，还是不错的，为歼 8 装涡喷 7 甲并为以后设计改型涡喷 7 乙，装在歼 7 上打下了基础。

机头进气还是两侧进气

1965 年 6 月，歼 8 用双发的目标方案确定以后，当时没底的是两台发动机靠得很近，喷流的干扰会不会影响飞机的推力性能。我要求气动室赶紧做喷流干扰模型，做地面试验，当时是可以在哈军工发动机实验室做这个试验。最后做了，没问题。

对于到底用机头进气还是两侧进气的两种进气方案的技术工作，已经搞了半年，从搞进气道专业的同志看，将来要装大雷达，坚决要搞两侧进气，从搞机载设备安装和使用维护角度也希望用两侧进气。我当时负责气动力全面工作，主张还是采用机头进气，主要是考虑两侧进气将影响飞机性能。一是进气效率会下降，零升阻力可能增加20%，弄不好性能还不如歼 7；另一点炮口在进气道前，打炮可能使发动机停车，当时没有防停车的措施，而要验证这点，我们还没有条件，加上研制周期又制定的比较紧，因此我不赞成在歼 8 上用两侧进气。

当时唐延杰对歼 8 还有一个要求，就是"初战必胜"。做出来性能必须要好，所以阻力不能大了，如果搞出来还不如歼 7，那就不好交账了。

1965 年 1 季度，刘鸿志下决心，把两个方案都做模型做对比风洞试验。两侧进气道模型不好做，机头进气相对好做。两侧进气的模型用了一个平板，模拟机身，上面扣上半圆形的进气道。当时一所试验厂还做不了这个钢模型，要拿到上海 573 厂去做，时间又太长，最后从上海请了些师傅在一所的车间一起干。

573 厂是 1961 年 11 月六院接收上海五个私营小厂合起来的厂子，作为六院的试验工厂。六院发了《关于上海五个小厂的几个问题的通知》，名字是"五合工厂"，也就是后来的上海航空测试设备厂。1965 年，部院合并，改名为第三机械工业部第六研究院 573 厂。后几经变化，1984 年部党组决定，将该厂改建为研究所，定名为航空工业部 633 研究所。

那里有几位老工人，水平很高，我去看了一下，有一个厂是搞光学仪器的。这几个厂很分散，分布在上海杨树浦、徐家汇等不同地区。以后，我们通过院里，借了几位老工人来，加班加点干了 3 个月，模型做出来了，到沈阳六院七所的 AT－1 风洞做吹风试验。比较以后，两侧进气和机头进气两种方案在总压恢复方面基本是一样的。本来加了中间一块板，进气效率肯定要低，但当时主张两侧进气方案的同志在做模型时，将管道进气面积分布做了一些调整。我是副总师，审查图纸时，没有看出来，所以吹出来的效果一样，这就没有充分理由否定两侧进气的方案了。这样公说公有理，婆说婆有理，争论了 3 个月。

两种方案对比，只有进气试验数据，还不能完全说明问题，但要测阻力，模型又做不出来。正在争执不下的时候，那是在 1965 年 3 月，浙江前线空军打下来一架台湾空军的美制 RF－101 超声速侦察机。据说是台湾空军的飞行员原以为我们的歼 6 不行，进来以后就照相，但在空战中，歼 6 很快就爬升到这架 RF－101 的上方，扣过来，结果就把它击落了。我是听空军曹里怀副司令讲的这个情况。

当时我们归入军队编制确实有这个方便，听到这个消息，黄志千立刻带着搞军械的人员去部队了解，部队的反映很强烈，认为空战主要还是靠机炮。原来歼 8 方案没有把机炮当回事，想要以导弹为主，黄志千回来介绍后认为歼 8 要加强机炮的火力。

所长刘鸿志亲自参加了几乎是全所技术人员的讨论会，讨论了三天。每天晚上都开会，他和技术副所长叶正大又深入进行了研究。在讨论过程中主张用两侧进气的同志说了些技术以外的话，造成了紧张气氛。最后刘鸿志同志做了会议总结，他决定了采用机头进气的方案，也确定了机炮的选用。按照唐院长初战必胜的思想，他在总结中决定将这个方案上报，后来得到六院的批准。

现在看这个决策是正确的，如果那时不这样，1969 年飞机就上不了天，而且歼 8 的性能也不会有今天的数据。刘鸿志同志一是知人善任，另一点是勇于负责，做技术人员的后盾，所以一所的技术人员对他都表现出深厚的信赖和爱戴。

但这样的决策就惹翻了气动室进气道组的同志，以后在我布置工作中经常会有顶牛的现象。我说，既然两侧进气的设计好，那么机头进气也可采用两侧进气的设计思路。按照这个思路，后来出现了问题，就是机头锥缩进，飞机在做爬升的时候，进气道喉道截面积不够。但方案已经定了，而且已经发图，改动有困难。我想了一个办法，在喉道后增加了吸入式辅助进气口，在马赫数 0.9 以前打开，超过 0.9 以后闭起来。当然全机重量有所增加，但性能得到了保证。

以后在搞歼 8 全天候型的时候，进气道组的设计人员也觉得加两个辅助进气口不是个事，重新调了管道面积分布，图纸也做了一些修改。其实在第一次设计之前应该让他们把这些事做了，但没有做，那时候，他们已经有情绪了。

后来的实践证实了我们在两侧进气方面的技术储备确实是不足的。1965 年 4 月，捡了 F－4 的残骸，经过分析，看到了两侧进气的结构很复杂。还有就是对米格－23 的设计研究，以后搞歼 8 Ⅱ 时学了米格－23，进气口内加了两块导流板，保证气流平顺。没有后面十年的工作，包括对 F－4 和米格－23 的分析，歼 8 Ⅱ 两侧进气不会那么顺利。

这里，我主要讲的只是气动力方面的情况。

选用雷达

在歼 8 方案雷达的选用上，原来设计选用的是 204 雷达，要用交流电，一个很大问题，就是发动机的起动。我们当时用的都是起动发电机，12 千瓦的直流电。如果为了 204 雷达，换用了 15 千伏安，或是 20 千伏安的交流电源以后，发动机靠什么起动？就要想办法。可以用的有两个办法，一是冷气起动，地面要有很大的冷气起动源；还有就是火药起动，这些都是介绍一般国外发展的趋势，但我们的人没底。

1965 年，上海虹桥机场接待巴基斯坦的波音 707。我们有人去看了美国的波音 707 发动机，就是冷气起动，所用的交流电源是机上供电的，在飞机上的交流电源没有工作以前，地面有交流发电车，用它给飞机供电。一所就买过这样一辆交流发电车，结果"文革"武斗的时候，成了武斗工具，在路上开过，以后也没有再发挥作用。

由于 204 雷达问题解决不了，原说是 607 所设计，但做不出来，后来 780 厂（四川长虹厂）做出来了。但做出来已经是歼 8 上天以后的事了。1966 年，就下决心将歼 8 分成两种型别，因为等不及雷达，所以分两步走。当时这些事是副总师蒋成英主管的，他也主张分步走，所以搞了一个白天型的。到 1978 年以后，204 雷达可以装了，又搞了全天候型的（歼 8 I 型）。

进了学习班

王南寿在技术人员中的威信是比较高的，大家都愿意听他的。

因为工厂在生产歼 8 的时候，离不开设计部门，"文革"开始前组织了歼 8 跟产队，由王南寿负责。当时 112 厂主管这项工作的，除总工艺师罗时大等领导外，还有刘积斌，他是 1963 年北航毕业的，当时在生产部门担任调度。后来刘积斌担任了航空工业部的副部长、财政部副部长和国防科工委主任。调度人员脑子要好，零部件生产周转情况都得记在脑子里。

"文革"开始不久，所里就分为两派，一派以工人为主，一派以技术人员为主。所里分成两个区，我们都回不了家。王南寿就只能住在 112 厂了。我是住在设计室的集体宿舍里。有一次，实在没有办法，因为要回家取一点钱和衣物之类的东西，回家途中被另一派抓住，蒙起眼睛就打。那一派中也有设计室的试验员，他后来告诉我说，当时那些人是要把我的腿打断，他帮着说了话，才算放过了我。虽然有军管会,也向他们说了,但没人管,也就算了。

"文革"开始,军管会的主任是沈阳军区炮兵副司令艾福林,他原来是炮兵学校的校长。一所接管的塔湾这个大院,原来属于炮兵学校,刘鸿志决定,不等炮校搬完,人家搬一点,我们就挤进去一点。另外,人家要带走的东西,他在下面做做工作,如礼堂的放映员,他做了工作,就把两台放映机留下来了,这样就惹恼了当时炮校的校长艾福林。

刘鸿志最重要的还是因为注意落实知识分子政策,对技术人员比较照顾,在讨论是为科研服务还是为科研工作者服务时,他态度鲜明地说,按照科研十四条,是为科研工作者服务。所以,在后勤群众当中就有人感到受了压制,再加上一所当时还有一些炮校留下的政工干部,是不愿意炮校搬家的,这样在"文革"中就把他整得很惨。

1968 年 7 ~ 8 月,"文革"进入了"清理阶级队伍"阶段,大办学习班,我也进了学习班。

在这之前,6 ~ 7 月,歼 8 全机静力试验,没有通过。加载到 92% 设计载荷时,机身主要分段的地方,38 框突然折断了。实际上是加工有问题,图纸要求使用 4 毫米钢铆钉进行铆接,工厂错用了 3.5 毫米铝铆钉,不纯粹是设计问题。设计也有些缺陷,38 框没有搭接的地方,纵向长桁都在一个面上断开,连接全靠带板。

全机静力试验后的当天晚上,军管会就来追究,问你们是怎么破坏的?很厉害,以后就是不断地拉去静力试验室批判。

我比较幸运,因为都知道我是搞空气动力的。王南寿是大头,还有冯钟越搞强度,所以批判就以他们为主。批了一阵以后,王南寿、冯钟越就进了学习班。王南寿被拉到总体室办的学习班,冯钟越进的是强度室,我则进了气动室办的学习班,管德、程映雪和我一起。1969 年的 3 ~ 4 月我被"解放",王南寿是 1968 年年底"解放"的,找不出他有什么问题,但被安排到了农场劳动。军管会、革委会对他很不好,歼 8 首飞上天没有让他参加。那个时候,刘鸿志也在挨整,也没有能参加。

但六院的同志对王南寿很重视,因为他们都知道,那个时候歼 8 能做出来,王南寿是有大功的。1970年，歼8从沈阳转场到阎良路过北京时。有一天，突然说林彪要来视察，组织了一些人列队欢迎，等林彪检阅，那一次请了王南寿参加。以后他就到了成都611所。

1968年3～4月，二所虞光裕来与我们协调，看发动机还有什么问题。他觉得最担心的是在歼8进气道比较长的情况下，发动机能不能顺利起动。他提出做一个真实的进气道模型，加装在发动机上做地面开车试验。我也主张这样做，但搞进气道的同志都认为不需要，认为只要地面进气总压恢复不掉就不会有问题，而且做这个地面试验用的进气道模型时间也来不及，王南寿最后决定不做这项试验。对这个问题，我心里总是不踏实，像揣着个小兔子一样，惴惴不安。后来进了学习班，我不能去试飞站了，就仔细听112厂的发动机试车，因为歼8发动机的声音比较响，与别的型号不同，从声音可以分辨出来。最后听到发动机试车的声音，我才放下心。

当时我们在学习班，通行证都得交给专案组。因为我住在院里，晚上还能回家。管德是星期六才能回一次家。那时的一个困难是我们的儿子放在市里一个老太太家里。她给黄志千带小女儿，后来，在武斗的时候，这位老人还带着黄志千的女儿、冯钟越的儿子和我们的儿子到北京住了一个月。回沈阳后，我们就把孩子放在她那里，每周需要接孩子回来，这就要找专案组去要通行证。

江泽菲和儿子

那时江泽菲在医院，她那里没有办学习班的问题。有时是她去接，或我去接，她送。

歼 8 飞机的方向稳定性问题

歼 8 飞机要比歼 7 的速度快，马赫数达到了 2.2。苏联的米格 – 21 说明书和我们有的英美资料中，都提到了大马赫数的方向稳定性的问题。

前面已经讲过，摸透米格 – 21 时，对方向稳定性是一笔糊涂账，试验结果与资料对不上。气动室主张以风洞试验为主，马赫数 2.2 时的稳定性与歼 7 的马赫数 2.05 时一样。但这个事不太有底，先这么定是可以的，但必须自己解决这个问题。怎么办？就是拿歼 7 飞一飞，测出这个值到底是多少，然后与风洞试验的数据进行比较修正，要飞这么大的马赫数，方向稳定性到底至少要多大。

歼 7 飞机有，因为当时 112 厂还在生产歼 7，厂里有剩下来散装件装成的飞机，但试飞团没有飞行员能飞。程映雪知道空军十一航校的葛文墉，只能转向空军十一航校求援。

1966 年年初，开厂所领导干部会，我去找了叶正大和院科技部，与空军军训部联系，总算请到了葛文墉来飞。方向稳定性的飞行测试，看了 NASA 测 F – 104 方向稳定性的报告，非常简单。就是要求飞行员做脉冲蹬舵，再回中，飞机甩起来，出现振荡，根据频率是可以算出方向稳定性的。但这个动作必须非常准确，在当时只有葛文墉能做出来。

葛文墉是最先飞歼 7 的，飞行技术很高。他飞过徐廷泽驾机起义飞回来的美国 F – 86，当时这架飞机已经没有几个起落可以飞了，轮胎都要报废了，但葛文墉还是坚持飞了十个起落，很不简单。怎么飞？他也不知道，徐廷泽也说不清楚，但就这么看看说明书、飞行手册等，就飞了。

葛文墉对科研非常热心，他听我讲了情况，认为可以做这个工作，于是就飞了。

数据测试只能请八所（现在的试飞院）来做，因为他们用的是当时国内唯一的、最好的试飞记录仪，有三轴角速度传感器和 12 线光学示波器。飞一次，要处理的数据量非常大。12 线示波器，要用两脚规，一个点一个点量，处理起来还是用标尺进行比例换算，多大的宽度，代表多少数值。每飞一次，数据两三天处理不出结果。不过最后还是证实了，米格－21 的实际数据要比说明书上给出的要大。怎么会出现这么大的差别呢？当时试飞的高度是知道的，是 13 千米，可以做气动弹性和进气效率的修正，最后发现，风洞试验的结果要经过气动弹性修正才能得出和资料一致的结果。

1966 年的时候，还分析这个差别是不是由于发动机喷流引起的。那时做喷流试验，北航很积极，动用了陆士嘉等老教授。北航说用他们的风洞来吹，但他们的风洞很小，500 毫米宽，就在马赫数 2 做。模型很小很薄，埋测压管不好测。当时北航的徐华舫教授也参与了。测压力的办法是徐华舫教授用了从美国的书上找来的办法，用了两根管子贴在模型外表面测静压，一次吹风测不了几个点，测出来的结果还需要经过积分求总的力。就这样测出了有发动机喷流和没有发动机喷流的结果，数据处理再请陆士嘉、徐华舫教授帮着计算（他们当时也都是在劳动），最后证实，喷流不会带来大的影响，还是气动弹性的影响造成的。

歼 8 方向稳定性开始是按风洞试验的数据设计的，后来通过这次飞行试验研究，发现歼 8 垂尾面积可能是大了一些，但对大马赫数方向稳定性是绝对有保证的，没有设计错误。

纵向稳定性问题

歼 8 纵向稳定性的问题，一开始设计是在 1.5 米的小风洞做的试验，雷诺数很小，不到 10^6，力矩的非线性影响很大，平尾偏大以后，基本上没有效率。

确定飞机重心的后限，必须知道飞机的焦点在什么地方，这是比较难的，要等大雷诺数风洞出来才能做试验确定。开始我们定重心位置用的比较保守，是 34.5%，按小雷诺数数据定飞机重心后限，但整个结构设计完，后面越来越重，因此需要定准重心后限。

1966 年哈军工搞"东风" 113，建起了 2.5 米 × 3.5 米风洞，雷诺数达百万级。但他们任务很紧，先是排给沈阳东塔炮兵研究院吹导弹模型。我们就得等，因为任务很紧，当时就请我们一所的副所长周景良（他曾是哈军工的炮兵系主任）去哈军工协调，看能不能先给我们做。当时乌兰夫的儿子乌可力在气动室，在与我们一起做吹风试验。他就说，这事可能办不了。他说，周景良才是十级干部，人家的院长是中将，六级干部。

周景良去也没有办法，我们只能等到人家做完试验才接着做。吹风试验完了发现力矩曲线有非线性的问题，迎角为 7° ~ 8°、斜率最小的一段还是只有 34.5% 左右，所以对飞机重心后限定的还是 34.5%。我认为可以按我们原来定的 36%，最后还是用试飞的方法来确定吧。飞之前还是请了葛文墉。当时我们没有正式的飞行模拟器，就在徐舜寿当年买来的一台模拟计算机上，用示波器打出水平线，将飞机运动方程设置在计算机上，飞行员做压杆、抬杆都能看出飞机的响应来。从模拟器实验看，飞行员认为重心到 36% 还是能飞的。当然最后还得在天上试，歼 8 重心的特点是当油量消耗到 2000 来升，重心最靠后，是 34.5%。如果这时将起落架放下，则到了 36%，那时飞机还在天上，有问题把起落架收起来就可以回到 34.5% 的重心了。到油用到剩下 100 升重心又靠前了，所以在空中试不会有问题。这样就请鹿鸣东同志在空中试，就这样通过实际飞行试验解决了飞机重心后限的问题，定下来重心后限还是可以用到 36%，最后算解决了。

水平尾翼效率

摸透米格 - 21 的时候，吹风试验的结果与资料给出的数据比是有差别的，其中还有水平尾翼效率。风洞试验结果要低一些，大约差 30%。所以我们在歼 8 设计时的做法还是采取在风洞试验结果上增加 30%。

1967 年 8 月，空军派了审查小组来审查歼 8 飞机设计试验情况。组长是空军六航校的机务主任高仲云，他在上海交大与我同届，但他没毕业就参军了，是陕西人，非常纯朴。开始来的时候，听别人说了歼8乱七八糟，但审查下来，他站到了设计一边，帮我们说话。试飞的时候，高仲云一直跟着，我们与空军的联系就靠他。当时试飞是沈空负责，112厂军管会也是沈空派出的。高仲云是军人，后来成了歼8现场的最高领导。他为歼8的成功起了不可磨灭的作用。

当时组织了几个所的人来一起看，看一所做的事对不对。空军很重视，高仲云是常乾坤副司令员派来的。开始的时候他尽挑刺，看这个不是，那个不是。水平尾翼效率问题被他们抠住了，因为设计依据不足，非要我们说清楚这个问题。我们解释可能是由于喷流的影响，但没有做试验。因为工作量很大，也没有试验的条件，所以我没想再做。这在"文革"中当然成了一大罪状。

以后立即去做了试验，李天同志参加了。做了以后，发现歼8后机身收缩比较快，加了喷流以后，在后机身底下产生了负压面，形成了抬头力矩，如果考虑了这个抬头力矩，水平尾翼效率不放大，飞机抬前轮什么问题都没有。这个问题算是解决了。

还有设计中的小问题。垂尾的结构设计，按苏联1953年设计规范，给出突风载荷数据后，强度设计在中等速度、中等高度遇突风时很难满足。我查了有关突风的一些资料，认为苏联1953年强度规范用的突风修正系数过大，是有问题的。于是决定减了下来，一直用到现在还没有出现问题。

还有放减速板的时候，规范规定在放减速板时必须产生抬头力矩。而歼8在小迎角、负过载的时候，放减速板飞机会低头。我建议加了限制器，在飞机负过载的时候，限制飞机不能打开减速板。

再有一个麻烦事，1966年5～6月，吹飞机横侧特性时，发现横侧稳定性太差。什么原因呢？因为当时我们没有注意到歼8是双发、是扁机身，虽然设计是中单翼，参数与歼7是一样的，但实际变成了高单翼的样子，飞机容易摆动。1960年，苏联专家来为"东风"107提供咨询的时候，讲过一个判据，也就是横滚速率和偏航速率的幅值比应小于3，而歼8的幅值比大于4.5。我不放心，与搞控制的同志商量，加一个在稍大迎角时减少横侧稳定性的阻尼器。

要增加这个阻尼器很困难，因为当时成品件的协调会已经开过。

那时，文化大革命已经起来，全国大串联。我们操纵室主任陈今是非常负责的，他从沈阳去了陕西户县，在火车上一路几乎都是站着，找了 618 所，请他们承担了这个事。618 所也很支持，立即安排了研制，做出来也试飞了。到飞机快定型的时候，试飞员鹿鸣东认为可以不加这个阻尼器，实际上摆动并不明显。

当时歼 8 的新成品件太多，影响设计定型，部里意见要减少新成品，于是就把 618 所辛苦研制的东西甩掉了，对这一点，他们是有些意见的，我也感到很歉疚。

关于振动的问题

振动的问题，风洞试验根本就无法看出来。

这要从歼 8 的试飞讲起。1966 年，我们就开始准备试飞的工作了。一是找飞行员；再一个是找场地。沈阳到底能不能飞？

飞的事主要依靠六院八所（即现在的试飞院）。六院是很重视的，成立试飞领导小组，试飞领导小组有六院副院长曹丹辉、八所的所长苏国华。我们报了几位试飞员，1967 年初，批下来的试飞员是葛文墉和蒋德秋。

八所认为应该在阎良飞，我们与 112 厂认为飞机都没有做成功，挪到阎良，很多问题没法处理，要求为了便于解决试飞中发现的问题，还是在沈阳飞。因为没有更多试飞的飞机，转场也没有可能，后来还是决定先在沈阳飞。

首先就是要确定 112 厂的机场跑道够不够长？

怎么飞？商量的时候，我们提出飞机滑跑中要不要跳一跳离地？飞行员说不能那样干，弄不好会损坏起落架。所以定了不要，但抬前轮还是要做的。

在 112 厂的机场试，滑跑中抬一下前轮，跑道够不够长？于是就由我和气动室王子方同志来计算，我们计算的结果认为够了。112 厂当时在考虑加长跑道，在原有的跑道上加长 400 米，总长是 3400 米。

我们把计算的结果给苏国华看了，他们向上级打报告时，说明跑道长度是一所顾诵芬计算的。意思很明显，如果将来出了事是要我负责任。

1968 年 2～3 月，试飞员来了，但不是葛文墉、蒋德秋，而是尹玉焕和鹿鸣东。

我们是从 1967 年开始准备试飞员教材，开始也写不好，各室涉及的专业知识是知道的，但写成让飞行员能用的教材，不是那么容易。我们与空军十一航校联系比较多，交情也深。1966 年我们就找过葛文墉，问他应该如何写？我们按照葛文墉说的大体内容，同时参考米格－21 的说明书来写。1967 年夏天，请了空军十一航校 4 位教员，花了整整两个月把试飞教材编写出来。

葛文墉是很棒的飞行员，什么飞机都飞过。蒋德秋不仅是毛主席著作学习积极分子，飞行也很棒。后来蒋德秋在航空部试飞局当总工程师，现在已经退了。我们也不知道是什么原因，来的两位飞行员是尹玉焕和鹿鸣东，明确是以尹玉焕为主，鹿鸣东为辅。我组织各专业给他们两位讲了一个多星期的课，还陪他们去哈尔滨看了吹风试验。

"文革"期间，哈军工乱得一塌糊涂。尹玉焕他们认为住在哈军工不好，就住到了空军第一航校，但那里家属很多，伙食很差，每天就是高粱米饭。尹玉焕对此很重视，认为这样是不行的。当时我们气动室在跟吹风的同志——薛承德（与李天关系很密切，后来到了 139 厂）他很能干，主动与哈军工的造反派联系，让他们住进了哈军工招待所。对他们说好是飞行员，伙食一定要安排好。哈军工造反派很重视，安顿好了他们的生活。随后，我陪他们看了风洞试验。然后尹玉焕、鹿鸣东就回空军十一航校。

到 1969 年年底，又请他们回来，歼 8 开始正式滑行。第一次是鹿鸣东，来回滑行很快地转了好几次，都带刹车。结果轮毂热得厉害，轮胎爆了，就不让再飞了。

1969 年 7 月，空军曹里怀副司令来了，他说是受常乾坤委托，来看歼 8 能不能飞，那时叶正大已经"解放"了。与曹副司令一起来的，还有他的秘书，原来是空军十一航校的，他是不赞成飞的。在讨论时，曹副司令听了我们的介绍，认为能飞。几位与曹副司令一起来的空军干事都劝他，说不能飞，特别是他的秘书。曹副司令火了，说："是我当家，还是你们当家。"最后还是下决心要飞。

曹副司令决定后，只有一个星期的准备时间。首飞是尹玉焕，当时他身体状况不佳，还在拉肚子。这么短的时间，我们也很紧张，帮他复习。第一次滑跑，尹玉焕上去后，先是滑行，从低速起，再高速滑行带抬前轮。抬起前轮时，试舵偏度够不够，这个要有记录。当时不能用光学记录仪，只能是用在蜡纸上划线的办法，叫自记器。于是就在平尾外面装上自记器，这是八所张克荣同志（后来担任了试飞院副院长）想的办法。做下来，抬前轮的平尾偏度与我们算的基本上一样。下来以后，给尹玉焕看了，他说，如果第二次滑跑，飞机抬前轮没有问题，我就飞了。第二次滑行，尹玉焕抬了前轮就拉起来，飞成了。大家当然很高兴。

以后飞了五六个起落，但再提高速度时遇到了振动的问题。

歼 8 试飞

出现振动

1969 年 7 月 5 日，歼 8 飞机首飞以后，到 8 月初向大速度飞时出现了抖振。飞行员说，就像坐着一辆破公共汽车在不平的马路上开的感觉一样，颠得太厉害。分析原因时，有经验的机务人员认为，是螺钉松动或包皮螺丝没拧紧引起的。搞仪器的同志则担心过载表有问题，还拿着 F - 86 飞机的过载表，骑着摩托车在跑道上试，看振动能超出多少范围。折腾了一个来月，用了多种方法没有能够解决问题。

我怀疑是不是有气流分离。带了领导们在 AT - 1 风洞看后机身的油流试验。结果从试验中看到，涂在后机身的油层就像开了锅一样翻滚。于是，决定对后机身做修形。我提出在后机身加一个收缩度缓和的机尾罩，减少气流分离。这个方案群众也赞成，但不是立刻就可以做出来。当时 112 厂不怎么愿意干，因为歼 6 生产任务太重，每年要生产 600 架，忙不过来，没精力弄，不愿意做这个罩。叶正大决心自己来干，他拍了胸脯，说你们加工不过来的零部件，我一所试验车间给你干。我们一所有两个钣金工，是比较有经验的。外形就由模线设计员冯家斌趴在地板上画，弄了一个月，加工完，卷起来，在后机身铆上了这个罩子。另外，就是怀疑尾喷管的尾尖两个喷流间的整流太钝了，歼 6 的比我们长，就按照歼 6 的，将收缩角减小。这么改了以后，飞到马赫数 0.8 以后，果真不振了。

在研究解决这个问题的时候，试飞员要回航校去。临走前，尹玉焕对我说："老顾啊！就这样吧，飞到这个速度就可以了，不要再往超声速飞了。"唯有鹿鸣东，他的意见是要飞下去。但处在助手的位置，鹿鸣东想飞也飞不了，很苦恼，就只能在宿舍里蒙头睡大觉。这些事高仲云都知道，他认为让鹿鸣东继续飞下去好一些。等罩子做好了，决定再飞的时候，尹玉焕没有来，就只有鹿鸣东一个人来了。

鹿鸣东对科研的积极性是很高的。他有一句名言——我们试飞员，生死的问题，对我们来说，早已经解决了。你们就大胆试，需要我怎么飞，我都能飞。他说了这番话，大家都非常感动。后来采取的一系列措施实际都是鹿鸣东飞的。鹿鸣东的特点是每次你说飞到什么程度，他总要再往前探一下，摸摸情况。

装上这个罩子后，就准备开加力飞超声速。在一次预试中，鹿鸣东开了加力，但罩子的蒙皮被撕了，翻了过来，穿透了水平尾翼翼面，扎了一个大窟窿。当时试飞员没有感觉，下来以后，我们都吓了一大跳，感到非常紧张，没有出问题真是万幸。

后来下决心，去掉这个罩子。由于是收缩太快的原因，就考虑到在原机尾罩上开吸气门，鹿鸣东认为也可以，于是就加了十个弹簧进气门。马赫数到0.9以前，弹簧门打开，靠发动机喷流的引射作用，把分离气流吸除。

就这样，去了这个罩子以后继续飞。鹿鸣东认为振动水平可以忍受了，可以继续飞。但飞到马赫数1.1时，又振了，飞机左右晃动，机头摆动很厉害，减速就不振了。鹿鸣东下来跟我们说了情况，大家都有些惊慌，好不容易花了几个月排马赫数为0.86时的振动，现在又振了。那时管德也"解放"了，我们一起研究，但大家真有些一筹莫展。这时，鹿鸣东念了一段毛主席的语录，"我们的同志在困难的时候，要看到成绩，要看到光明，要提高我们的勇气"。丝毫没有谴责设计员的意思，就是一个鼓励的态度，这给我们鼓舞很大。

当时为了测振，八所来了一批同志，后来陆续担任了副所长、副总师等。一个比较有名的是张克荣，还有一位齐连普，是搞测试仪器的。齐连普对我说，鹿鸣东真有水平，在大家情绪焦躁的时候，他稳住了局面，让大家继续想出办法来解决问题。

管德认为可能是方向舵嗡鸣，提出将方向舵液压助力器关掉，这样活塞两边的筒里都有油液，一旦有振动，即产生阻尼，变成阻尼装置，以此可以判断是否是嗡鸣。老鹿说行，就这样飞，果真解决了问题，很快就把振动制住了。这种振动就是因跨声速操纵面上的激波移动引起的振动，称为"嗡鸣"。

顾诵芬与鹿鸣东

为排除方向舵嚎鸣的问题，决定加一个阻尼器。这在美国 F-4 飞机残骸上也见到，他们就加有这种阻尼器，后来请长春 133 厂帮着做了。

但阻尼器中的油随温度变化黏度也变化。在地面调得很好，到了天上，发动机喷流热使油温上升后黏度就变了，制不住振动，所以老要调阻尼孔。后来是参考了米格-23 的方案，副总设计师沙正平提出，按这个试试看，即在垂直尾翼上加了角条，解决了问题。沙正平的这一建议获得了国防工办的奖励。

歼 8 越飞越快

歼 8 的两项振动都排除后，决定往高速冲刺。这是 1970 年 4 月的一天，空军常乾坤副司令也来了，我也跟着上了塔台。一开始从亚声速增速到马赫数

1.2，时间很长，大概 1 分多钟。那时候，在塔台扩音器里能听到飞行员空中报告的声音。飞到马赫数 1.4 时，报告的间隔就短了，飞到马赫数 1.5 时更短些，最后很快飞到马赫数 1.7。飞到 1.7 是这次试飞的最终点，于是飞行员收油门减速回来。由于这次试飞的顺利，试飞领导小组决定，飞机转场到阎良继续试飞，在沈阳就不在继续飞了。

飞下来以后，我把试飞数据和设计结果对比，总觉得超过声速后的飞机增速性很怪，显然不是飞机的阻力有大幅度下降，我怀疑是用了高温气冷涡轮后的涡喷 7 甲发动机推力特性是随着马赫数的增加会比预计的增加得多，所以对这类发动机的飞机要严格注意最大飞行速度的控制。

一个好的试飞员是新机成功的关键

三个月来，振动始终无法排除，大家真的有些气馁，但老鹿的水平的确很高！我们遇到一位真正热爱科研事业的试飞员是福气。没有鹿鸣东，歼 8 也就完了。以后歼 8 飞机获国家特等奖，获奖人中有鹿鸣东的名字。当时规定只能报 7 个人，就有他一个，这是当时航空工业部定的。

鹿鸣东文化程度不高，刚到沈阳参加歼 8 试飞的时候，曲线图表看不大懂，是我们帮他弄通的。但他有一个特点，就是很钻研，确实很喜欢学习，这是葛文墉带出来的。

葛文墉是高中生，参加过抗美援朝，1950 年参军，当了飞行员。葛文墉就很钻研，他带出的都是这样这样一批飞行员。他要求飞行员每次飞下来，都要做笔记，记下自己的感受和飞行中的问题。我去过他们航校几次，蒋德秋也是他带出的，也是这样。那时工厂的试飞员，飞下来以后，只是报故障，哪儿偏了、哪儿振动、哪个灯不亮什么的。而他们十一航校的每人都有一个大本子，每次飞下来至少写两页。鹿鸣东也是这个习惯。1972 年，他一个人飞完歼 8，基本上歼 8 几个飞行包线的边界点都飞到了，原来应该定型了，但当时空军领导卡住不让再弄，当时就一架飞机在飞。

振动排除后，转到八所继续试飞。一直飞到 1972 年年中，把该飞的项目都飞到了，只剩下系统没有试，炮也没打，导弹也没跟上。定型还是不行，还需要继续飞。这时鹿鸣东也就回航校了。

在阎良试飞

1971 年，唯一的一架歼 8 转阎良以后，112 厂就没有飞机了，当时就生产了两架，一架做全机静力试验，一架飞机做试飞。112 厂强调没有力量，主要要生产歼 6。410 厂也没有力量再提供涡喷 7 甲发动机。后来三机部与空军决定，再生产三架，其中一架再做静力试验。这样就有了三架飞机在飞。飞机多了，鹿鸣东一个人试飞忙不过来，就利用歼 8 的笔记整理成飞歼 8 的体会，教其他飞行员，我们帮他整理出来以后印刷成册，实际就变成歼 8 飞机的飞行手册。

阎良飞歼 8 的飞行员，都是鹿鸣东教会的。八所的飞行员也能飞了，问题也就多了。八所飞行员最挠头的，是跨声速时顶杆的力太大，还有振动问题，于是又请了鹿鸣东去试。

1974 年，我去空军十一航校征求对歼 13 飞机的意见，正好遇到了鹿鸣东刚从阎良回来，他拉着我说："老顾啊，歼 8 的振动没有完全排除，还应下点功夫！"那时所里不让我管歼 8，让我搞歼 13。

1978 年，我已经担任了 601 所的总设计师兼副所长。这样歼 8 也得管，我担心遗留问题挂账太多，难以通过定型审查，就想使把劲，把振动等一些问题彻底解决。

当时看到了欧洲"狂风"战斗机的图片，在垂尾根部装了一排涡流发生器，这种涡流发生器很薄很短。北大西洋公约组织报告中也对解决后机身气流分离振动做了介绍。外罩不能装,是否可以用涡流发生器。于是安排气动室设计员严仁达来做这件事。

严仁达是留苏归国人员,1962 年就到了一所。他在文化大革命中也挨整,曾经很冤枉地被扣上一顶反革命的帽子。其实事情很简单,他借了一份机密资料,看过后还给了资料室,但资料室没有消掉。于是就硬说他拿走了这份资料。"文革"中被整得很厉害,当反革命给关了起来,他姐姐还为此来一所问此事。最后核实,资料并没有丢,又把他放了。他一肚子冤屈,提出不想干了。我与他的私人感情还可以,就劝他还是继续工作,于是就找这么个题目让他来研究解决,看怎么装这个扰流片。他的英文和俄文都很好。我找了一些英文资料,让他参考,做出来以后,试了没有解决问题,还是振。

怎么办？既然风洞试验看不出问题,干脆,就在飞机上贴毛条,在天上观察气流流动情况。

三次乘歼教 6 上天

在空中实际观察飞机飞行中的气流流动和干扰情况,与风洞试验的道理和方法是相似的,但飞行的雷诺数高,在风洞模型上看不出的现象,也许试飞能看清。

做这样的试验,一所当时没有手段,连带望远镜头的照相机都没有。原来还有一台比较好的单镜头反光照相机,在"文革"中武斗中弄坏了。胶卷也没有,资料室都是买整盘的电影胶卷,我们就把胶片剪开,自己装暗盒。结果拍出的照片是灰的,看不清楚毛条的情况。

当时要用到毛线,但毛线是按票供应的,我们想了办法,找了票买毛线。

我提出自己上天上去观察。为了准备,按照规定要进行身体检查。先由我们卫生科检查，再由试飞大队的航医检查，看能不能上天。卫生科检查的结果，认为我营养还不错。当时决定上天的还有一位负责拍电影的管龙章同志，医生认为他营养不良，需要加强营养，要我们吃一个月的空勤灶。

当时我不敢让江泽菲知道，为了不让她起疑心，所以得在家吃饭，晚上的空勤灶没有敢去吃。那时，工作在112厂，我们骑自行车从所里宿舍到112厂，要骑20多分钟。

管龙章是1966年哈军工毕业的，人很聪明。原来是给602所搞试飞测试的，后来调到601所来，在所科技处工作。歼8当时决定拍一部影片，他从摄影、编剧学起，就跟着八一厂的同志学。歼8的第一部电影就是他拍的。

刘鸿志对这部影片不是很满意，想重拍，但没人给钱，也就算了。

还有一位是现在在民航的王知，他是著名作家王蒙的弟弟，原来是强度设计员，后来在管龙章手下，拍歼8电影拍出了名气，后刘鸿志将他调北京来，到628所声像中心做主任，这个声像中心经他折腾，成了国防科委的电影站，所有航空的电影都是他在那儿捅咕。后来他到民航第一研究所（现民航总局航空技安中心）当副所长（主持工作）。再以后，做过民航总局计划司司长。说好他们两个人都要上，所以吃了一个月的空勤灶，他们是要扛着摄影机上去拍摄的。

那个时候，管理还比较松。教练机后座上去一个人也可以，地勤人员上去飞也还行，我上去是六院批准的。但以后就越来越严格了，要试飞团批准才行。我共乘歼教6飞机上天三次，下来以后身体状况还可以。管龙章不如我，他下来后趴在长凳上，好半天才起来。我们是一个一个上去飞的，每次只能上去一个人。

飞上去以后，看到了原来后机身加的弹簧门没有用，起不到预想的抽吸作用，一起飞弹簧门就关掉了。飞下来检查，后机身最大宽度以后的一些地方，毛条都断了，说明振的确实比较厉害，这里肯定是气流分离严重的区域。

当时沙正平提出，在这个部位加整流罩。原来加的位置低一些，我出差回来，同意他们的意见并提出再往上加一点。再飞下来，飞行员很满意，振动问题算是比较彻底解决了。

顾涌芬（后座）乘歼教 6 观察飞行中的气流现象

以后又发现了尾尖的整流锥经常损坏，因为发动机排气温度很高，而且还存在振动的现象。20 世纪 90 年代，有较多的部队使用飞机以后，反映尾锥裂的很厉害。当时一所的所长是解思适，他们研究决定把尾锥减掉一些。开始减掉一些以后，反而振得厉害了，接着减下去，并把安装位置缩进去一些，没有再出现振动。

最后批生产的歼 8 和歼 8 Ⅱ 都是后机身尾段加装了整流罩，尾锥也切掉了。

关于歼 8 飞机的重量问题

1972 年后，鉴于仅靠一架歼 8 试飞定型是完不成的，于是叶正大同志不断向上面呼吁，终于得到了上面的同意。当时决定生产三架飞机，一架补做静力试验，因为第一次静力试验只到 90%，这次静力试验是为歼 8 恢复名誉，叶正大要求静力试验的破坏载荷无论如何要超过 100%。当时负责飞机强度的技术领导是赵沛霖同志。他是 1954 年北航第一届毕业生，"文革"前是强度室副主任，1980 年后任副所长，工作十分认真负责，在飞机强度方面确实是一所仅次于冯钟越的专家。赵沛霖动员结构和强度的设计员全面复查，凡是对强度有怀疑的地方都进行了加强，但当时所里没有恢复原来的技术系统，只顾了保强度，忽略了控制重量。1972 年第二次静力试验时，大家十分紧张。赵培霖同志每天从塔湾骑车到 112 厂，兢兢业业，如履薄冰。当时已是严冬，最后做破坏试验时，老赵急得满身大汗，但试验结果超过了 115%，当然给歼 8 后续生产打开了通路，叶正大同志也非常高兴。为了奖励赵培霖同志的贡献，当时才开始有省级的文艺团体向劳动模范等招待演出，那时专门安排赵培霖同志和老工人们一起乘了卡车去观看演示。

静力试验虽然圆满通过了，但是为确保通过而做的加强结果，飞机却比设计要求增重了 350 千克。歼 8 原设计起飞重量为 13500 千克，现在涨到了 13850 千克。减掉这 350 千克的超重是十分困难的，直到 1981 年，经过当时歼 8 跟产队队长赵守庭同志的认真负责、周到细致的工作，对一个个零件图纸进行重量核查。当时已经恢复了重量员制度，在赵守庭同志的组织下，不仅查图纸，而且下到车间去称重量，终于抠出了 250 千克。

赵守庭同志是 1964 年西北工业大学毕业的，家在农村，生活一直很艰难，直到改革开放后才得以缓解。1965 ~ 1967 年曾赴越南战场收集敌机残骸，1983 年后负责所的外场服务，得到空军的好评。

关于歼 8 飞机试飞中的空中停车问题

1978 年，为设计定型，歼 8 在八所飞行强度大大增加，而且飞的都是飞行包线的边界区，特别是高空和小表速时，经常发生空中停车。

当时美国的 F－111 飞机刚用上 TF30 涡扇发动机，也经常出现空中停车故障。对于 F－111 飞机停车问题，欧美学术机构发表了很多文章，认为主要是对进气流的动态畸变没有控制住，所以应对进气道加以改动。我们的同志对歼 8 的小表速停车问题也沿着这个思路去搞，在进气道上下功夫，但没有明显的效果。

1978 年秋天，一个偶然的机会，我到六院出差，顺便去 628 所查阅资料。当时管资料的是杨明春同志。他原来是空军的，1950 年空军刚组建时，他是空四师首长的俄文翻译，后来到了 601 所，因家属没有调到沈阳，所以又从沈阳601 所调到了 628 所。当时，与苏联的关系还没有解冻，一般的俄文科技图书在外面都买不到，俄文书籍成了难得的资料。那天杨明春特别领我去看了新到的俄文书，其中有一本《机动飞机的实用空气动力学》，是苏联空军学院的教授写的。我翻了一下，发现很有新意，主要针对飞行员写的。过去的飞机空气动力学教科书都不讲动力装置，而这本《机动飞机的实用空气动力学》包括了发动机和进、排气装置，所讲的实例都是米格－21 和米格－23 这一级别的飞机。我仔细看了这本书动力装置的几章后，深感得益。原来米格－21 发动机的稳定工作边界很窄，有些飞行边界点应该避开，减少进气道畸变解决不了这样的问题。要解决歼 8 空中停车，必须要知道这些。于是我向杨明春同志借了这本书，答应一周后送还。

回所以后，我立即交情报室复印。当时 601 所刚从上海进了一台老式的复印机，效率很低，500 页的书复印了两天。复印后，我即组织气动室进气道组和动力装置室的同志将其中动力装置几章翻译出来，印发给有关同志阅读。那些在为解决歼 8 飞机空中停车问题攻关的同志，看后都明白了自己和飞行员都应该了解涡喷 7 类型发动机的使用特点。后来我们得到了米格－21MΦ 飞机的飞行员手册，内容与那本书上说的差不多。

了解了涡喷 7 系列发动机在飞机上的使用后，发动机的停车故障就大大减少了。

那本苏联的《机动飞机的实用空气动力学》，大家都认为写得很好，601 所和630 所的同志都翻译了，最后由空军统稿，以空司的名义出版，发到了部队使用。

问题不是一下子解决的

歼 8 的问题，不是一下子解决的，是一点一点地解决，最后得到满意的结果。

1978 年，振动制住了，但试飞中还是有问题。

1979 年，要定型。试飞反映口盖经常掉，在速压增大以后，口盖的固定不够结实，螺栓选的不合适。

还有一个打炮的问题很大。当初黄志千总设计师组织调查时，部队反映，空战中武器以机炮为主。当时确定要装两门 30－3 的转膛炮。这个炮是兵器部西安 847 厂生产的，射速 1500 发/分、初速 1000 米/秒，性能比歼 6 用的 30 炮要好得多。是 847 厂的人到捷克留学带回的图纸。转膛炮有点像左轮枪一样。

两门转膛炮很重，必须装在两侧进气的进气道前面。按照英国人的规范，设计两侧进气，机炮必须在进气口后 6 英尺①的位置。如果按这样摆，飞机重心就太靠后，而且没法调。当时强 5 刚出事，强 5 的机炮在进气口前面，一打炮，发动机就停车，这就成了一个难题。如果放在进气口前面，有没有办法解决？搞军械的同志提出可以在前面搞一个大的消烟帽，也许能解决，但把握也不是很大。后来歼 8 定了机头进气，这个问题就不存在了。

这个炮最大的问题是后坐力太大，达到了 100 多千牛，常把安装结构打坏，再加强还打坏。后来发现有更大的问题，一打连发，往往打了几发就卡弹。当时这么个状况定型就很难。

我们与 847 厂一起请了一些火炮方面的专家来研究解决。我记得有一次，请到了吴运铎同志。他是一位老革命、老英雄。建国初期，他的自传《把一切献给党》对青年一代产生了很大影响。作为我国兵器科技工业的老前辈，他听我们讲到存在的问题后，一针见血，指出了在飞机上采用这种火

---

① 1 英尺 = 0.3048 米。

炮是基本原理方面的错误。他说："火炮在炮弹装填时必须用机械到位，不能采用气推方式，否则装填不到位，必然会卡弹。再者，这种地面用火炮，后坐力大是先天的，不可能在原设计不改变的情况下减小。"听了吴运铎的分析，大家都很佩服。

我下决心，干脆退回来，用歼 6 的 30 炮，歼 6 用的是 30 - Ⅰ航炮，30 - Ⅰ航炮是仿制苏联 NR - 30 航炮，而且不是转膛式的，属于管退式单管炮，后坐力只有 30 多千牛。NR - 30 炮口径 30 毫米，初速 780 米/秒，射速 900 发/分，最大后坐力 58.84 千牛，但国产 30 - 1 航炮的射速还要低，大约是 800 发/分。

所以定型时就从原来的设计指标退下来。对这一点，空军倒是谅解的，没说什么，所以就这么定了，这样至少炮能打。

唯独就是导弹还存在问题。歼 8 选用的 014 中心的导弹霹雳 3 是在霹雳 2 基础上改进的。出了好几次事，一次是引信早炸；一次是弹体折断。歼 8 的飞行速度要比米格 - 21 高，温度问题就要严重得多，但 014 中心没有太注意这个问题。后来定型时，霹雳 3 的问题只好挂账，等以后弄好了再用。

歼 8 定型

我接管歼 8 以后，不放心 630 所飞的结果与我们计算的数据到底有多大差别。1979 年 5 ~ 6 月，我专门去了一趟八所，与他们核对试飞数据，回来后修改我们的设计总结报告。

一所原来管歼 8 的是科技处的主管工程师钟敏昭。他是成立一所的时候，从空一所来的，原来与刘鸿志在一起。他 1950 年参军，以后到空一所，干过飞机液压系统。1959 年，112 厂飞机设计室与哈军工"东风"113 设计室合并。1960 年，他是空军派到设计室的代表。一所成立后，送他到哈尔滨工业大学习了两年，回来以后就在科技处工作。他对待工作勤勤恳恳，"文革"时，原来的技术负责人，包括刘鸿志、叶正大等都被打倒了，就他在张罗歼8的事。歼8首飞等工作，都是他在管，以后也一直管歼8。当然，歼8的研制设计总结报告，由钟敏昭写是最合适的。

他写出后，我看了觉得还有些问题，自己也下了功夫，改了一遍，总算把总结报告弄出来了，还有很多资料、图纸、说明书、技术条件等。这都要空军看过满意才行。我们总结材料准备好以后，先请空军预审。是李安东同志带队来的，那时，他是助理员。现在他已经是总装备部科技委主任了。审查后没有什么意见。那次预审是1979年11月，我认为都准备好了，于是准备在12月正式定型，请空军审查组进入。

当时空军内部领导层的意见不一致。空军司令员对歼8不知为什么这样反对，他的态度是原则上不让定型，与其他领导人的意见很矛盾。曹里怀副司令员认为是可以定型的。先来了一批人，吵了好久，有些事提得毫无道理，一些连跨声速这些术语都不懂的人也在参与。在讨论这些问题时，鹿鸣东是试飞员，他的意见很关键，他说了是算数的。他倾向于我们的意见，结果弄得空军对他也很不满意。这样一直扯到了12月30日。最后，航定委的主要成员都来了，我弄不清他们谁是主任、谁是一般成员，有曹里怀、周兆平（他是六院副院长）、叶正大（那时他已经到国防工办任副主任了）、段子俊等，这么一批人都来了。曹里怀主张赶快定型，他一表态，形势急转直下，最后半天，经过讨论，认为没问题，可以定型，挂账的就只是霹雳3导弹。

就这样一直弄到12月31日晚上10点钟才结束，正式定型了。

那天，我喝醉了。

定型会完了以后，也没有什么招待会，就是在112厂食堂对面的二楼，大家一起吃饭。首飞试飞员尹玉焕也来了，他是很能喝酒的，但用的不是酒杯，都是用平时盛菜的大碗喝，也喝醉了，醉得不省人事，吐得一塌糊涂。当时也没有小汽车什么的，晚上吃完饭要回家了，我们管行政的副所长赵国庆清点人数，找不到我了。那时我正在厕所里吐呢！

歼 8 白天型设计定型资料审查（左起顾诵芬、钟敏昭、管德、邱宗麟）

在歼 8 定型会上讲话

第二天早上，叶正大他们就回北京了，他是国防工办的副主任，至少是航定委的委员。

137

曹里怀与林虎一样，对自己研制的飞机总是爱护、支持的，希望能成功。应该说，歼8没有曹副司令的坚决态度，有很多事是难以逆转的。歼8定型以后，秘书通知他，空军开党委会，要他参加，他坚决不回去，就在一所，这里看看，那里走走，待了好几天。

歼8可以说就是这样连滚带爬地定型的。

歼8交到空军十一航校

歼8定型后，如何交给部队呢？空军决定先给空军十一航校试用，是白天型的。1980年年底至1983年，先后两批送了8架飞机到空军十一航校。

对于歼8飞机的试飞，我一直是比较重视的。1967年，王南寿当家的时候，我就提了，要从各专业抽技术比较全面的人成立一个试飞组。后来成立了，组长由总体室的孙绍孔担任。

孙绍孔是总体室搞自控的设计员，在所里"文革"期间闹派性的时候，他不是很显著地同意那一派观点，只是对歼8的研制很热心，所以他可以把各专业室不同派别的人拢在一起，就请他担任了组长。强度室是解思适（以后是601所的所长），飞控系统是王忠利（以后我担任所长时期，他担任副所长，工作是很认真的），其他燃油、液压都有人在这个组。

这个组的责任，首先是给飞行员改装讲课，然后飞机到了外场，就主要在外场的试飞站工作，有问题及时解决问题。对现场的许多问题，孙绍孔和这个组能独当一面。再有解决不了的问题，就找专业室。当时生活比较困难一些，对待这一批人，按外场待遇，每个人都发有皮工作服，伙食是按地勤补助的。大家的工作很起劲，也比较安定，与飞行员的关系也非常融洽。

沈阳飞了一段时间，到阎良后也跟着。交给部队以后，试飞组的人员做了一点调整，有些人得回室里干活了，换了一些年轻一点的同志，因为部队的条件相对要艰苦一些。还是孙绍孔负责，他一直跟到了部队。

到部队以后，孙绍孔与空军十一航校的干部相处不是很融洽。这个组里的同志对他也有一些反感，认为他有私心。当时已经开放一点，搞民品什么的，他的爱人开了一个养鸡场，他经常在办公的时候用公家的电话为爱人的鸡场联系饲料什么的，让组里的人抓住了把柄。他对下面的同志也不客气，于是就闹开了。告状告到我这里，大家的意见是不能让他再干下去了。

我找了他们原来的支部书记丁吉元。他人品非常好，是一位很好的干部，虽然是个中专生（1956 年沈航一届毕业生），开始是搞液压的，知识面也够，对飞机基本都了解，就请他去管这个组了。他不负众望，那个组在他领导下搞得很好，与空军十一航校的关系很融洽。

空军十一航校主要靠的是葛文墉，那时他已经"解放"了，可能当时已经担任了航校的副校长。他很有一套如何考察歼 8 性能的办法。经过考察，对歼 8 性能做出了评价：

1. 横滚效率低。这是先天的，没有办法解决。因为与歼 7 比，歼 8 的翼展大，歼 8 与歼 7 相对横滚速率是一样的，但绝对滚转速度就低了。

2. 驾驶杆在小偏度时行程大，要偏很多，副翼才偏一点（这是抄苏联的办法。葛文墉的意见是不如把这个非线性的机构去掉，这样一压杆立刻就可以翻滚，但总的说，还是滚得慢）。

3. 低空时，推杆力大，这主要是设计初为了保证安全。（因为歼 8 的平尾效率高，怕在低空飞行员拉杆平尾偏度大后，很容易超过设计过载。所以把力臂调节器的变臂比加大了。歼 7 是 2∶1，高空时是 100 毫米偏 10 度，低空是 200 毫米偏 10 度。歼 8 用的是 2.2∶1。按照飞行员的意见，将这个数据调着试，最后调到了 1.8∶1，飞行员飞过后认为满意）。

飞下来的结论，最突出的是歼 8 升限留空时间长，到底加的油多，航程长，这一点飞行员是比较满意的。

关于歼 8 飞机减速板振动

歼 8 在空军十一航校使用中反映减速性差。原设计考虑，用大偏度到 60°的小面积减速板来获得高阻力增量，得到好的减速性能，可是试飞发现减速板偏到 45°，飞机就感到振得不能忍受，因此减速板只能用到 30 度，这样减速性能就太差。为解决此问题，决定在减速板上开孔。确定开孔的原则是既能增大减速板偏度，增加阻力，又不引起很大振动。这种工作不能靠试飞去做，花费太大。于是，决定做风洞试验，即做局部机身加减速板，测阻力同时测减速板后的压力脉动。626 所提供了试验条件，整个试验研究是由李天同志领导的。最后选出了合适的开孔形式和偏度，保证了歼 8 的减速性能。到歼 8 Ⅱ 时，结构设计人员忘记了这个教训，他们一味追求工艺先进，采用了超塑成形和扩散连接钛合金结构，把原来开的孔又堵死了，这样飞机放减速板又发生了强烈振动，后来又把减速板开了孔，才解决了问题。

当时设计时，两台发动机太重，重心调不过来，于是将座舱前移，机身就空了一段，没有用。当时总体决定将这一段留出来，将来装超载油用。那时最不放心的，装了超载油以后，重心移前到 27%，抬前轮会有困难。按设计重心前限是 30%。飞机的总重为 13.5 吨，装了油就变到 14 吨多。原来最大过载为7，加上超载油以后只能飞到 6。现在看，这个设计是合理的。苏 – 27 也是这样，正常情况下载油是 5.5 吨，满载可以到 11 吨，有几个油箱平常也是空的。超载油箱的好处，飞行员认为，加满 600 千克油比加两个副油箱的航程还要远，因为没有增加阻力，比副油箱要好。重心即使到 27%，前轮也能抬得起来。超载油箱变成了备份油箱。

应该说歼 8 飞的还可以。

1982 年，飞动升限，我也在场。整整一个上午，葛文墉安排了四个飞行员飞。四个飞行员中有三个没飞到高度，发动机就停车了，只有蒋德秋，飞到 2.2

万米。他的操作，推杆很柔和，发动机油门控制他十分小心，定了位以后不怎么动。证实了歼 8 完全可以飞到设计动升限，不比歼 7 差。

一次事故

1983 年 4 月，歼 8 在十一航校已经训练了两年多，飞行员对歼 8 也已经熟悉了。航校的栗时训校长根据北空要求，决定训练用歼 8 打国民党的气球。那时，台湾方面经常会放高空气球过来，撒宣传品什么的。飞行高度在 2 万多米，歼 7 的问题在于高空留空时间太短。接受这个任务，飞行员也很高兴，因为这是为国立功的机会。

一次在练习打气球的飞行中出了事故。飞行员是赵荣献，他现在空军指挥学院工作。当时赵荣献飞得还可以，但在驾机返回时，突然发现飞机不能操纵，后机身突然起火，飞行员想挽救，采取措施，但没有效果，飞机垂直下降，到了几千米的时候，飞行员被迫跳伞。人还总算没有什么问题，但飞机毁掉了，是二等事故。

那天，我是上午接到 112 厂来的电话的，一接到电话，听说一架歼 8 飞机飞出去失踪了，我的脑子嗡的一下子就变大了。作为一个总设计师，责任重大，自己设计的飞机出了事故，心情是很紧张的。工厂还好一些，设计所压力更大。我最关心的是飞行员的情况，下午两多个点钟，有电话来说飞行员没有事，心稍稍放下一点。那天连午饭也没有吃，吃不下。

空军十一航校在沧县，只有晚上的火车。我们当晚坐火车，第二天一早到了沧县，部队派了车接我们到航校驻地。

飞行员跳伞后，落地还是安全的，他跑到附近的生产队队部，打电话向航校领导报告，学校赶快派车把他接了回去。我们去了以后，航校说飞行员需要休息，不要我们马上见飞行员了解情况。

我们立刻就到了飞机失事坠毁的现场，看到残骸，飞机是垂直落下来，撒了一大片。接着就是找原因，重点是后机身为什么会着火？

在112厂，看歼8飞机总装的时候，我的一个很深的印象是，发动机加力燃烧室、尾喷管与主机之间是用一个箍套上的，叫快卸环。好处是装拆容易。苏联飞机设计的传统，装发动机要脱后机身，不是整台发动机装进后机身的，这样的结构，装卸方便。1982年，我有一次到112厂，看歼8飞机的发动机安装，在场的同志告我，曾经发生过这样的事，发动机装好后，放了一个晚上，突然尾喷管掉了下来。

在分析事故原因时，我看到快卸环是有点问题，大约是没有箍紧，容易脱落。按照美国的发动机规范，喷管与主机的连接都得固定死，用螺栓，不能用这么简单的办法。我看过后分析是由于快卸环脱落，造成飞机尾部被烧，这样飞行员无法操纵。但这个原因是否能最后确定，就要深入分析讨论。那时，410厂、112厂都有人在。410厂的人说是由于软油箱破裂造成的。

这次事故引起副部长何文治的重视，他也来到了现场。何文治处理、研究问题是比较讲科学的，找了院校的钟群鹏（北航）、林振申（西工大）教授。

检查事故残骸

钟群鹏原来是在清华大学航空系学习的。1952年10月院系调整，他到了北航，成为北航第一批学生。他本科未毕业就跟随苏联专家攻读金相热处理专业研究生，1957 年研究生又提前毕业并留校任教，后来是工程院院士。

林振申后来由于种种原因，到了中国科协当了一名部长。他的思路比较清晰，用图解的办法一层层找原因，分析残骸、断口、被烧过的部位。410 厂的人还是想推卸，甚至说到是空军十一航校维护不当造成的问题。

我认为是快卸环肯定有问题。苏联原设计这个紧固用的箍链接处是咬口，咬住的。410 厂为了加工方便，把咬住的凸缘部分去掉了，直接套上，用螺栓固紧，这样在实际使用中就不够可靠。这个更改是文化大革命中群众定的，查图纸时，签字栏里只写革命领导小组。分析到为什么会脱开？410 厂的同志说是软油箱先着火引起的，而且还赖航校维护不当。

其实航校在找到发动机残骸后，已经发现喷嘴断裂，但考虑 410 厂会扯这些问题，就藏起来，没有拿出来让 410 厂看，想看 410 厂来人的态度。410 厂的人这样赖账，航校将这些拿了出来，提出这个问题，但来人还是不承认。何文治又请了 621 所的专家，有荣科、颜明皋等。621 所用高倍电子显微镜看后，认定是疲劳断裂。怎么会疲劳断裂的呢？后来又发现喷嘴的图纸也改了，原来喷嘴与底座连接，是带一个大 R 的。也是为了加工方便，把这个 R 也去掉了。继续查图纸，发现也是"文革"时期给改掉的，也是更改处没有人签字。

事故原因总算弄清了。

机尾罩的间隙，看是否均匀。对此，部队地勤也没有严格要求执行。在措施中，还研究要不要加支撑，我是赞

顾诵芬在检查快卸环

成加的，后来空军嫌太麻烦，最后决定接头必须按苏联图纸加工，再就是喷嘴恢复原样，要定期检查喷口间隙。

在这件事上，弄了大半年，直到1983年底才结束。

通过这次事故分析，我与飞行员赵荣献建立了很好的友谊，他到北京就打电话找我。后来他到了空八所、空军指挥学院做研究工作。

他是很不简单的，为了保存飞机一直到1000米高度在垂直俯冲状态跳的伞。

未能参加天安门阅兵

1984年，国庆节要进行阅兵。本来国防工办、国防科委都是想让歼8参加阅兵仪式，过天安门的。但空军司令不同意，说歼8不可靠。当时国防工办主任邹家华在军委会议上表态，说绝对没有问题。还没有最后决定，几天后又出了一件事。

歼8飞机有一个规定，就是在马赫数为1.5以后，进气锥往外伸。飞行员要减速、收油门只能在马赫数为1.5以下。油门杆有一个卡销，一头凹进去，一头凸起，顶住了。在马赫数1.5以下，顶卡销的弹簧松开，油门杆才能往后拉。

那天，是空一师的一位姓秦的飞行员飞的。他在空中的马赫数小于1.5时怎么拉，拉杆也拉不动。老飞行员的经验是，这个卡销本来就不是太灵活的东西，往回收的时候要来回动一下，就可以松开拉动。结果，飞行员要下来，发动机推力还那么大，油门杆怎么拉也拉不动，情急之下，把整个油路断掉了。飞机还是顺利着陆了。但这是一个事故，闹得很大，又把我拉到一师讨论这个问题。飞行员反映设计不够合理，回去改吧，卡销部分重新画一下，收油门、解除卡销的的力必须要小到一定值，生产过程中要增加这个卡销力的检验工序。

　　就这样回去修改，歼 8 参加阅兵，飞天安门的事就告吹了。

关于歼 8 全天候飞机

　　歼 8 设计到 1967 年发现雷达、电源的主要成品都研制不出来，于是决定分成白天型和全天候型两型。白天型上装与歼 7 一样的测距器，仍用直流起动发电机。1979 年年底定型的就是这种飞机。

歼 8 全天候型

　　歼 8 全天候飞机的设计发图是从 1976 年下半年开始的。在全天候型飞机设计中，还有一个大的更改时就是座舱盖。歼 8 白天型的座舱盖是沿袭米格－21 的扣盖型式。米格－21 为防护飞行员在超声速弹射时，保护飞行员不受超声速气流的冲击，因此在座椅弹出时，整个舱盖和风挡都扣在飞行员身上，这样飞行员可不受高速气流的吹拂。可是根据米格—21 实际使用经验，飞机大多数出事发生在低空着陆情况，由于是单发，一旦停车飞机下沉率太大，舱盖和座椅来不及分离，飞行员便无法得救。因此歼 8 设计时，救生专业的同志强烈要求改成固定风挡和分离舱盖，救生时先抛舱盖再弹座椅。为了确保救生安全，必须做地面火箭滑橇试验，验证这套系统的安全可靠。于是有 112 厂做了一段歼 8 的带弹射系统的前机身，由610所在河南兰考的有一段废弃的铁轨的试验场进行试验。这是歼8研制中所作的一次最大的地面试验，112厂、一所和610所大概去了将近百余人。

一所当时的所长朱辉同志是原空空导弹所的所长，"12·9"时代的清华大学学生。他亲临现场督导。由于当时测试手段较差，主要靠高速摄影，同时舱盖和座椅都有传感器，有遥测数据。但遥测数据可能时标没有统一，发现舱盖抛掉后打在机身上，而高速摄影则显示舱盖飞离机身。610所的同志坚持舱盖的遥测记录是准确的，舱盖要打机身，这个设计要改。我认为高速摄影记录应该是准确的，于是我学尾旋模型在风洞试验时定轨迹的方法，做了一个1/20的机身前段模型再加上舱盖模型，在放摄影影像时，将机身和舱盖模型的图像也投到屏幕，然后转动机身和舱盖模型的位置，使其投影和摄影影像重合，这样来确定舱盖和机身的相对位置和姿态。最后证明弹出舱盖不会打机身。但610所还不同意。最后何文治副部长请了飞行力学权威张桂联教授一起来研究。大家都认为高速摄影记录是正确的，舱盖不会打机身。试飞员鹿鸣东同志也同意我们的意见，认为可以飞。

地面烧掉一架歼8全天候飞机

歼8全天候飞机用的液压量大了。

原来歼8白天型用4台歼7的液压泵，后来请511厂新设计了一台大流量液压泵，这样歼8全天候就只需要装两台，不仅减少使用维护工作量，而且还可以节省重量。这种210个气压的液压泵最怕的是高频压力脉动。原来歼7的液压泵都带缓冲瓶，这次511厂在研制新泵时，决定不装缓冲瓶，并告诉了我们。我们主管液压系统的副总师回信是只要压力脉动达到军标要求，就可以不带缓冲瓶。511厂只是书面回答达到压力脉动标准，我们的同志没有亲临现场见证，于是就这样装机了。

歼 8 全天候飞机起飞

1980 年 5 月，歼 8 全天候第一架进行地面试车，事前未告一所，该机尚未做液压导管脉动应力测量，当时 112 厂也没有遵循试车程序。按规定，新机第一次地面试车，必须脱后机身，而且各种消防措施都要到场，主要技术领导要在现场。可是那次试车没有按规定，车间领导和所领导都不在现场（我当时因脑外伤在大连住院），就一名新工人在座舱开车检查，谁知没有几分钟后机身着火了，消防车来不及赶到，另外后机身也没有口盖可以向里面喷灭火剂，这样不到半小时飞机就烧毁了。事后检查发现液压油泵出口导管振裂，漏油后滴到发动机上引起着火，后机身又是封闭的腔，因此无法挽救。此事上报后，国防科工委提出严厉批评并要求处分责任者。当时一所主管液压系统副总师承受不了这样大的压力，曾想不干了。还好是管德副所长在管，这一切都由他处理得很妥善，没有在 601 所引起很大扰动。

歼 8 飞机交部队使用

歼 8 飞机从 1982 年交空军十一航校及空一师以来，使用中反映的问题不多，到 1985 年交空 24 师后问题就多了。第一个问题是空速管老断，是前轮摆振引起的，也与机轮自动刹车系统有关。另一个问题是平尾振动。当时跟飞组反映很强烈。那个时候，飞歼 8 飞机的是当时空军最年轻的团长，他后来成为解放军副总参谋长、空军上将。他飞得很猛，强度大。空 24 师在山区，跑道路面不像鞍山和沧县。这样强的反映，只能请主管跟产队的副总师宁树权同志去一线处理。老宁是哈军工三期的，来一所一直搞机身结构设计，歼 8 Ⅱ 发图时，他担任副总设计师，专管生产图纸的设计质量。他工作非常勤恳，甚至带病坚持。有一次得了肠梗阻，倒在路上，被好心人给送到 112 厂的 242 医院，最后还动了手术，但稍一恢复，就又投入到歼 8 技术问题的处理工作中。他去空 24 师后，立即找来研制减摆器和机轮刹车的厂所一起研究，最后更改了减摆器，调整了刹车参数，解决了问题。但是平尾振动的问题还是解决不了。当时管德和我都来了北京，管德已调去民航局工作。他是振动方面的专家，虽然民航局副局长的工作很繁重，可是他还是抽业余时间来研究问题。他认为这是一种极限环振动，只有靠紧平尾大轴螺栓，排除控制系统间隙才能解决。最后空 24 师提的问题虽然解决了，但歼 8 给那位年轻的团长留下了不好的印象。

第六章　歼 9 飞机研制

从 1964 年讲起

1964 年，在确定歼 8 方案的时候，把二所的发动机方案否了。当时在会上，他们介绍的是李志广同志（后来担任了二所的总设计师）在英国看到的斯贝加力风扇的方案。想用这样的发动机装歼 7 后继机，显然还得一段时间，六院总工程师室董绍庸也知道，没有六七年时间是干不出来的。但二所如果只干 815 甲，也就是歼 8 双发选用的发动机，二所就没有多少任务了。于是，院里要我们考虑一下单发的任务。

上午会议定了双发的方案后，当天下午黄志千就带着我们研究下一步怎么办？给院里回话。沙正平提出，干脆搞一架马赫数 2.4 的单发的方案，配涡扇发动机（代号 910）。为什么选 2.4，因为到 2.5 就进入热障，材料全都得改了。就这样喊出了马赫数 2.4 的单发方案。

到 1964 年 11 月，部院合并，三机部开了一个工作会议，在这个会上，叶正大喊出了搞双 25 的提议，歼 8 是 2.2，双 25 就是马赫数 2.5，升限 25 千米。段子俊接过去，说要这个飞机。回来以后，叶正大决定，再开辟一个战场，这就是后来的歼 9，这个方案配的是二所的涡扇发动机。

但要飞马赫数 2.5，高度 25 千米，我们经过多次计算，发现发动机的推力小了根本达不到这个指标。只有发动机推力达到 12500 千克力，才能实现 20 千米以上的高度。在气动上，做了许多方案。严仁达参与了这个工作，他提出了用鸭式，也有提出正常式三角机翼和后掠翼等。讨论到最后，确定的是三角机翼、两侧进气、带尾翼的方案，当时称为"67方案"，也就是后来的歼9。当时歼8称"65方案"。

歼9飞机模型

确定方案不容易

方案算出来以后，1965年4~5月，叶正大带了总体室的人到部队征求意见。从鞍山到海南岛，跑了一大圈。回来以后，集中部队反映的意见，对歼8的意见比较统一，对歼9也没有说更多。部队强调一点，是机动性，不是高空高速性能。叶正大找了我研究，说了部队要的是跨声速机动性，但涡扇发动机的缺点是在跨声速时推力增长很慢，加速慢，这样歼9就不如歼8，但涡扇发动机的好处是高空高速性能好、推力大。但事已至此，不好改了。

叶正大说，双25的要求，怎么算发动机的推力都要在12吨以上。但二所顶着不干，说做不了。二所的总师虞光裕说，国内的锻压设备最多只能做10吨级推力的盘件。这时双方的意见僵持不下，没有进展。

这样的状况，院里也很着急，定了一个双发方案，但单发的也得干。

正好当时从越南捡回来一台美国的 F－105 战斗机用的是 J75 发动机，推力是 125 千牛。唐延杰院长专门就此事给二所所长刘苏写了信，意思是发动机推力还是应该做大一点。刘苏接到信以后，带了当时 910 发动机的主管袁美芳来一所讨论。

一所确定了双发单发两个方案以后，做了分工。当时双发由王南寿主管，单发由谢光主管。谢光是很能讲的，在与刘苏讨论时，他按照叶正大的意图一说，刘苏很称赞他，说你真能讲。最后就这样定了，发动机按 125 千牛推力要求。当时瞄准的双 25 的飞机做的，就这样研制工作接着进行下去了。

飞机设计的 "革命化"

到了 1966 年，"文革"开始了，同时开始了所谓的设计工作的革命化，要求设计人员到现场。一所响应这一号召，拉了歼9的一支设计队伍，到了芜湖空三师搞设计画图。

方案弄来弄去，性能总是不太理想。这时，见到了英国一份杂志上发表了法国达索公司从"幻影"Ⅲ转到"幻影"F1 的思路，是有尾翼飞机，传动平尾的大轴重量太大。有的同志提出来，干脆换无尾。

"文革"时一所开始分派了，"辽革站"是以工人、后勤部门的人为主，也有几位技术人员，结果方案的讨论就带了派性。技术人员方面，以总体室方宝瑞为首，提出无尾翼方案后，两派之间就这个问题产生了矛盾。

无尾翼全机重量会轻一些，但起降性能差一些。

就这样争论不休。过了一段时间，越打越厉害，就停了下来。中间空军召开过一次歼9评审会，空军专家朱宝鎏已经从越南回来，也介入了。但空军没有做主。造反团一派一直在强调无尾的好处，"辽革站"一派则强调正常式。都去找空军，空军警觉到这其中有派性，认为不能定，就放下了。

直到 1970 年 5 月，执行 1969 年 9 月林彪的 001 号命令，要疏散。军管会决定歼 9 队伍全部内迁到成都。一所派了一位副所长，带队去成都勘点，看成都行不行。最后找到了地方，回来以后研究派谁去。我当时不很清楚，可能是革委会决定了四大队，即歼 9 设计队全部到成都。当时歼 9 已经确定了在成都 132 厂生产，这样这支队伍将来可以做跟产队。

以后这部分人员成立了一所的成都分所，再后来就建成了 611 所。

他们走了以后，歼 9 的方案也带过去了。他们是 5 月去的，当时准备在 9 月讨论。这时王南寿派了成都 611 所的革委会副主任毛德华到沈阳，找叶正大借我去成都。

开始准备往成都搬家的时候，王南寿是希望我去的，名单中就有我，还有李明。后来李明没有去，我也没赶上。9 月去参加评审会，我就留下来了。让我帮忙，当一个班排长什么的。

当时飞机要上 25 千米高度，非常难。有人提出用进气道压缩面的压力来提高飞机升力，我认为这样根本不行，进气道的压缩面上压力起不到什么作用。要怎么才能上到 25 千米，当时他们的方案是无尾。我提出，只能是在前面加前翼。但当时自动控制技术不成熟，加了前翼以后，飞机的稳定度要减少，焦点前移。最好的是前翼在着陆时能飘浮起来。讨论后觉得这个方案不太稳当。最后确定了原则上用鸭式布局，就这样干下去了。

我干到了 1970 年 12 月，叶正大要我回去，这样我就不在 611 所干了，赶紧回到沈阳，歼 9 我就不再介入了。1974 年方案评审时，还要我去，但当时我有其他事情，也没能去得了，以后就基本上与歼 9 断了。

我之所以推荐歼 9 加前翼，主要是看到了瑞典搞 Saab－37 "Viggen" 式战斗机，有些说道。用了前翼以后，前翼产生的涡流，对整个机翼的涡流是有影响的。瑞士买了法国的"幻影"以后，就在飞机前面加个小前翼，称为"胡子"，实际上是加了个展弦比很大的小翼，在迎角大的时候，正好在失速点，升力不

会随 α 变化。既有升力，又不会影响稳定度变化。所以我就极力推荐他们这么做。后来是按鸭翼方案做下去的。

回沈阳以后

我回了沈阳，所里那时分为几个大队。歼9已经到了成都，不算了。歼8为三大队，我回来后，叶正大还让我在三大队；垂直起落为五大队；还有一个六大队，搞双3。那时歼8到了阎良，刚飞到马赫数2.2，下面接着要飞纵向稳定性等项目。鹿鸣东已经被从空军十一航校借到了八所，要我也去。我就跟在八所飞了一段时间。飞到7月，科目都飞完了，向空军做了汇报。也没有说什么时候定型，下面到底怎么干也没定。

当时叶正大有些火烧眉毛。他是五大队的连长，垂直起落飞机干不下去。那是林立果要干的项目，林立果看到了英国的"鹞"式飞机，就提出我们也要干。那时林立果是空军作战部副部长，派了吴法宪的儿子来督战。但那完全是群众运动式的，根本弄不起来。

当时设想的方案是在机身上装两台升力发动机，米格-21是这么改的。那时真是敢想敢干，二所也表示能干出来。410厂表示，歼6飞机的发动机可以增加涡轮温度，推力还可以不断地加。

后来的方案改为用涡喷6发动机的燃气带四个大的风扇，在机身两侧装四个风扇，可以收放，飞机起飞的时候，风扇伸出来。飞机飞起来以后，风扇收起来，喷管的后部也收起来。发动机排气那么高的温度，做到这些谈何容易。

叶正大提出，用四个风扇，能做到正常起落就可以，不用考虑收回的问题。以后做了带风扇模型的吹风试验，升阻比只有3，下滑的下沉率很大，弄不好，飞行员就会栽在里面。

当时我也随着到安县去吹过风，风扇到底有没有这么大的劲，做这个金属风扇很不容易，还是112厂的一位劳动模范陈阿玉同志手工抠出来的，试验时测出一些升力，但绝没有想象的那么好。

就这样坚持到九月，"9·13"事件林彪倒台了，这个项目也就结束了。

第七章　歼13飞机研制

要一个歼6后继机

1971年以后，林彪倒了。形势逐渐改变，一所的工作恢复到比较正常的局面。军管会、军代表陆续撤出，但还是叫革委会。

1972年初，六院在哈尔滨开了一个会，提出要研究下一代战斗机，强调是歼6的后继机。那一次会我没有去，是总体室的方宝瑞去的。歼7、歼8的名声都不如歼6好，主要是机动性差，于是就提出了突出中低空性能，但机动性要好的战斗机。基本上是瞄准了美国的F-16。加上朱宝鎏从越南回来，认为空战高度一般在3000~8000米高度，速度也不会很大，再去弄高空高速是肯定不行的。要机动性好，就要有高的推重比，就得找合适的发动机。几乎找遍了，也没有合适的。

1972年下半年，当时我已从歼8跟产队出来，叶正大叫我管所里的生产组，也不是组长，就让我管生产组的事，他分配我管歼6后继机这个项目。当时叫"2号"工程，后来称歼13。

选用发动机

"2号"项目开始时，最大的问题是选发动机。要有高的机动性，发动机的

155

推重比必须上去。

当时，国内可用的有给垂直起落用的歼 6 发动机的改进型，歼 6 单台推力是 3250 公斤力[①]，那个改进型的发动机推力可以到 3700 公斤力，一台重量 700 公斤，比较理想。问题是这个发动机能不能做出来，这是一个疑点。这个发动机连科学院学部委员吴仲华都投了进去，与二所脱了钩。

第二种发动机，是听取了当时奥地利专家的一个建议。那位专家是二战以后被当俘虏抓到苏联，在苏联搞伊芙钦可发动机，是一个在二战时为期德国搞喷气发动机的专家，他有一组人，把苏联的工程师带起来了，后来苏联把他们放了，他到了埃及，埃及要设计喷气教练机，他在埃及组织了 100 多人，把发动机也搞出来了。但埃及受苏联的压力，又不要他的发动机了，这就等于解雇了他，他回到奥地利，想我们国家能不能用他。大使馆把图纸弄回来后，当时找到二所，二所派了技术负责人李志广去听课。

那个发动机的推重比很高，油耗也高。而且光有图纸也不行。最后段子俊接见了他，但没有聘他，他就回去了。图纸、数据都给了我们（二所知道我们在搞歼 6 后继机），我们看了觉得那个发动机不错。

斯贝发动机

二所的袁美芳（他和李志广都是二所副总师一级的技术干部）与我们总体室的方宝瑞认为斯贝发动机比较适合。有了这个想法，三机部积极推动，与英国联系，想将这个发动机买过来。也正是在这个时候，罗马尼亚齐奥塞斯库的儿子与我们驻罗使馆联系，讲到了可以为中国提供帮助。生产斯贝发动机的罗·罗公司技术负责人胡克曾经是他的老师，他们私人关系比较好，于是就请

---

① 1 公斤力约等于 10 牛。

他出面邀请胡克来给我们介绍斯贝发动机。

过了一段时间，胡克来了，表示可以将斯贝卖给我们，实际上，这个发动机在罗·罗公司很快就要停产了。

当时 410 厂的总工程师程华明刚"解放"，由他主谈，我也参加了，还带了一名设计员，628 所也派人参加。

胡克第一天介绍以后，我发现斯贝的推重比并不是 6，只有 5 左右，按我们的规矩，发动机推重比是算油泵等附件的，把油泵等都加上以后，还要再下降一些。另外一点是发动机推力随马赫数、高度变化，性能是比较差的。用我们原来设计歼 6 后继机的气动数据与他的发动机数据一对，计算后飞不到马赫数 2.0，只能飞到 1.8。高度更不行，我发现斯贝的推力在地面是 9350 公斤力。到 20 千米，马赫数 2 以后，只有 1000 多公斤力，推力甚至低于涡喷 7。

我当时的思路还是搞高空高速。

由于已经没有希望从苏联拿到什么，于是部领导们很想打开这个门。当时段子俊是满怀信心要买这种发动机，我就给他泼冷水，说这种发动机拿来做战斗机的发动机是不行的，一个很重要的原因是高速高空推力性能差。以后李际泰（原空军副司令员、当时的三机部一把手）出面，问还有其他办法没有，不做歼 6 后继机，能不能用于歼 9 飞机？我的看法是这种发动机做战斗机动力都不行。动力系统的人积极，段副部长积极，陈少中副部长也很积极，一再告诫我，好不容易开这么一个窗口，一定要搞成。当时想法是买 200 台，引进生产线。

在这个时候，胡克到了沈阳，我陪他看了沈飞。当时沈飞的想法是用这个发动机来改歼 6 飞机。

六院副院长徐昌裕也抓了我汇报。我就如实汇报了我的意见，徐昌裕的意见也是觉得买 200 台，数量太多了。这个发动机巡航耗油率小，做轰炸机、歼击轰炸机比较适合。徐昌裕也说，那就留给歼击轰炸机吧。当时也正在酝酿由 603 所干这么一架飞机。陈一坚那时还没有"解放"。

叶正大听了我们汇报，说先派人考察一下，回来研究。

我回去也给所里的同志汇报了，那时是比较民主的。当时杨凤田是总体室设计员，很多事都参与，他听了以后，拉了室主任李明给周总理、叶剑英副主席写报告，意思是这个东西不能买。中央领导把这个报告批给了叶正大。

叶正大当时刚去国防工办当副主任，叶正大批给了段子俊，意思也是组织人先进行考察后再定。

考察斯贝

1973 年 11 月，组成了赴英考察斯贝的考察组，我参加了。当时是 410 厂程华明带队，还有一位是中国技术进出口公司的一位处长，是位女同志。航空部还有吴大观、张池等。北航派了曹传均参加。

北航参加考察的原因是胡克来了以后，提出希望在航空院校里得到一个名誉。部里与北航院长沈元商量，同意了请他担任北航的名誉教授，在北航举行了授予他名誉教授的仪式。胡克则答应赠送北航一套压气机试验设施、气源等。所以这次考察，北航也派了人参加。翻译是王大伟，他当时是中航技的工作人员。

在英国罗·罗公司考察，我们看了发动机使用说明书，想看 F–4 飞机，人家不让看，只看了一些 F–4 的飞机使用手册。了解到斯贝发动机的性能特点与胡克介绍是一样的，没有变更。

当时一个很深的印象是看了他们的计算机辅助设计的方法及设施，觉得很先进。他们用的是 IBM360 大型计算机，发动机压气机叶片造型选定后，计算机画出二维图形，紧接着立刻就能计算出压力分布和应力等数据。这一套看了，我们觉得我们根本赶不上。而且也看到了他们的加工设备、精密铸造等技术，我们的发动机厂是无法与他们相比的。

回国后，叶正大把我找去，问考察的结果。我举了一个例子，说："我的感觉就与我小的时候做航模一样。那个时候，看美国通俗科学杂志——《Popular science》（那是我在高中时，父亲给我订的），那里面介绍的做航模要用电锯什么的，知道那些东西都是很好的，但没法学，差距太大。1945 年，抗战胜利以后，上海开明书店出版了一批苏联模型制作方面的书，有航模、船模等。那上面介绍的方法可以学，就是在废料中找材料，再怎么装，用橡皮筋当动力，不用汽油发动机、电动机什么的，我们照着做，会很快做出来。"

说到斯贝发动机，我的看法就是这样，学英国的，我们不一定跟得上，学苏联的我们都能够跟得上，就是这么一个差距。

斯贝发动机

斯贝放在了 430 厂

考察回来以后，形成了两派意见。那时我们住在汪芝麻胡同招待所。争论很厉害。我和张池的意见是一致的，主张不要引进。

那个时候，正是江青在挑起"蜗牛"事件、"风庆轮"事件的时候，攻击所谓的"崇洋迷外"，所以有的同志的意见出现反复，开始主张赶紧引进，但被后来六院科技部一些助理员知道，找去说了一顿意见，回来后又主张不要引进。考察组的意见也不一致，总结报告就很难送上去。程华明、中航技公司同志是主张引进的。最后报告还是送上去了。

当时一所的李明、杨凤田等又一次写信给周总理，坚决反对引进。总理对他们的报告做了批示，要求一定认真讨论研究，这样在友谊宾馆开了一次会。那次会议我没有参加，二所、一所、112厂、410厂、三机部机关都去了，规模很大，会上两种意见争论非常激烈，讨论了两三天。最后三机部决定了以（1974）7号文《关于不买军用斯贝发动机专利问题的报告》上报国务院、中央军委。叶剑英同志在三机部报告上批示了"不可不买，不好多买。目的是引进外国技术，促进自己发展"的意见，李先念同志表示赞同，并批示：我意可买发动机的主要部分，两条腿走路比一条腿走路好。这样就把调子定了。

接着就是引进的谈判，当时部里已经考虑到沈阳的具体情况。

三机部在沈阳的企业是由沈阳国防工办管辖的。当时沈阳工办的主任是林少农，是辽宁省军区的司令，比较有名，是给毛远新介绍对象的人。沈阳工办的人基本都是造反派出来的，提倡革命化，都倾向于不买，不要引进。410厂的口号喊得很响，程华明做不了多少主。当时410厂的任务，一个是为歼6后继机配歼6发动机的改进型815丙，还有配合二所正在研制的910等。二所的态度也是坚决不同意引进。所以三机部最后决定将斯贝发动机放到了西安430厂，不作为为战斗机配套用。但112厂还是想要这个发动机，还做了用斯贝改歼6的方案。

后来国防工办在北京民族饭店组织了会议（当时高级的会议都在民族饭店开），要我们汇报歼6后继机的方案。当时谢光刚调到国防工办当局长，他参加了会议。我们汇报的方案用815丙发动机，112厂打了横炮，要用斯贝。

最后，部里决定要430厂接斯贝任务，谈判人员就要换班子，程华明要去办理交接，也拉我去了。

开了两次会后，就准备要603所接受任务。603的科技处长陈绍犹，他是601所去的，也是个名人，是苏联茹科夫斯基航空学院留学的，不过没念完就回国了，他比我大三四岁。准备将斯贝发动机用在轻型轰炸机上，但 603 所没有很快接上去。弄了不少方案。对轻轰，也有人唱对台戏，哈尔滨 122 厂也有想法，603 所也有想法。最后是将 122 厂设计科的人也调到 603 所，但距离方案还差得很远。

确定歼 6 后继机方案

我们还是转到歼 6 后继机的方案论证上，当时原则上选用两台 811 丙发动机。

部里是不同意歼 6 后继机的，后来军方正式提出了战术技术指标，基本上是按 811 丙发动机方案提的，这样一来，就要对技术方案进行评审。我们提的是两台 811 丙，全机重量在 8 ~ 9 吨。有人提出用一台 910 发动机，排了一个方案。还有人提出选用歼 7 用的两台 815 甲发动机，这就相当于大马拉小车，不比用两台 811 丙的性能差。

1976 年，方案争论得很厉害。那时已经是"四五"事件以后，沈阳带队的是省工办的一位处长，满口都是四人帮的语言。审查一方是国防工办、总参、空军，军方听了很不满意。原来他们是赞成用两台 811 丙的方案，这样一来，影响到军方的态度，最后军方否了用 811 丙的方案，转用一台 910 发动机的方案。但事情并不是那么好定的，辽宁工办顶着，就这么拖下来，最后也停下来了。

性能确定以后，就要选用电子设备，要用雷达。但当时瞄准具也不行，部队反映，当时的陀螺光学瞄准具瞄准以后要跟踪几秒钟才能发射武器，从瞄准到射击的这段时间还比较长。当时瞄准具解算主要用的是陀螺，有惯性。美国已经采用热线瞄准具，可以计算出炮弹轨迹，把预测的轨迹压在目标上，就肯定能命中，现在的苏 – 27 飞机上都装有这类喇叭口形式弹道线的瞄准具。这个方案交给了 613 所研究，但不能定下来，挺伤脑筋。

歼 6 后继机定方案的时候，对电子对抗这些都不甚了解。那时我对航空电子确实不熟悉，只能听专业室的，而他们都没有出过国，也很少见到国外新的航空电子杂志，虽然知道一些当时战斗机的电子设备，但对前沿的电子系统更不了解。部队能提出电子战的问题，是因为他们有一些便利条件。空军订货部的人在 20 世纪 70 年代，陆续出国看过一些展览，对国外的东西有所了解，而我们在"文革"这段时间里，连外国的杂志都看不到，信息与人家差一大段。所以歼 13 的飞机性能虽优于歼 6，但设备不如国外 60 年代的战斗机。

1973 年考察斯贝的时候，原来向英方提出要看看 F－4，但根本是看不到的，连老的飞机他们也不让我们看，所以，对新的东西只能听空军的。而空军说的东西，连老五所（即现在的 014 中心和 613 所）也只掌握老式的瞄准具。那时最熟悉瞄准具的是 613 所的一位副所长，姓李，他是哈军工一期或二期毕业的，是瞄准具的权威，但他也不清楚。他已经去世了，很可惜。

电子的没有人搞。虽然我们有 607 所，但还是靠电子部，780 厂、782 厂都是电子部的企业，出去调研就找这两家。电子对抗更不要讲了，六院根本挤不进去，任务都是电子 29 所在搞，他们任务很多。但说实在的，在这方面他们也没有多大的本事，就是仿苏联的，弄了一段时间进展不是太大。

发动机还悬在那儿，"四人帮"倒台之前，还没定。

改用 910 发动机

1976 年 11～12 月，910 发动机地面试车有起色。叶正大对 910 发动机还是很关心的。当时我正在北京出差，与 410 厂的一位设计科长在协调 811 丙的事，突然接到叶正大通知，要我去工办，而且还不能让 410 厂的人知道，实际是要把 811 丙撬掉。我只能对 410 厂的同志说有新的任务，非去不行。于是，与 410 厂的讨论就停了下来。

赶到叶正大处，他对我说，910 发动机现在看来有希望，歼 6 后继机（那时已经定了叫歼 13）能不能换用 910。按计算在保证歼 13 性能的前提下，910 发动机是可以用的，但机身很大，横截面直径超过 1.45 米，画出来不像是高机动性的战斗机，座舱只能与后面贴平的，不能鼓出来，后视有困难，样子很难看。我不太愿意。叶正大说，要支持，要我好好做方案，并慢慢地与 410 厂脱离关系。

1976 年年底，国防工办正式下文，歼 13 配用 910 发动机，这样就全定下来了。工作逐渐开展，要准备开方案论证会，所里也在加紧按 910 发动机安排总体方案论证计算。

就这样做到 1978 年年初，部里通知，要我去接收米格－23。由 112 厂的副厂长唐乾三带队，我、二所的张恩和、613 所的邹盛怀参加。通知上说，当时某国答应，给我们一架米格－23，你们去接回来，而且将有关资料带回来。

那年，国家召开科技大会，原来所里已经定了我去参加的。后来所长认为我要出国，他就去参加了。实际上当时还没去成，因为要等驻外武官的话，而一直没有消息，我就参加了徐昌裕搞规划的工作，在二招工作，所里应该知道这个情况。

对于所长去参加科技大会一事，所里好多同志还贴了不少大字报，认为他的做法不合适。我对这些不太在乎。

一直干到 7 月，突然接到通知，外方的飞机可以给我们，要我们赶紧去。我什么都来不及准备，到了北京，借了一套衣服就走，借来的时候，也没有细看，后来才发现，那条西服裤子已经旧得快磨破了。

接收米格－23

到那个国家是晚上，大使正好在接待张爱萍，他从欧洲考察路过，也知道这件事，晚上招待我们时，他嘱咐我们要好好干。负责接待我们的使馆武官孙丕荣，是一位老革命，曾经担任过骑兵师的师长。

第二天早上，什么情况也不了解，使馆没有人陪，只有外方的联络员来接我们，唐乾三坐一辆伏尔加小轿车在前面，我们坐在一辆面包车紧随其后，就这样出发了。转了半天，也不熟悉路，就由人家带着走，最后到了机场。进了机场，看到了米格－23飞机，他们安排人给我们介绍。然后，同去的人中间有的与外方工人们研究如何分解，我就到资料室看资料，并开出要资料的清单。连续三天，早上出发，到了机场后开始工作，中午吃一点午饭，极其简单，就只有一个肉饼。这里的食堂原来是接待苏联人的地方，屋子很大，到处都是一层黄沙。渴了，就到一个瓦罐里舀水喝。就这样，翻了资料，也了解了飞行模拟器等。后来使馆拿来一些我们要的资料，其中瞄准具和雷达的说明书都很薄，不讲原理，只有几个数据。

第三天，将飞机分解了装船，由外方士兵拆卸，我们的工人也看了他们是怎样操作的。分解后由卡车运到码头，装到远洋货船上。负责船务的一位同志是林伯渠同志的孙子，他与唐乾三商洽了运输方面的事。当时担心苏联方面会拦截，还做了伪装，最后很顺利地运了回来。

当时外方给的资料，使馆方面的意见是不能随身带回，要请外交信使带回国，但最后还是我们自己带了回来。

飞机运走以后，我们几个管资料的人，继续留下来，等待我们向外方要的资料，特别是米格－23的飞行手册。在外方等资料的时候，我就顺手翻译了米格－23说明书的第一册，发现米格－23用变后掠翼付出的重量代价太大，只有在中低空用中等后掠时机动性略优于歼8，高空高速性能远不如歼8。在消化看到的资料时，我注意到其中有些引用文件，按照这个线索，我又提了一个资料清单，请他们提供。孙武官很好，亲自找了外方空军参谋长，按清单催要。他很认真，几乎每星期去催一次，但对方推脱再三，过了一个月，我们不能再等，于是就准备回国。转来的资料原来是有一个专用的黑色包，我们换了一个普通的包，就这样随身携带了。

我们乘日航的飞机先飞到卡拉奇，到了后得知下午有一班埃塞俄比亚航空公司的班机到北京，我和张恩和就乘这个航班回到了北京。

到北京后，吕东部长很重视，要我们马上去汇报，问我们看了以后到底有什么感受。我别的没有太注意，就是感到米格－23的发动机太好了。重量轻、尺寸小、油耗少，但推力要比910高，推重比也比910大。吕东部长要我表态，到底这个飞机有什么好处，我说："我对变后掠翼没有兴趣，整个机翼靠一根钢梁支撑，重量代价太大，感觉最好的是发动机。"当时管发动机的油江副部长也比较积极，提出测仿，他对910也不太感兴趣。这样，410厂厂长程华明的积极性来了，任务还没下，也没给钱就开始了测绘，还组织了材料协调会。我们就按那个发动机，算了歼13飞机的性能，果真性能很好。

但这样一来，就把910给憋死了。后来，张恩和对人说，他们所里的人叮嘱他，以后千万别跟顾诵芬一起出去，去了就没好事，就被装进去了。以后这个发动机定为78号机，后改称涡喷15。

我和张恩和关系很好，我们是1977年6月参观巴黎航展时认识的，1978年是第二次。后来，到80年代初，我们外交方面与苏联的关系不是很好，就想利用美国的技术改歼8飞机（是邓小平访美回来，军委的人又去后提出的）。美方同意提供F－404发动机，用他们的雷达改装歼8。我们和GE公司谈，我参加了，二所还是派张恩和，他说肯定还是会被我装进去。以后美国反悔，又不给发动机了，所以没有影响二所新发动机的研制。

新歼方案

歼13这样多次演变，换上涡喷15以后，上升速度几乎与水平速度一样为300米/秒，机动性就更不用说了。我们据此提出了下一代歼击机的战术技术指标，后来总参要了这些数据，还正式批发了文件，引用的就是装了涡喷15的歼13指标。

1981年，空军司令员见邓小平的时候，提出空军没有好的战斗机，希望能搞新战斗机。邓小平问需要多少钱，他说5个亿。当时空军一直在考虑歼8以后，搞一个什么飞机，对歼13空军是不满意的。1982年，空军想买法国的"幻影"2000。法国人也知道中国空军缺少理想的战斗机，达索公司花了很多钱招待，包括一批高干子弟在内的考察团，到法国去考察。先是达索公司来人介绍，朱宝鎏去听了。高镇宁副部长意思要我也去，我当时正忙于歼8Ⅱ样机审查，是关键时刻离不开，就推荐了李明、王忠利（后来担任了副所长，他是搞操纵系统的）二人去听，后来也参加了出国考察。

应该说，"幻影"2000飞机是很好的，但部队要使用，就要有地面设备，还要有配套的武器弹药、维护等问题，还要花钱。叶正大找了一些人，包括112厂总工程师罗时大等，在西山组织会议讨论了一个月，最后定下来是不能买。如果要买，总共要花几百亿元。

就在这个时候，以色列人知道了，他们很机灵，就来"钓鱼"，建议我们别买"幻影"2000，说可以用他们的技术帮我们搞一个比"幻影"2000更好的飞机。

考察"幻影"2000时，葛文墉同志亲自飞了，感到我们的飞机和他们的差得实在太远。如果将来和他们的飞机对抗，除非是人家犯了错误，否则我们绝对不可能把他们打下来。他（当时已是空军科研部的领导）回国不久来沈阳检查工作，主动要求到一所来，讲一讲"幻影"2000怎么比我们的飞机好。我组织了全所设计室专业组长以上干部，在一所当时最大的三楼会议室，听他讲了一课。

葛文墉同志讲的最突出的就是"幻影"2000的导航攻击系统。他说："我们现在飞远航，飞行员必须要看时钟计分秒、看速度表和罗盘，然后把地图放在膝盖上，按速度表的读数和时钟记的时间估算里程，按罗盘在地图上定出当时的位置，所以飞远航就得靠飞行员算。而"幻影"2000则已经计算机化了。

它有平显，显示目的地的指示标识，飞行员只要将指示标识对准地面目标，就飞到了，用不着飞行员去心算，这样又快又准。其次是人家的导弹导引头，可以在跑道上解锁，就能锁定目标，飞上去一发射就能把目标打下来。

葛文墉同志这样一讲，给我们触动很大。我们的军械、无线电及总体室的同志开始往这方面的技术努力了。

1982 年春，空军组织新战斗机的方案评审。我们的方案比较成熟，有歼 13 十年工作的基础，当时我认为肯定是我们来干的，611 所提交的是歼 9 鸭式布局方案。当时 320 厂的陆孝彭也提了一个方案，是变后掠翼的。三个方案都拿到会上去讨论，结果空军、海军和总参都投了 611 所的票，认为鸭式布局先进。就在此前不久，有位部领导还让人带话，说下一个战斗机还是沈阳干，当时我听了很安心，但没有想到这次评审是这样的结果。

1983 年，在成都开歼 8Ⅱ、歼 7Ⅲ 的工作会，谢光、叶正大都参加了。那时谢光已是国防科工委副主任。我猜测，不一定真实，当时他们已经下决心，下一个飞机在成都搞。当时国防科工委飞机局局长杨易正在话中露出，要在成都建一个中国的达索。

当时双方都在使劲，1984 年年初，正好是歼 8 出问题，不能过天安门，张爱萍很火。我们找了辽宁省委书记郭峰、沈阳军区司令员李德生去说话。成都方面则找了四川省委书记谭启龙，两方面都有地方领导出面。但最后是张爱萍出面定的，说："你们沈阳别干别的了，把歼 8 干好就行了。"

于是，新歼任务落在了成都。

新歼定名为歼 10，但战技术指标用的还是歼 13 的。当时发动机只能用涡喷 15，没有别的。做了几年，直到 1991 年引进苏 - 27 后，军方提出，涡喷 15 落后了，纯喷气的，油耗也大，从俄罗斯也不好买，中航技通过非洲一些国家才买了几台。这样在引入苏 - 27 以后，新歼也改用苏 - 27 用的 AL - 31F。1992 年做金属样机审查时，还是用的涡喷 15 发动机，后推翻了，改用附件机匣在下面的 AL - 31FN 重新做。以后又到俄罗斯谈购买发动机，这才保证了歼 10 研制的成功。当时也有人提出抓紧研制 10A 发动机，但明摆着 10A 不是短时间能研制出来的。

歼13走了这么一段就结束了。

新歼的气动布局方面，我们做了大量的边条机翼试验，用的是北航的小风洞，李天去做的，他是一把好手，那时已经从农村回来了，做了几十个方案的试验。最后北航整理出报告到处发表，一所什么也没有得到。

1981年以后，我的主要精力都在歼8Ⅱ上面了，歼13竞争，去法国考察"幻影"2000等，我都推掉了，没有参加。后来一所有同志认为歼13的失利与我没有更多参与新歼的事有关。

第八章　歼 8 II 研制

歼 8 以后

1979 年年底，歼 8 定型以后，空军一直在考虑后面的战斗机。我们希望是搞歼 13，但空军犹豫，后提出将歼 8 改两侧进气、换雷达，主要目标打 F－4 这一类飞机，这样比较快一些。歼 8 的目标是对抗 F－104、F－105；歼 8 II 的目标是对抗苏联米格－23、苏－7Б，还有轰炸机等，所以，必须改两侧进气，雷达性能好，发动机不能用涡喷 7 甲。

当时黎阳（460 厂）测仿了涡喷 13，推力比涡喷 7 甲高 10%，号称 66 千牛，而歼 8 用的高温涡轮涡喷 7 甲只有 60 千牛。用涡喷 13，飞机性能肯定上去。黎阳很积极，请我们的人去看。我们搞发动机的室主任，还有总体室的杨凤田他们几个人去看了，回来以后（1979 年下半年），开始考虑歼 8 改两侧进气，用涡喷 13 发机。

那个时期，我正在应对歼 8 的定型。

一次住院经历

1980 年年初，开始酝酿歼 8 II，需要到部里汇报，那时我已经接手管歼 8 II 了，正在筹备的时候。当时老的歼 8 还有问题，要协调雷达等问题，事情比较多。

1980年4月13日那天，我在主持讨论，已经决定了当晚我与杨凤田去北京，向王其恭副部长汇报。为了落实晚上的车到底定了没有，我从开会的桌子边向外跑。这个屋子不小，但摆放比较凌乱，我走得又急，一下子被黑板架绊了一跤，面朝前摔倒了。当时觉得很难受，自己下意识地想站起来，但站起来以后，就失去知觉，身体往后一翻，又一次摔倒，头部重重地碰在水泥墙壁上，一下子就失去了知觉。

在场的同志急忙找来了急救车，把我抬了上去。在车上我不时呕吐，李明陪在我身边，用他的棉手套接住，我就往他的手套里吐。送到医院，经抢救，醒了过来。我就想着晚上出差的事，心里明白现在这个状态自己肯定走不了了，于是告诉杨凤田继续准备，去北京找管德。

杨凤田与管德他们向王其恭副部长汇报。那次汇报，确定了歼8Ⅱ的方案。

我出院后进了大连空军的疗养院，同室的是空四师的政委。据说是曹里怀副司令员亲自批的，我才能住进空军的疗养院。

住了两个月，接到徐昌裕通知，要我跟他回访美国的NASA，还要我做报告。我当时是想出去走一走，觉得我现在这种情况，出去走一走可能会比住疗养院更好一些。出访工作并不紧张，但要做报告，准备起来就麻烦一些。管德将这个任务布置给了李天，请他帮我弄。1980年6月，我正式出院了。看了李天搞的文章，觉得还不很合意，于是做了修改，翻译成英文，又花了些功夫，边写边译成英文、边打字、边准备图片。总算搞完了，拿到六院去汇报。

徐昌裕很关心我的身体，我表示没有什么大问题。他看了稿子，觉得可以，只是出于保密的需要，要求将稿子里面直接涉及型号的地方要抹掉。

回访 NASA

这次回访是根据中美两国科技合作协定进行的。

1980 年的 6 月，NASA 副局长洛夫莱斯等一行 10 人，曾经来华参观了 621 所、112 厂以及北航等 18 个厂所院校。9 月，六院对 NASA 回访，由徐昌裕为团长，一行 11 人。在 NASA 所属兰利、路易丝、爱姆斯、德莱顿等四个航空研究中心，我分别做了报告，题目是高速飞机的空气动力设计问题。冯钟越讲强度，颜明皋讲材料，张守恒讲飞行模拟器。美国人很好奇，很想知道中国人是怎样设计飞机的，正好我讲的都是这些内容，所以他们听得很有兴趣，各个中心都要我去讲。

第一站是兰利、第二站路易丝中心，后来试飞中心也要我去讲。我用的幻灯片是 35 毫米拍照用的胶片制作，但他们还回来的时候，我发现包括幻灯片的纸边框已经不一样了，我想他们肯定把这些幻灯片全都拷贝了。

在爱姆斯中心，最后一站也要我讲。他们兰利中心空气动力室的主任要一份我的文字材料，我不怎么愿意给，找了副团长韩宽庆，他的意思是可以给。我们这个团从美国直接到了慕尼黑参加国际航空学术会议（ICAS），在这个会上，见到美国兰莱气动中心主任，我就给了他们一份材料。

刚出去的时候，坐在车上我还有点晕乎，后来身体就完全正常了。

遇到小学同学蔡为仑

在这次回访中，我见到了分别 40 余年的小学同学——蔡为仑。

蔡为仑是复合材料专家，在国际上也是知名的，1980 年曾来我国讲学，我看到通知后就对一所要去参加听课的同志说，他是我小学同学，见到后代为问候。

虽然我在燕京附小只读了四年，但我回上海后，他和我一直通信，互寄照片，直到 1941 年珍珠港事变后，我们才停止了书信往来。抗战胜利后，又开始了通信，我知道他进了燕京大学学机械。1948 年夏天，他给我最后一封信，告诉我他去美国了，以后就音信全无了。

1980 年，回访 NASA 华盛顿总部时，NASA 的结构部主任告诉我，我的同学蔡为仑要见我。我说，能不能先与他通一个电话？他说不必了，到了空军莱特基地就能见到他了。

后来我们访问莱特基地时，他果真来了。

他的模样没怎么变。当时在场的人开玩笑地要他指认我，他拿出我小学的照片来认，总算没有认错。我们住在莱特基地的军官招待所一个套房里，两人各一室，中间是共用的起居室和厨房。他给我准备了不少点心和饮料，晚上我们长谈各自经历。他说复合材料技术，因为他搞得比别人早，所以出名了，也出了一些专著。他和我们代表团中的颜鸣皋同志（621 所总师）是耶鲁大学同学，和冯钟越的哥哥也很熟。

在莱特基地参观期间，他一直陪着我们，他当时是美国空军材料研究所的首席科学家。参观中，他送给我几份资料，有新版美国空军飞行品质规范，虽是公开的，但当时国内还没有订到。另外，还有北大西洋公约组织关于飞机结构安全系数的会议录等。

1982 年，他又回来讲学，我请他给一所讲复合材料结构设计，他还给我们买了一台当时还很先进的编程计算器，专门来算他的设计。他参观了一所的结构试验室，当时我们正在做复合材料的垂尾，但国产的钛合金螺栓总是做不好，他答应回美国后给我们买了寄来，后来果真给我们寄来了，我们终于做成了歼 8 的复合材料垂尾。

1985 年，为"82 工程"事，我又一次去莱特基地，再次与他相遇。那次他的夫人在市里开了一个中式快餐馆，他特地招待了我们全团一次。那一次去，我还到他家里做客。当时外事纪律很严，不能一人外出，我拉了一所的黄昌默同志一起去。他给我们展示了他讲课制作幻灯片的全套设备，已经全部数字化了。编制教材用微机，然后将微机编排的内容再打印到胶片上，效率很高。我看了很羡慕。当然，现在用 PPT 要比那时的技术先进多了。

1988 年，已经是中国航空学会秘书长的王南寿请他，我们又见了面。他每次来国内讲课，都会把他写的书送我。

他在复合材料结构设计上很有造诣，除多次回来讲学外，还在美国为我们培养研究生，并帮助我们搞复合材料结构。

2000 年以后，我们就再没有联系了。

开始歼 8 II 设计

开始进入歼 8 II 设计的时候，牵涉到一个问题，装什么设备定不下来。我们进行调研的时候，也有各种不同的看法，比如雷达，用 780 厂的还是用 607 所的？

但整个方案还是画出来了，方案有了以后，报到部里，部里报到国防工办，何文治（注）副部长很重视，决定歼 8 II 研制用系统工程方法来管理，用了"三坐标"论证、"四坐标"管理等现代管理方法。他很重视系统工程管理，专门到五院请教，因为航天的李绪鄂部长与他是同班同学。

做了这些准备以后，决定歼 8 II 上马，报到国防工办，按系统工程管理，要有总设计师、总指挥。国防工办下文任命我为总设计师，何文治为总指挥。

1981 年 5 月，在北京地质学院开了一次会，课堂做会议室，宿舍做招待所，花了不少钱，部的行政经费不够，不能在那些地方开会。怎么办？部办公厅说，601 所垫钱，然后开个什么条。这是我第一次知道上面的开支由下面垫付的办法。以后开这些会都是基层付钱了，不是部的行政出钱了。

那个会规模很大，基本上把雷达、导弹都定了。当时决定，雷达分两步走，第一步用 208 单脉冲雷达；第二步用脉冲多普勒雷达，由南京 14 所设计。首飞 1984 年，1987 年应该是定型。原想是 1986 年用 208 雷达定型，1989 年装上多普勒雷达。

因为雷达作用距离远了，拦射要装的雷达制导的导弹霹雳 4，这是在设计歼 9 时候提出的，实际是仿制美国 F - 4 的麻雀 - 3，让五所（即现在的 014 中心）

仿制。"文革"中，五所将仿制工作停了，因为歼9也停了。现在歼8Ⅱ要，他们也要恢复，那个导弹用的电子器件还是电子管的，必须改。

五所在导弹的研制方面也摇摆了很久。1978年随吕东考察西欧的时候，他们想引进英国的闪光导弹，与"麻雀"弹差不多。他们一直渴望与国外合作，但那次没谈成，自己的东西后来也没有做好。最后意大利插一手，说他们的"麻雀"弹可以卖。按说应该是五所来搞，但谢光拍板，只能上海航天局与意大利合作，因为上海航天局有钱，而我们的五所手上没钱，这样，中程拦射导弹被航天吃掉了。近距格斗的就是霹雳8已经引进了生产线，有把握，但远程的只能等上海航天局。但上海航天局弄了半天，没有解决问题，后来决定就不要了。

雷达是780厂做的，很费劲，性能不好。选用雷达的时候，613所的夏英明（当过613所的副总师，现在也退了，徐昌裕很欣赏他）很有头脑，他一直对我说："不能用208，要用607所的小317。"小317后来是装到了歼7Ⅲ上。但我没有坚持，因为那些事基本上是部里的人和工办航空局定的，特别是雷达牵涉到部外，就由工办航空局的杨易正拍板，只能用780厂的。后来歼8全天候型飞机交到部队以后，空一所自己改成用317。208雷达的作用距离，探测5平方米目标只有30千米，距离太近了。

歼8Ⅱ飞机

1983 年，歼 8 II 已经有样子了。

1984 年年初，国防工办（那时已经变为国防科工委了）准备与美国合作，这就是所谓的"82 工程"。

注释：

何文治，1931 年出生于陕西省乾县阳洪村，1952 年毕业于清华大学航空学院。1953 年加入中国共产党。1952～1980 年，历任南昌飞机制造厂设计所技术员、技术室主任、主任工程师、设计所所长兼党委书记，景德镇直升机研究所所长。1980 年起任航空航天工业部副部长、兼任新飞机研制系统工程办公室主任、大型客机（Y10）首飞组长、歼 8 II 飞机研制总指挥。

曾兼任航空航天工业部科学技术研究院院长、中国航空学会副理事长、全国质量协会副理事长。

关于歼 8 II 设计中的技术问题

1. 两侧进气道的设计

开始歼 8 II 设计用两侧进气，我们比较有底。一是 1965 年，在分析 F - 4 残骸时，对它的进气道做了大量风洞试验和计算分析。另一是 1978 年获得米格 - 23 飞机后对它的进气道也做了大量分析，除进气道性能外，还对斜板调节做了研究，这样歼 8 II 进气道采用了两种飞机的所长，如进气道的压缩采用了三波系而非米格 - 23 的四波系，这样既简化了结构，也提高了低速性能。为保证进气流场的均匀性，在进气道入口学米格 - 23 加了两片导流板。为了保证进气道的低速性能，下部进气唇口加大了圆角半径，这样在大迎角时也不会发生唇口气流分离。在调节上原来想学米格 - 21 机头进气道，当大马赫数飞行收油门时，将进气锥伸出并打开放气门防喘振。歼8Ⅱ原想把压缩板角度加大同时开放气门，但实际试飞中发现这样更容易出现发动机喘振，于是歼8Ⅱ在大马赫数收油门时只打开放气门。歼8Ⅱ的进气道在试飞中一直很稳定，部队使用中也正常，没有反映过问题，可见有10多年的大量预先研究还是成功的。

2. 飞机的方向稳定性问题

采用两侧进气后，机身在翼根前的部分增长了800毫米，其结果使飞机大马赫数方向稳定性明显下降，这是因为加长机身的方向不稳定度明显增加，而且其增量是不随马赫数变的，而垂直尾翼的方向稳定性随马赫数增加而下降，因此，如果垂尾面积不变，歼8Ⅱ在马赫数为2.2时的方向稳定性余量就不够了。如若增大垂尾，后机身的弯矩、扭矩都要加大，即增加后机身重量。最后还是参考了米格－23，采用了可折叠的腹鳍，当起落架放下时腹鳍收起；起落架收起时，腹鳍放下。这样保证了飞马赫数为2.2时有足够的方向稳定性余量。为了保证收放机构的可靠性，副总师宁树权同志亲自主持了几百次的液压收放试验，开始调试时还发生故障，到正式试验则通过了几百次的无故障运行，这样才准予放飞。

3. 关于飞机的阻力

两侧进气道增加跨、超声速阻力是不可避免的，这也证实了歼8设计时我的担忧，歼8Ⅱ吹风结果零升阻力系数增加了0.006（约为歼8的20%），这是很可观的一个数值。怎么办？想尽一切办法减阻。当时歼8Ⅱ采用两门ГШ－23炮，在进气道前、机身下部打了两个大鼓包，后来总师助理杨凤田同志想了个办法，是否减一门ГШ－23炮，为了不减小火力，翼根再加两个挂架挂两枚小型导弹霹雳5。这个方案在歼8Ⅱ样机审查时向空军提了出来，最后取得了空军的同意，但是歼8Ⅱ的阻力系数还是比歼8增加了0.003～0.004。因为发动机推力增加，所以还是能够飞到马赫数为2.2。

4. 关于改善飞机的横侧操纵性

歼8部队使用飞机横滚性能不好，但歼8的机翼已无法再增大副翼面积了，只能利用差动平尾来改善横滚性能。引进的米格－23有差动平尾功能，是用机械复合平尾的对称和非对称操纵，结构复杂而重。当时主管操纵系统的设计员是施继增同志，他是 1958 年北航毕业生，后来长期在部队帮助解决歼 6、歼 7 力臂调节器故障，所以他对机电传动的操纵系统很有经验，另外对研制力臂调节器的厂所也很熟悉。他提出来歼 8 Ⅱ 的差动平尾采用电控复合操纵，与附件厂一起提出了一个既可靠又简单的方案，后来就按此实施，用到现在还没有听到任何故障反映。这是比较成功的创新设计。

5. 关于飞机全系统集成的问题

叶正大同志总结歼 8 等研制经验，认为新成品用得太多，这架飞机必定要拖长研制进度，最好新成品不超过成品总数的 30%。我也同意这观点。但不用新成品，新飞机不可能有进步。回顾过去拖进度，最重要一点是成品研制单位不太确定主机的要求，这些要求往往是主机所设计员和成品厂所设计员私下定的，这样就容易随意改动。于是，我就从国外的系统工程管理办法中，规定了一些制度，即总体初步设计完成了，要对各分系统提出按一定格式的规范，包括功用、性能指标、重量、尺寸、风量等，要尽量具体。再由分系统向各成品附件单位提出规范。用了这套办法后，把整个飞机研制工作集成为一个系统。因此，在歼 8 Ⅱ 研制中成品附件研制的返工基本消灭了。我们科技处还专门成立了成品、附件科，由原操纵系统室副主任赵永贵同志负责。这样我们的成品附件都及时按进度保证质量提供，保证了歼 8 Ⅱ 的首飞进度。

经过这样的组织，使每个成员单位都觉得在歼 8 Ⅱ 研制中，我也是个成员。过年时，我们以总师单位的名义给各单位发贺卡，特别是首飞成功后，我们给每位设计师发了证书，证明他在歼 8 Ⅱ 研制中所担负的工作。大家都想要，没发到的还专门来信要。我深深体会歼 8 Ⅱ 的研制确实是调动了各厂所的积极性才取得的。

6. 歼 8 Ⅱ 设计中的计算机作用

歼 8 Ⅱ 一立项，管德同志就抓了购置大型计算机的工作。当时买好机器很困难，要多道审批，既有经费问题，也有进口许可的问题。我们当时能买的就是 IBM4341 这类中档机，还得通过新加坡转口引进。经过管德的努力，总算在

1983 年引了进来，专门建了机房，赶上颤振计算和强度校核。

为了加快发图进度，一些烦琐的计算希望不再用算盘和计算尺，特别是结构图计算重量，工作量大。管德想了个招，赶紧派人上深圳去买科学计算器。当时派了两位对计算器较了解的设计员赶赴深圳买了上百个计算器，这样一来大大加快了发图速度。

我当时还想了个招，结构检查强度，要把结构点的数据用尺量，一点一点地取数据，效率很低。后来我发现国外标航线线路用的数字化仪很方便，想用这个设备来加快结构强度计算需要取数据的进度。于是 1982 年我向部里打报告，要了 10 万美元向美国订货，可是因为审批手续烦琐，进口拖了进度最后没能用上。

总之，设计歼 8 Ⅱ 时也确实需要数字化，但是当时的条件十分困难，除强度和颤振计算外，最有效的还是确定外形模线，在一所的 441B（每秒几千次的数字机）计算机上算了模线数据以后，交 112 厂，但 112 厂没有大的绘图仪，这样就由模线设计员每周去北京两次，在 625 所的绘图仪上绘制明胶板模线，拿回来做样板，这比设计歼 8 时效率提高几十倍，而且质量也好，样板很少返工。

7. 关于试验室建设

叶正大在一所时，老怀念"文革"前国家批准的"六院一所建设任务书"，但部院合并后，把建一所的经费都挪用建三线了，所以一所只有一个做飞机部件的静力试验室和一个做液压、燃油试验的系统试验室。特设方面，只在炮校留下的炮库中做些小型试验。歼 8 Ⅱ 的系统比较复杂，特别是航空电子和电源等方面，经上面同意建一个电源试验室，半个火控雷达综合试验室，一个航炮用的地下靶场和改建一个液压铁鸟台，一个燃油系统模拟试验室，这些都为保证歼 8 Ⅱ 研制起了重大作用。

其中最突出的是操纵系统试验室，原来计划中没有，但歼 8 Ⅱ 又有自动驾驶仪和差动平尾，还怕在伺服气动弹性上出事，助力器还得做阻抗试验。室里的同志建议把原来修汽车用的炮库改建，但这也需要经费。正当我一筹莫展时，科工委邹家华副主任来一所检查工作，科工委杨易正局长叫我向邹副主任提，当时估计只需要 18 万元人民币，很快得到了科工委的批准，这个试验室也很快建了起来，为歼8Ⅱ的首飞和以后 ACT 课题研究都起过不少作用。当然现在一所在"82 工程"、"83 工程"和"995 工程"的支持下，又建了很多更先进的试验室，把原来的几百亩玉米地全盖上了试验室，为一代代新飞机做出了贡献。

82 工程

1984 年年初，我们歼8Ⅱ飞机还没上天，但都已经完成了总装。这时候，美国来了一组专家，其中有美国空军飞过 F – 16 的飞行员、空军系统工程部的人，还有一位美驻华使馆的空军副武官。这位武官很有意思，名叫翁以顿，是清末翁同和的曾孙子。英文当然是很棒的，已经入了美国籍，但他穿着我们的中山装，头发也是与我们一样的，如果走在街上，真分不出他是中国人还是美国人。他们一起来考察歼8Ⅱ，是我介绍歼8Ⅱ的概况，然后看飞机，当时正在做地面试验。

F – 16 的飞行员看了很高兴，他说："你们的飞机比 F – 16 强，机翼很光洁，没有前缘控制面，后面也没有那么多啰嗦的事（指多缝襟翼）。"最后他评价，说就像是一辆高级轿车，但装的是吉普车的仪表。他们表示，下一步我们可以帮助你们改成全新的东西。

决定进一步谈，于是安排了回访。当时莫文祥要我跟他们一起去，我说歼8Ⅱ很快就要飞了，我去干什么？没有答应，就让搞特设的副总师邱宗麟去了。朱宝鎏、葛文墉全都去了。与美方正式讨论如何搞。

美国人的文件制度是非常严格的，什么东西都需要要有明确的文字要求（写成上百页纸）。他们来考察的时候，我们方面配了一架专机，从北京到南京，连电子部 14 所都考察了。美国空军安排了一位女性工作人员参加陪同考察，她带

给美国飞行员介绍歼8Ⅱ飞机情况

参观（右一为顾诵芬）

了一部手提计算机，带打印机，体积很小，打印速度很快，在飞机上就完成了报告等文字工作，然后不耽误与我们一起考察。我是第一次见到，很羡慕有这种设备，很希望我们也能配备一台这样的设备。

5月，他们出去考察，我还是在家盯住歼8Ⅱ的首飞，6月12日，歼8Ⅱ顺利实现了首飞。7~8月，美国人又返回，提出要来我国实地考察各种设施，包括附件仓库、机场设施、技术保障等，给了详细的要求项目清单，我们接着准备。

当时，中央已经决定将歼8Ⅱ让美国人改装。

美国方面来的人，在生活条件上也有要求，例如尉官至少有 35 平方米以上的住房等。他们提出的要求中，最麻烦的是图纸和接口控制文件，主要指我们的系统如何与他们对接。接口控制文件都是表格，要填写，如陀螺出来的线的规格、输出电压、电流，环境条件，如温度，输出端口与什么连接，接口的电气性能等，很厚的一摞。只能发到各室去干，各室都被动员起来干。当时大家的英文水平不很高，还要帮助翻译，同时还要接待考察，准备工作量相当大。

何文治副部长认为应该货比三家，单靠美国不行，他又约了英国的马可尼公司和系统工程公司，法国的达索公司。他们也陆续来介绍改装方案，以色列也想吃这块肉，也写了建议，认为他们会非常快地为我们解决问题。所以，我们还得招架这四个方面来的人。每次都要听他们的意见，给的材料都很厚。通过与他们的接触，我们也了解和感受了现代的、新的电子综合应该是怎么办的。

当时特别挠头的是串行信息综合，所谓 1553B 总线，软件很烦琐，应该如何编码，那些码代表什么信息，等等。一所没人能编，于是，我就找了西工大的康继昌教授，他是我大学的同学，是搞计算机的，对串行总路线比较熟悉，请了他作顾问。他提出了一个办法，用几台微机连起来，他来教大家如何编程。前后花了几十万，就这样开始与美国人合作搞"82 工程"。随后就是输送一批批的人去学习，也是为以后培养了一些技术干部。

虽然美国人明确了不交软件源程序，但我们还是学了不少东西。一所李明同志接手后，总线技术掌握得较好。我不掌握电子综合的关键技术，只注重了飞机性能、机械系统，觉得在电子方面自己不行，也带不出这些人来。

波音公司军机部的经理是一位华裔，但不会讲中文，名叫古木檀。他在二战时期是美军的地勤人员，他对我们很好，很爱国，愿意帮我们掌握。但美方也将他列为重点人物，一直不让他出来。1986 年 3～4 月，他借美国堪萨斯市与河南省结为友好城市的时机，以友好人士的身份出来了，我们邀了他去沈阳 112 厂参观。交谈中，他问我们所里有多少人在搞电子，我说有 100 多人，他说远远不够，至少要有 1000 人，说明那时航空的重点就应转电子方面了，而不是在机械方面。

科工委主张，将歼 8 Ⅱ 全盘交给美国。

1985 年，赴美考察，我那时还没有离开一所，也参加了。很大一个代表团，部里飞机局的王若松副局长、谢光、何文治、空军副参谋长朱续宝也去了。但那时没有定在什么地方改装。代表团考察了格鲁门、麦道、诺斯罗普公司、波音公司等四家公司，最后协议是与美国空军签订，由美国空军负责招标并交付改装的系统。谈判是在美空军设在莱特的系统司令部，在专门的一间保密谈判间里进行，很严格，关起门来全部密封，谈一两个钟点就要出来透透风。美国系统司令部，相当于我们管装备的部门，领导是麦克皮克空军中将，谈的过程中不断与我们讨价还价。我们要求雷达有捷变频能力，那个司令就出难题，说我们的雷达都没有这个能力。当时我陪谢光一起谈的，谢光问我，是不是这样的？我说 F-16 的雷达就有，在中东战争中，就靠雷达频率捷变生存。他先不同意，最后谈下来了，改成雷达频率可以快速变化，能够适应现在电磁战环境下的作战。他们有一个文职，是个博士，做文字工作，我们到雷达厂后，他从莱特基地赶到我们那里，改这一句话。

通过这次，发现他们有严格的要求和规范，可靠性、安全性、维护性、保障性都有军标，而我们还没有。他们提出这些就按照他们的要求来办。后来一所就按这些干的。

紧接着，1989 年"六四"事件以后，这个任务彻底丢掉了。

这件事情，首先是失密。我们有两架歼 8 Ⅱ 飞机给了美国，还给了一段金属前机身样机，是把做静力试验的歼 8 Ⅱ 机身前段整修后给他们的。虽然最后都送回来了，表面是保密的，实际是给台湾人看过的。电子综合技术跟人家差得太远，只能是吃这个亏，合同里就明确讲了，软件不给，只能看。

军委定这件事情的时候，军委领导都在。有一位领导说了一句话，人家不给，自己去看……

现在回过头看，"82 工程"把一所搞电子的技术人员给培养出来了。李明带出了一些人，孙聪等都去了，这一批人掌握了航空电子综合方面的技术。后来，一所还帮别国把美国的 F – 5 火控系统改成综合化，说明真正掌握了这项技术。

关于歼 8II 的一次事故

1993 年 8 月，112 厂在歼 8 II 出厂试飞时发生了一等事故，试飞员刘刚同志不幸牺牲。

刘刚同志是一级飞行员，他勤奋好学，有一定的理论水平。歼 8 模拟式 ACT 是他首飞的。

这次事故是在飞高速时，飞机突然失控，而且速度也减不下来，飞机以超过 1000 千米/小时的表速撞在山上，撞得粉碎。除平尾大轴和发动机涡轮盘外，没有整件。刘刚同志没能跳伞出来，只留下飞行服的一小片布条。

为什么会出这样的事故？据俄米格 – 21 的失事记载，也有类似大速度后，飞机减速减不下来而造成飞机失控，称为超声速失速。现在的对策只有控制飞行速度，绝不能超过极限。

一次事故征候

2000 年春天的一个下午，我正好参加中航集团科技委向集团总经理刘高倬汇报，突然质量司的同志闯进来报告刘总，说在空军的一架歼 8 飞机在地面发生机身 42 框上机翼梁腹板断了，所幸飞机没有飞。我听了很惊讶，歼 8 飞了不过几百小时，怎么就会出这样的事，这是我们设计的耻辱。虽然我当时已不担任歼 8 总设计师了，但我感到自己还是有责任，因此向刘总建议，即请 621 所派人去空军检查断裂原因。因为 621 所有电镜等检查设备，这是主机所没有的。621 所总师吴学仁和管失效的副总师陶春虎很快赶到现场，三天后给出了结论，主要是大梁腹板没涂足够有效的防腐漆。歼 8 和歼 7 的软油箱成分不同，因要减重，所以歼 8 的软油箱材料中硫加多了，与铝梁腹板长期接触而使梁的腹板腐蚀。

原因找到后，601 所很快对现役歼 8 采取了防腐和加强措施。不到两个月的时间，歼 8 飞机又能重返蓝天，621 所功不可没。

第九章　离开601所

当了一段时间所长

歼8Ⅱ上天以后，那个时候号召搞民品，当时所长主张大抓民品，我则表示了不同意见。我认为歼8Ⅱ刚上天，怎么可以把人都抽去搞民品。于是，在所领导班子内部就有了争执。后来何文治副部长来仲裁，把所长撤了，让我当所长。我对何文治说："我没有这个能力，干不了这个事，而且我要管歼8的事，也没有这个精力。"何文治态度很坚决，说："不当也得当。"并且说，你提出的问题可以这样解决，给你配助手，管行政。于是，我提到了王忠利做我的第一助手，他原来是管操纵系统的，在考察"幻影"2000的时候，我是请他去的。他是所里的劳动模范。部领导的本意是这样可以让我从行政事务中解脱出来，集中精力管科研技术，但全所的重大问题由我做主。

当时我还面临一个问题，就是我的母亲1967年去世以后，父亲一个人在上海。1970年以后，除1975年海城地震外，每年父亲都是到我这里团聚过春节，但随着他年龄越来越大，身体也越来越弱，实在不能坐那么长时间的火车，所以也就成为了我的一个越来越大的问题。

80年代初，父亲恢复了工作，80多岁的老人，身边没人照顾，所以总想让我回上海去。上海图书馆派了人事干部，专门到沈阳找所里协商，所里初步表示同意，但部里不放我。最后莫文祥部长折中了一下，决定将我调到北京，担任部科技委副主任，这样我就可以把父亲接来北京照顾。

父亲顾廷龙

1985 年定了以后，我没有马上离开沈阳，原因在于当时"82 工程"进展不是很顺利，张爱萍在一次会上发了火，说"82 工程"的负责人不能随便调动，出了问题工程负责人是要承担责任的。这样一讲，部里有点犹豫，就没有立刻调动，所以真正调我到北京是在 1986 年 10 月。

那是 1986 年年初，部里召开企事业领导干部会，会议期间，王其恭副部长找我谈。当时，王副部长比较明确地说到了科技委王南寿同志年纪大了，需要有人过来加强一下。

交接工作

要离开所了，部里选接班的所长和总设计师，我推荐解思适接任所长。他是搞强度的，我认为他最合适。搞试飞的时候，我们在一起，他待人诚恳，工作非常负责任。他当时是强度室群众海选的室主任，在所里有很高的威望，无论人品还是业务水平，都是全所公认最好的。

总设计师只有李明来当，他是最恰当的人选。

1986 年 10 月，我在 601 所的工作开始交接。工作交接很快，完了以后，我就来到了北京。

与 601 所设计室同志合影

第十章 参加 "863" 的工作

来京后第一项任务

到了北京后，交给我的第一项工作就是参加 "863 - 2" 的项目研究。

"863 - 2" 的背景大家都知道，我就不多讲了。当时中央批准的《高技术研究发展计划（863 计划）纲要》从世界高技术发展的趋势和中国的需要与实际可能出发，坚持 "有限目标、突出重点" 的方针，选择了生物技术、航天技术、信息技术、激光技术、自动化技术、能源技术和新材料7 个高技术领域作为我国高技术研究发展的重点（1996 年增加了海洋技术领域）。有几个项目是国防科工委负责的，其中之一就是载人航天，这个项目交给了航空、航天两个部门，对载人航天这个领域的研究成立了专家委员会。首席专家是航天的屠善澄，他是1956 年从美国回来的老专家。还有王永志、朱毅麟，航空方面的有我和李志广，还有 29 基地的黄志澄。搞了空间站，就要搞科学实验，所以专家委员会里还有科学院搞微重力科学的专家胡文瑞。

这个委员会下面设了两个主题：一个是天地往返运输系统；一个是空间站。

我是很突然地参与这个项目的，对航天方面的有些东西其实很不了解。当时航空部方面是何文治副部长在抓，我进这个专家委员会是他推荐的，航天方面是李绪鄂部长在抓。

"不能蹬自行车上月球"

当时载人航天的项目，中央是赵紫阳直接过问的，我记得有一次传达他的指示精神中，有一句话，意思是说，不能蹬自行车上月球，一定要用先进的东西。

那个时期，对载人航天的课题形成了世界的潮流，也就是研究如何快速地进入空间的问题。联邦德国的方案是搞水平起降，两级入轨，下面是一架高超声速客机，马赫数为6，在上面加发射火箭的轨道器，由飞机运送到一定高度后，再用火箭输送入轨。美国人的思路是单级入轨，水平起飞，直接增速到马赫数25，称为 X－30，但干了10年，到90年代末，由于技术方面的原因，没有成功。英国人也搞了与美国相似的方案，即在大气层里，提取氧气并液化做火箭动力的燃料，搞水平起降的航天飞机，称为 HOTOL。

在这之前，何文治已经布置了628所搜集相关资料，要快所以不要求翻译过来，将原文发给大家看。部里还组织了一个小规模的课题组，601所、611所、623所、618所都有人参加。那时我还在所里，601所气动室有一位同志参加了这个课题组，他叫陈德生，是1967年哈军工毕业的，在气动室工作，是李天的手下，很遗憾的是他以后出国到加拿大定居了，所里就由杨凤田同志接过来，组织了四五个人。在航空方面，601所做的比较多一些，611所当时忙于歼10飞机，也不可能有大力量投入这个课题。

组成专家委员会后，一开始就是调查研究，先调查国内的情况，确实走了很多地方，上海、西安、航天的067基地（在陕西的山沟里，是搞大型火箭发动机的），北京地区的几个研究单位也跑了一下，航空系统的去了601所，西安的623所等也都看了。

接下来就集中在一起讨论整个计划的发展蓝图，到底该怎么走？

参加国际会议

这个委员会是 1987 年正式成立的。1987 年 9 月，欧洲召开载人航天会议，本来应该是首席专家屠善澄参加，但他跟着宋健去参加世界工程师会议，就让我代他参加，两个主题组也各安排有几个人参加。那次屠守锷（两弹元勋）也去了，那时航天一院似乎已经从航天部游离出来，位置是比较高的，屠守锷是会议特别邀请的，随我们一起去。

在这个会议上，法国人介绍了他们的方案是用火箭打一个飞行器上去，像航天飞机一样，第一级是火箭，然后打一个带机翼的火箭动力飞行器。我倾向于他们这个方案的思路。但搞往返系统的人都主张打飞船，这样的方案挺省事。

1988 年的时候，胡文瑞同志应邀访问苏联，苏联比较开放，他们讲，买一个"联盟号"飞船，只要花 2 千万美元。所以，委员会内就有人认为何必要自己花几十个亿搞飞船。

我们几个都不太同意再搞飞船。我觉得打一个带翼的航天器需要有更高一点的水平，值得一干，而飞船的方案则是人家都已经干过的。两种不同意见，是打带翼航天器，还是直接打飞船，委员会内争论很激烈。

1991 年年初，李鹏抓这件事，他找了任新民（航天专家、两弹元勋），请他调查后出点子。任新民调研后，说在我们国家这种状态下，也就只能是打一个飞船。他认为，打飞船的技术难度我们还能做到，打带翼航天器技术难度太大，难以实现。于是就从上面压了下来，说中央的精神是采用飞船的方案。

1991 年，这一届委员会到期，我和李志广就退出了。

在这个委员会里面的工作主要是搞一些调查，做一些分析，带有管理性质，但对技术也要有所了解，所以通过参加这项工作，学到了不少航天方面的东西。

看来走飞船的路是对的

在这个 "863－2" 委员会，经费是比较充足的，有了几次出国考察。1987年9月参加欧洲载人航天大会以后，又有第二次到德国考察，了解了他们的两级起降飞机。第三次出国是1988年到印度，参加国际空间会议。应该说，在航天方面，印度人是比较舍得花钱的。我们去了班加罗尔，那里是按照空天研究城的设想构建了很多研究所。我们去的时候，空间站试验室已经基本建成，他们都带我们参观了。

对于德国两级起降的方案，何文治是非常欣赏的，我也很赞成。

当时航空部还有一个任务是搞干线客机。我也参加了一段时间的论证工作。

1988年8月，在北戴河开会，当时已经是航空航天部了，林宗棠部长带队去汇报。何文治提出了航空部的三个8年设想，也就是第一个8年搞成干线飞机，第二个8年搞出超声速客机，第三个8年搞两级起降的载人航天飞行器。这个设想遭到了航天的人的嘲笑，现在看来这个想法确实是脱离实际了，到现在干线也没有干成功。航天搞的 "长征" 2号捆绑式的设想，屠守锷早就有想法，他们提出后，李鹏批给航天系统大概2000多万元经费，一年多时间就搞成功了。

我们的设想中，实现起来最困难的是试验设备都没有。要搞到马赫数8以上，气动数据测也测不出，算也算不出。现在回想起来，当时的提法有点大跃进时期的味道，像1958年要设计马赫数3以上的飞机一样，后来还是退下来了。

看来，当时中央采纳了走飞船的路，这么一直走下来还是对的。

第十一章　关于主动控制技术

负责主动控制技术（ACT）研究

1988 年，航空与航天合并成立了航空航天工业部，又建起了航空航天研究院。何文治在一次会上讲，要发挥专家的作用。于是，何文治安排我去做副院长，去抓主动控制技术（ACT）。这是 1978 年徐昌裕副部长做航空科研规划时列入的项目，已经开展了一些工作。1984 年以后，部内有些不同意见，尤其是 611 所，认为新歼的方案中已经有了主动控制技术的内容，没有必要自己继续开展研究。

在那以前，618 所等也在搞研究，主要是靠 609 所，做的是模拟式的。但需要进行装机试验，就找到沈阳，改装歼 8 飞机进行试验。部科技局当时还组织了课题组，601 所的负责人是李明。李明的做法是步步为营，稳步前进。他组织了一些人到部队进行调研，对飞控系统组成部件的可靠性等进行详细了解，尤其是电控部分，如力臂调节器等，对其可靠性进行统计分析，还找了人来教飞行力学。当时我还在所里，主要精力在歼 8 Ⅱ 上，对这个项目没有过问。

1988 年，何文治明确要我来管这项工作，同时在研究院里组织了专门班子，要金淑慧任处长，专门负责这项任务。何文治考核了许多干部，都不是很理想，最后还是定了金淑慧。她是老六院的人，在北航学自动控制，60 年代初毕业于北航自动化专业，已经管这项工作多年。

虽然这项工作已经开展了一段时间，但当时我接手的时候，可以说是一盘散沙。一方面 611 所一直在强调没必要继续搞下去；另一方面，李明忙于"82
工程"，长期驻留在美国，所以这项工作主要是靠金淑慧在协调，组织 601 所室
主任一级的人在搞，核心是 609 所，王复华所长是很尽心的，还有 618 所。

当时的国防科工委对这个项目也不是很支持，项目组内也有很多矛盾，人
员之间团结也不好。我就靠金淑慧尽量把大家合拢起来。

第一阶段的试飞

首先遇到的是经费问题。

为了经费问题，我专程去拜访谢光同志，他那时已经是国防科工委的副主
任了。他的心胸还是很大量的，听我介绍了情况，问我需要多少钱？我回答：
"6000 万元"。这在当时不是一个小数目，但谢光一口就答应了。这样一来，经
费有了保证，这是一个先决的保证条件。

那时，有研究院这个机构，研制经费抓在手里，对几个研究所都好调动一
些，而且那时研究所对赚钱的观念也还不是很强。

第一步是先搞单轴模拟式的，解算都是靠模拟电路，由王复华他们搞。作
动器都是工人靠手艺加工制造，由于没有一台好的机床，全靠钳工老师傅加工，
干得真苦，加班加点，一点点调出来。

1988 年，我还兼着"863 – 2"的任务，在联邦德国考察航天飞机，因为
ACT 演示验证机要试飞，我就提前回来，赶到了沈阳。609 所去了好几个主管工
程师到沈阳，那是真干的，每天就那么趴在飞机上检查调试。112 厂试飞站的人
我比较熟，还比较容易调动。

装机后，对系统进行了几次调试，也出了一些问题。歼 8 操纵系统抄的是歼
7，放飞前，检查飞控系统，通电准备的时候，按照系统设计，在检查变力臂
时，驾驶杆不动，水平尾翼应自动往下转一个角度，包括前缘的位置也有一个

调定的数据。结果开车后一测，调好的数据不对了，大家有点慌。我说："可能是由于开车后，后机身的温度发生了变化，引起这些机械位置数据发生变化。"停车后过一段时间再检查，还是原来确定的参数，看来这个分析是对的，大家放心了，就算过了一关。

在系统操纵室

在地面来回试了多次，比较理想，就决定飞了。飞过后，试飞员评价表示满意，飞行操纵比较顺手。

回到北京向何文治汇报，何文治问："飞起来了？我还以为飞机摔了呢！"他这样说，是因为那时候世界上试验主动控制技术的几个国家摔了不少飞机。出了好几次事，瑞典的 SAAB 公司 JAS.39 摔了两次，美国的 YF－22也摔了一次。

全数字的也飞起来了

相比较起来，模拟的还是比较可靠的，除非设计电路出现错误。但模拟式的只是一个试验，不是最终的目的。要做到实用阶段，还是要靠数字计算机控制。这个难点在于软件的编写。那时，老去找 232 厂原总工程师沈景新的夫人

——北航的姚老师请教。

那时真正搞软件，还是靠631所。为了保险起见，他们编出后，再请另外的人检查，如601所的李陆豫同志。这当中起主导作用的是631所的所长周耀荣和主管研究员贾忠。1988年，模拟式试飞成功。1990年年末，全数字的也飞上天了。

当时压力是很大的，总有人说做这些没有用。但部里支持，几个所也都重视，特别是618所。在改装调试过程中，最麻烦的是调试，他们派人到沈阳来，一来就要逗留几个月的时间。

在当时的条件下，做传感器之类的器件困难很大，我们国内连线性电位器都做不好。

一个有利条件是苏联在解体前后，他们穷得不得了，有一些小的部件，花一点小钱就可以从他们那里买到或请他们制造。精度高的，像速率陀螺传感器就只能到法国去买。1986年，618所开始做方案，进行地面试验时没有陀螺，当时是管德当部里科技局的局长，他对我说："你们601所搞ACT的钱花不完，可以先拿出来借给618所去法国买陀螺"。我们就借给他们几百万，那时618所的所长是冯培德。

当时控制律、计算机软件、作动筒这样的部件都是自己做，传感器等是买国外的。

开展国际合作

金淑慧担心我们的技术不过关，因为好多情况确实不熟悉，1985年他们曾经去向德国咨询过，请了德国的一位老专家来讲过不少课。

1988年我接手后，他们还是感到没有把握，提出要想办法找国外的合作单位。当时英国人搞成了一个试验机，法国的"幻影"也搞成了。于是，我就决定去找这两个国家。我说法国比较方便，当年随吕东部长去法国，与达索公司的技术总裁打过交道，有些交情。

当时研究院管外事的是王知，他很有办法，去法国驻华使馆找到了武官，他曾经与这位武官在一些外交场合见过面。这位武官面临要卸任，很希望能为自己卸任以后找点事做，所以很热心。王知请他带信给达索的这位技术总裁。我们同时还找了英国的马可尼公司。

就在谈的过程中，发生了"六四"事件，西方国家对我们实行了制裁。

1989年11月，王知想了一招，他先找了法国这位武官，说是想去达索公司参观考察，武官楞了一下，没有回应，看到这种状况，王知对法国人讲，英国已经同意我们去了，这样一说，法国很快做出反应，表示同意。以后，与英国方面交涉，他们也犹豫，王知说："法国的签证已经办了。"于是，英国也很快就给办了签证。这是"六四"以后的第一次出国。

由于与达索的老板有交情，他尽量放开让我们看，但当我们提出要看"幻影"2000飞机时，他们不同意。那次除了达索在巴黎的几个研究机构外，还到马赛附近，看了达索的飞行试验室，还看了他们在那里的可做全机试验的微波暗室。当时去的几个人对舵机部件看得很细，还有余度管理等问题，如何试飞试验等都问得很细。

看完法国又到了英国，英国管得比较严。通过中航技，我们找了马可尼的董事，他常来中国。那次他们安排不能进厂参观，都是在外面谈的，把相关的部件拿到会议室来。

我们一起去的人中有李明、张汝麟、宋祥贵（他的英语比较好），631所去的是所长周耀荣，还有601所的李天。这是金淑慧安排的一组力量很强的专家队伍，看后大受启发。

法国人是真心想跟我们干。1991年年初，他们派了一组人来沈阳调查，但最后没有落实实质性合作研究项目。原打算请他们看看我们的软件行不行，但他们嫌赚的钱太少，没有进行下去。与马可尼也没有实质性进展。我们对自己做的事，总有些不太放心。

1992 年，与俄罗斯的合作开始以后，ЦАГИ 答应给我们审查一下系统方案，包括所有的软件，他们也干过电传操纵系统，而且还有飞行模拟器。所以，在我们放飞以前，俄罗斯专家来评审过，他们认为不会有什么问题。这样我们也就放心了。

摔了一架飞机

1992 年冬，112 厂试飞大队长赵士兵同志在单轴主动控制验证机上首次实现了不稳定飞机的安全着陆。为了飞机后重心配到焦点后面，将两个机翼油箱加满了防冻液。当时我在塔台，清楚地看到平尾前缘向上的着陆过程。

赵士兵同志下飞机后，我们非常高兴，晚上我和魏金钟同志（现集团公司科技部部长）买了瓶竹叶青酒对饮，我因为实在高兴，喝得大醉。

1992 年，单轴全数字的电传操纵系统放飞，112 厂的飞行员都认为很好，唯有蒋德秋同志飞过以后，感到存在一些问题，他那时已经是部里试飞局的总工程师，是非常棒的飞行员，再加上试飞院的黄炳新，也是试飞英雄。两个人反映的意见一致认为，对于第一次飞的飞行员，如果没有好好学，比较危险，这个系统太灵，弄不好要摔飞机的。

他们飞的时候，我不在沈阳现场，他们飞回来后，金淑慧让我去听他们的意见。

应该说，对当时那一段 ACT 的研究进展是很顺的，金淑慧的想法是想尽快把这项工作推上去，所以希望请空军多几位飞行员来飞，以便在部队用的歼 8 飞机上推广，但空军迟迟没有回复。对金淑慧的想法我开始是赞成的，但听了蒋德秋他们的意见，我有些犹豫，对她说："不要催空军"。谁想正在这个时候，杨凤田在阎良有机会对林虎副司令说了，请空军派两位飞行员试一试，林虎很快就表示同意，结果空军派了两位试飞员，一位是空军十一航校的王景利，还有一位是空一师的周祖贵。

那一次，正逢歼8Ⅲ上马，在沈阳开论证会，林宗棠部长等都在沈阳。当时我也在沈阳，一是参加歼8Ⅲ论证会，还有就是ACT的事。

毛病出在给试飞员的培训太潦草，半天就完了，这么复杂的一个系统，都没有太讲清楚。

第一个起落是王景利飞的，很顺利，降落很平稳，我在场。第二个是周祖贵，落地时蹦了两下，才停下来。晚上讨论的时候，我问到底好飞不好飞？王景利说，自己没有什么感觉，就这么稀里糊涂地下来了。周祖贵说："着陆时还是得仔细点。"

那天晚上，我们还一起去看望112厂歼8Ⅱ的首飞试飞员曲学仁，他是很好的飞行员，在厂里给人诬陷后，不得已转业，那时他已经转到市里百货公司任支部书记了，我们一起去看望了他。

第三天飞的时候，为了详细了解和记载飞行状况，采用了遥测方法。当时112厂不具备条件，还从兵器部一个单位借了一台遥测车，将一些传感器装在飞机上，这些传感器也是兵器部这个单位的，价值不菲，买一套大概在百万美元左右。这样，试飞时，飞机上的情况及操纵偏度等地面都能掌握。

那一天，天气不是很好。我当时已经定好晚上回北京，下午就没有去机场，在做一些回京的准备。突然来人告诉我，飞机摔了。我急问："飞行员怎么样？"说是跳伞了，情形是很危险的，离地面20米高度，在飞机倾斜状态下，跳伞成功。但落地时，膝盖磕在了胸部，肋骨受伤，我们先去看望了试飞员王景利同志。

飞机是全烧了，兵器部的遥测传感器也全搭进去了。当时金淑慧不在现场，知道以后哭得很伤心。

我马上组织分析事故原因。飞行员讲，当时的情况是，拉杆操纵时，飞机的状态失去控制。经过对测试记录的分析，原因是在飞行员的操纵超出限制的极限值后，系统就锁死在那个位置，而此时的水平尾翼还在下偏的位置，飞机继续往上仰，没法拉回来。这个问题在于控制律没有考虑周到，过量卡死后，应让水平尾翼回中，最后归罪于软件设计的问题。

何文治是管这件事的，我在向他汇报时，他说："一定要搞清楚，到底为什么会这么灵"。在那一段分析的过程中，我把注意力都集中在这一方面，在看过一些国外的资料后，认定了控制律设计有问题，应该说研究不够。

普通飞机俯仰姿态控制时，驾驶杆拉到哪个位置，机头就应该停在哪个位置，但这个控制律不是这样设计的，实际控制的是飞机的俯仰角速度，你拉杆停在一定位置时，俯仰速率不再变了，但俯仰姿态还会继续增加。就像是横侧操纵一样，压杆以后，副翼偏了，飞机会出现坡度，这时必须赶快回杆，否则会继续往下转。正常的人工操纵是这样，但计算机操纵时忽视了这一点。

问题出在这个系统控制的是俯仰角速度，而不是控制姿态角。应该在系统中加入迎角反馈，但没有加入，说是迎角不好测。但即便不加迎角反馈，至少也应该有一个过载反馈。

3月摔了飞机，到7~8月，把事故原因弄清楚了。其实这些问题，601所早就翻译过这方面的资料，可能是没有人认真看。

坚持进行下去

单轴试验摔了飞机，三轴的还干不干？这是一个很严肃的问题。

当时已经由王昂副部长负责抓这件事了，他支持我们继续干。这样，在以后就又进行了三轴的研制工作。

在这项任务中，我主要是抓管理，组织协调和给大家打气，还有就是找咨询。最后临放飞前，我去了俄罗斯，请他们看了，他们的工作很仔细。三轴吸取了单轴的教训，1996年飞了起来。应该说，这项工作做得是不错的，这要归功于金淑慧同志，当然也有很多同志付出了努力。

在 ACT 研制的过程中，有两位参加的同志去世。一位是618所的钳工梁师傅，他加工制造作动筒很拿手。当时他患病在身，但坚持工作，加班加点，不幸于 1989 年去世。还有一位就是 601 所的孙新国研究员，1991 年春节期间，他在办公室加班。那一天下大雪，谁也不知道他去加班了，家里人也不知道。晚上没有回家，最后人们发现他倒在设计室门外的廊檐下，身上覆盖着一层白雪，已经去世了。他是 1964 年北航自动控制专业的毕业生，是学导弹飞行力学的，工作很认真。现在想起来，这两位同志的去世令我感到很沉痛。

这项工作，在组织管理方面，主要是靠金淑慧，没有她是不行的。金淑慧很不简单，她的爱人是 232 厂的一位老工人，患了癌症，但她忙于工作，没能抽出更多时间去照看，直到丈夫病危，才去医院护理了一段时间。丈夫去世后，她又全身心地投入了工作。

1993 年，研究院撤销，名义上还保留，由新组建的航空工业总公司一位领导兼任院长。我写了报告上去，ACT 项目该交给谁管？没有得到回音。我本着个人的责任心，还是顶着干。部里科技局对这项工作不很配合，局领导可能有点成见。而且经费也成问题，总不到位，被别的课题挪用了。

到 1996 年，报了成果以后也就结束了。

崔德刚后来当副局长，但也说了不算，真正干活的还是金淑慧，勤勤恳恳地支撑着。现在几乎没人知道我们还曾经搞过 ACT 的研究，其实这是国内第一个使用 ACT，摔的歼 8 是我国第一架放宽稳定性的飞机。

通过那一次工作，锻炼出一批人，后来 618 所还给 320 厂的教练机 L－15 搞了 ACT 以及新型飞机搞电传都是这项研究打的基础。

第十二章　关于气动力数值计算

最初的尝试

1973 年，我在 601 所又负责气动力工作，从那个时候，我开始致力于推动气动力数值计算。在设计"东风 107"时，我就认识到，如不掌握先进的气动力计算手段，你就没有办法预测新飞机的气动性能，这也可以说是一个教训。

当时美国刚推出了波音公司的两份技术报告，介绍了能计算高亚声速飞机翼身组合体跨声速小扰动有限基本解的方法，这需要大型计算机，当时只有上海有。那时，罗时钧教授已"解放"，正在搞这个课题，于是我再次请他来沈阳，给我们讲一下。通过他的讲解和看美国资料，气动室载荷组的同志开始了数值计算的尝试。但当时介绍的方法对边条翼分离流还是不能解，因此我们也就放了下来，气动布局主要还是靠风洞试验。

再次推动

1988 年，我担任航空研究院副院长后，决心再次推动气动力数值计算（CFD）的研究，当时任务放在研究院飞机处，由处长樊玉辰同志管。

樊玉辰是 1966 年哈军工毕业的，在六院及到后来在科技局一直主管气动力工作。他还是国防科工委气动专业组（后称 7201 办公室）的成员，与院校和 29 基地搞气动力的同志都比较熟。

我们决定请 631 所副所长周天孝同志牵头，组织了一个组来研究一套适合飞机初步设计用的数值计算软件。周天孝擅长搞数值计算，是研究院最早的博士生导师。在当时调查中，发现数值计算大部分只能做没有分离的，基本不考虑黏性的势流计算，而且程序都是个人开发的，也只能由编写程序的个人自己去算。当然这种线化理论的计算，比靠查手册计算要准些，特别是对于复杂平面形状的飞机。因此，当时决定对国内已开发的程序进行优选，然后由 631 所加以前后置处理的改造，最后形成一套飞机初步设计可用的程序。

从 1991 年开始，最终大概是在 1996 年完成的，称为 ANSS 系统，还获得了国家科技进步奖。

631 所的专长是计算机编程，但对气动特性不很了解，一定还要依靠院校特别是西工大的帮助。在周天孝同志积极推动下，终于在 1997 年，631 所建立了部级"空气动力数值计算重点实验室"，周天孝为实验室主任，我当了他们"学术委员会"的主任。后来航空研究院的影响越来越小，科技局主管空气动力的力量也越来越弱，这个实验室的作用也就越来越淡了。

始终未死心

1997 年，西工大副校长华俊同志到航空工业总公司担任科技局副局长，他是 CFD 方面的专家。我建议他抓一下 CFD 的工作，因为当时可用并能买到的 CFD 商业软件已很多，但是怎样选择很重要。我建议他组织国内专家，如北航教授李椿萱院士等到法国达索公司去看看他们在用什么软件。达索公司管 CFD 的贝赫尤和我有些私交，贝赫尤还是南航的名誉教授，为南航培养了不少研究生，通过他可能掌握一些西方设计部门用的 CFD 软件的详细情况。华俊接受了我的建议，组织他们赴欧洲作了详细调查，但没有做出肯定结论。

很遗憾的是，华俊不久就离开科技局出国工作。但我对发展我国航空用 CFD 始终未死心。

2000 年，国防科工委副秘书长毛德华同志抓整个航空工业的数字化工程，他把方案送给我，要我提意见。我发现他们的方案中，在采用数字化工程加快飞机研制进度方面，只重视了三维造型、计算机辅助设计和制造、设计一体化工作，恰恰没有提到飞机设计开始阶段所需要的气动力数值计算。整个方案主要依托 301 所和 631 所。

我受邀参加了对这个方案的评审。在评审会上，631 所副总师吴广茂同志向我推荐了白文同志，他是周天孝副所长的博士生。白文同志年轻、肯干而且能广泛收集欧洲的一些 CFD 软件。我和他面谈了一次，觉得他是个人才，于是向科技局做了推荐。

2001 年起，我在科技委又以咨询课题形式开展了"发展我国航空 CFD"的研究。我组织了气动院原总师程厚梅和白文同志，对国内航空业界 CFD 工作的现状做了详细调查。

90 年代中期，美国开放 CFD 软件市场后，向我国推销了不少 CFD 软件，航空工业各所各自为政，都买了不少软件，甚至于出现同一种软件，在同一个所的两个研究室各买一套的情形。而且各所基本上都处于买了软件就只是临时用一下，对于软件的全貌及可信度并不了解，距我们想要用它设计先进飞机方案的目标差得更远。这样的现象，连软件供应商都感到难以理解，向我们指出了。于是程厚梅和白文以科技委咨询报告的形式上报给了集团公司领导。当时主管军机的副总经理耿汝光同志很重视。2006 年夏，专门召开会议听取汇报，但会上做出的决定布置下去后，收效不大。后来，因为中航一集团公司领导层的更迭，这项工作又推动不下去了。

我当时的想法是把已购软件筛选一下，用来认真算一算我们现有型号的气动力数据，看看哪些可靠，适合设计用，在此基础上，再进一步发展成为设计新飞机的常用工具。后来集团公司新上任的副总经理张新国兼任航空研究院院长，也感到 CFD 研究的重要性，于是在研究院建了 CFD 中心，由白文任主任。为了加强这项工作，最近又将华俊从加拿大招聘回来，任研究院副院长，主抓 CFD。看来航空 CFD 的研究与应用会有希望。

从 1958 年，邝厚全同科学院计算所、北大他们一起干算起，一晃已经 50 多年了，希望 CFD 研究有好的结果，能为我国飞机研制设计的创新做出贡献。

第十三章　对俄合作

启动阶段

1989 年下半年，苏联来了一个航空代表团。当时我们航空航天部与苏联航空工业部有两个合作机构，两个渠道，姜燮生副部长负责一组，何文治副部长负责一组。那次来的是科技合作组的，带队的是苏联航空工业部科技局局长巴特可夫。他们的科技局很有权威，带来了苏联几个大研究院的负责人，有空气动力研究院的院长扎卡伊诺夫、试飞院的院长瓦西里耶夫（他原是米格－31 飞机的总设计师）、发动机研究院的院长奥格罗德尼科夫（可能也是苏联科学院的院士）、标准化研究院的负责人等。

谈到合作，第一步是先做调查，以航空研究院的名义，由张耀副院长陪着在全国走了一圈。他们在北京的接待我参加了，到外地我没有去。一起陪同的有王知、萧宏迅。王知负责航空研究院的外事工作，与张耀是同班同学，当时任航空研究院外事处处长，他确实是一个很能干的人。

张耀回来告诉我，说巴特可夫讲，航空研究院必须研究飞机总体方案，像我们现在这样各所搞研究，无法综合在一起，最终形不成一架新飞机的总体方案。而苏联的研究院是在总体协调下面，各研究院的东西综合在一起就是一架新的飞机，提醒我们要注意这个问题。

其实，半年前我就给张耀写过建议，提出了与此相同的意见。我建议组织飞机总体研究的班子，而且这个研究只能由研究院自己来管。

1990 年 9 月，以航空研究院名义组织回访，又在全苏联跑了一圈。我也参加了回访，但只是待在莫斯科，去看了莫斯科的几个研究院——空气动力研究院、试飞院、发动机研究院等。发动机研究院院长的办公室给我印象很深刻，他的房间里挂着世界上各个著名的发动机研究院——英国的发动机研究院还有罗·罗公司、美国的阿诺德工程发展中心、普拉特·惠特尼公司的研究机构鸟瞰图和实验室照片等，显示了他们要跻身世界最优秀的发动机研究院的雄心壮志。在空气动力研究院一个大的会议室，我们看到了他们研究院的立体模型图，一目了然。

巴特可夫很热情，一直陪着我们。

最后谈合作，ЦАГИ 的院长顾问比施根斯院士也参加了，老朋友见面，他谈起当年在沈阳一起工作的事，兴高采烈，还送给我他的几本著作。他们提出将研究下一代新飞机的方案作为一个合作题目，比施根斯的意见很明确，希望还在沈阳进行具体合作。

按第三方案进行

1991 年的 3 ~ 4 月，来了一个 ЦАГИ 的代表团，比施根斯院士带队，带着各分部的主任，到沈阳看了 601 所和沈飞，也介绍了他们研究院的技术进展情况。当时苏联方面管得还是很严的，有严格的规定。来的人当中有一位是气动方面的专家，名叫伊罗多夫，技术上很有权威，他看过的吹风资料很多，对飞机气动布局非常了解。他在介绍的过程中，时不时要回头请示比施根斯，问这能不能讲，那能不能讲。他只来了那一次，以后再请就请不出来了。

最后，比施根斯谈到合作形式。他说："对下一代飞机方案研究，可以有三种合作方式：第一种，双方合作设计一个中苏两国空军都需要的飞机。但要做到这一点，就要说服中苏两方面的空军；第二种，由苏方协助设计一个中国空

接待苏联代表团

军需要的飞机；第三种，就是中方设计方案，苏方（指 ЦАГИ）进行方案评审，按照审查苏联的飞机设计局提交方案的方式进行。"他还说："前两种方式需要发生费用，最后一种方式属于科技合作，则不需要花钱。"

当时在沈阳，航空研究院的领导只有我在，我当即就表态，按照第三种方式进行。比施根斯同意了，并安排当年 8 月，我们带方案到苏联去，提请审查。我说："可以。"

中苏气动、 强度学术会议

我们与苏联还有一个合作项目，是一个中苏双方的科学家和工程技术人员关于气动和强度的学术交流性质的会议，双方已经确定第一次会议在新西伯利亚召开。1990 年 4 月，我找了 601 所的李天、626 所的李光里等几个人去的。

会开得很顺利也很成功。

我记得那次去住的是勃列日涅夫休养地的房子。4 月，天气还非常冷，暖气不足，冻得够呛。晚上我只能到厕所旁的一个小房间睡了一个晚上，因为就那一间屋子还暖和一点，虽然很小，就那么凑合了。

更严重的是，4月1日，正好是戈尔巴乔夫搞币制改革，整个新西伯利亚买不到面包。幸好，ЦАГИ的副院长、党委书记巴甫洛维茨带了一盒饼干，我们早餐就只能就着一种饮料吃点饼干了。

在新西伯利亚航空研究院，他们主管气动的副院长给了我一份他写的单行本资料，是讲苏－27气动设计，我一看，觉得实在是太棒了。那天下午，大家上街去买西服，我没有去，自己一个人在房间里，用了一下午时间翻译出来。这篇文章是刊登在苏联的《航空技术》杂志上，是一个单行本，应该还有更多苏－27飞机的文章，我很想能得到全本杂志。

会议开完，回到了莫斯科，他们告诉我，比施根斯院士要见我。见面以后，比施根斯问我还需要些什么？我就告诉他，有没有可能给我找到这本杂志。比施根斯说："没有问题，这份杂志不保密，已经公开发行了。"于是，他就安排他的助手（后来担任了ЦАГИ的副院长）苏哈诺夫给我找了几本这种杂志。这个杂志上有一个专辑，专门讲苏－27飞机。那时我们刚引进，对苏－27还不是很了解，这本专辑对气动、颤振、强度、结构、控制……都讲到了。我拿回来就交给了628所，他们翻译后也出了一个专辑。讲得很全面，连飞控系统的控制律和结构全都讲到了。

到莫斯科后，他们接待也很困难，给我们住的是儿童夏令营的营地，房间里的设施、木头床等都很简陋，吃的也很不好。那时，苏联的生活真是很困难。但他们的接待还是显出了友好热情。

在苏联政局动荡之中

与比施根斯确定了合作方式和日程后，我就催着601所尽快拿出设计方案。按照原来定好的时间节点，1991年8月基本上有了一个可以提交审查的方案。但就在8月，苏联方面发生了政变。

第一次政变是在 8 月 19 日，苏联副总统亚纳耶夫发布命令宣布，戈尔巴乔夫由于健康原因已不能履行总统职务，自即日起由他本人代行总统职务。这个消息当然令人震惊。

但就在这个时候，比施根斯来电报，问我们何时赴苏，他要到机场去接。

时间仅过了 3 天，21 日，戈尔巴乔夫又宣布自己已完全控制了局势，并恢复了一度中断的与全国的联系，苏联国防部决定撤回部署在实施紧急状态地区的部队，苏联内阁发表声明，表示完全执行总统的指示。

这时，比施根斯又来电报，询问我们何时到苏联去，他自己去接。

在这种情况下，部里同意了由李天同志带 601 所的几个人去。

他们到了 ЦАГИ 以后，比施根斯接待非常热情，请他们参观了所有的试验室，一个个都向他们做了详尽的介绍，收获很大。

李天把我们的设计方案亮给了他们。

那次，比施根斯说了，原来确定的是不需要中方付费用，但现在他们的经济状况非常困难。按照这一次提交的方案，他们大约需要 60 个人日完成审查，希望中方能付给一定费用，他开了一个价——9000 美元。李天当时没有做肯定的答复，后来他来电话请示，我告诉他可以答应。

年底，苏哈诺夫带了几个人来中国，谈了他们审查的结论意见。主要在于我们的阻力估计太小，进气道效率没有那么高，最重要的是隐身的计算差了 10 倍，我们是用的北航老师介绍的方法，那只是理论计算，与实际差距很大，数据根本不能用。还有就是重量，我们给出的数据太乐观了，实际也做不到。我们提出，为什么没有详细的评审结论。苏方讲，因为没有拿到钱，不知道是否能够兑现承诺。我们给了他们肯定的意见，是 9000 美元再加 1 万元人民币。这样说定了，1992 年，他们陆续来人介绍了对我们方案的详细评审意见。

为了准确地确认我们做出的承诺，他们提出要我们再回访一次。那是在春节期间，由 601 所所长解思适带队，王知、崔德刚（当时的飞机处处长）也去了。那一次，因为我在上海照看父亲做胃癌手术，没有一起去。

到了莫斯科以后，苏方亮出了一大批软件，告诉我们去的人说，在评审中就是用这些软件计算的，问我们要不要买一些软件。他们报价全部加在一起还不到 100 万美元。解思适他们觉得实在太便宜了，表示全部都要。他们很惊讶，你们怎么那么有钱？

克服困难、抓住机会

定了方案评审付款后，他们要来人详细介绍评审出来的技术问题，还有就是我们买软件，他们派人来教我们使用软件，这样懂俄文的人手就不够用了，1992 年上半年，真是忙坏了，萧宏迅同志亲自去办，她是北航 1967 年毕业的，学的是飞机设计专业。她不是学俄语的，但一般生活用语、工作中的对话都能对付。

这位女同志很不简单，在那么艰苦的条件下接手了这项工作。

那时苏联的经济状况很差，人们收入很低，所以请来的专家从莫斯科到沈阳都不愿意花钱乘飞机，就坐火车到赤塔，再从后贝加尔斯克过境到满洲里。据说，当时火车有的窗户连玻璃都没有，这些专家被冻得够呛，下了火车都没个人样了。萧宏迅就在满洲里这边接他们住下来，再乘火车到哈尔滨，转到沈阳。时间一久，来访的专家们见了她就像找到亲人，大声招呼——Мадам Щиао（萧），很亲热。

与这些专家交往收获很大，学到了很多东西。

谈到进一步合作，苏联方面提出，你们根据这些新的东西，将你们的方案修改一轮，然后可以由他们再进行一次评审。按照这个意见，我们对方案又进行了修改。

1992 年中旬，我们开第二次中俄学术交流会议，ЦАГИ 的正院长扎卡伊诺夫又来了。1990 年去的时候，他就知道了我对他们的设计员指南很感兴趣。因为当时他们太穷了，这次他来就想到把这些卖给我们。他说："你来，我把所有的设计员指南摊开给你们看，然后任你们挑选，需要的都可以卖给你们。"

1992 年的 8 月，我们去了以后，情况发生了变化。院长自己不出面，安排下面的人对我们说，由于是从保密室借出，打着机密的戳，所以这些设计员指南不可以全拿出来，你要看哪些，只能一部分一部分拿出来给你们看。我带了 623 所的俞树奎两个人看他们的资料，他是南航一届的，毕业后又进了俄专学习，俄文水平很好。强度部分他看，气动部分我看。

看过后，发现与我 1956 年看到的他们 40 年代的设计员指南有很大的不同，现在的设计员指南只是讲一些原则的方法，还有很多不让我们看，如一些风洞试验结果。我向他们提出，希望得到这些资料。

他们的院长正在办航展，他对我说："这些资料能不能卖，得到他们的总理那儿去批。"他说："我这里写了一封给总理的信，你如果同意，就在上面签字，说明你们中国人有兴趣，我负责送交总理，请他批准，他批下来，就都可以卖给你。"

我看过了，签了字，但最后没有了下文。

那次为买这些东西到俄罗斯去，得到了叶正大、何文治的支持。叶正大听说后对我讲，赶快去看。看过了，东西有些是不错的，但买不来，拿不到手。

请专家来合作

1993 年年初，正好米高扬设计局的总设计师别列可夫来华。那时是成都 611 所和 132 厂在搞超 7 飞机，与美国谈了很久，无果而终，屠基达、马承麟他们提出，还是找俄罗斯人，于是他们就找了米高扬设计局。那次别列可夫带队从成都去看望他们的设计人员，然后到沈阳，也来到北京。王昂副部长出面，与他们谈了合作事宜。

对于在苏联没买成资料的事，回来后我对朱育理总经理谈了这个情况，他是很有经验的，他对我说，请他们的专家到中国来，买不成资料，要买他们头脑里装的东西。这对我很有启发。在这次见面谈的时候，我就建议说，我们是不是一起来研究一下下一代战斗机的设计方案，由米高扬设计局、ЦАГИ 和我们三家组合，成立一个设计队，下面分成几个专业组，进行飞机方案设计，别列可夫马上表示同意。ЦАГИ 副院长苏哈诺夫来了，我也说了，他也同意。

我的设想是搞两个方案，一个重型的，一个轻型的，两个方案都在一年内做出来。

我们立即打报告上去，交到了部的科技局，谁想，科技局负责人都去深圳开会，这个报告就在科技局压了两个月，报到科工委又拖延了一段时间，直到 8 月，报告才批下来。

由于我们方面的动作慢了，俄罗斯方面就派不出人，到 1993 年 9 月，还不见俄方动静，我到莫斯科参加学术会议又去催，去找他们的副院长，费了些周折才见到。他说，可能是由于我们一方透露了消息，外面有媒体报道了，所以俄武器进出口委员会干预，认为这是武器进出口业务，应该通过他们。他也说，我们是科技合作，不是武器出口，所以原定的项目还要执行。这样才又继续进行了下去。9 月底，他们派人来，米高扬设计局搞战效研究的、总体的、武器的、起落架的都来了，ЦАГИ 搞系统设计的也都来了，规模很大，最多的时候，他们派出人员达二三十人。分批来，过 10 多天，来几个人，总体、结构、重量、航电等专业都有人来。

他们这些专家都喜欢来中国，可能也有在我们这里能买到一些他们需要的生活用品和家电等的缘故。每到星期六，李天代表中方给他们发钱，星期天就可以上街买点东西，所以他们对李天非常热情友好。

一直到 1994 年年初，方案设计工作才结束，春节是在沈阳过的。

当时叶正大有明确意见，中方要组织国家队，不能是 601 所一家。于是就由 601 所、611 所、620 所组成团队，主要还是以 601 所为主，在沈阳干了三个月。由于时间紧，只干出了一个重型歼击机。重型的有两个方案，一个是无尾加鸭面，一个是正常式布局。

组织了一次汇报会

工作结束了，我觉得不能就这样完，于是找到部军机局朱荣章局长，我提出应该让国内搞飞机的人都了解一下，就由朱荣章安排，在 1994 年 6 月进行了正式总结，一起策划搞了一次汇报会。请了国防科工委、空军，还有 603 所都来人听。科工委的刘胜、张耀都来了。

我方和俄方的专家都认真做了准备，讲了各专业的内容，最后总结了一个材料。谢光说，601 所还是有本事，花了这么点钱，做了这么多事。

1993 年那一段，为下一代飞机设计打了一个基础，如果没有机关的耽误，有可能一年做出两个技术方案。

再进一步的工作，ЦАГИ 的副院长苏哈诺夫说，只能把方案中的关键技术列成课题一个个来做了。就这样，1994 年以后，每年都安排课题合作，一直做到 1998 年。

1999 年做了总结，安排在北海公园的仿膳。我记得那正是"法轮功"围坐中南海那一天，过桥的时候，两边全是人，当时天还下着雨，有的人打着伞。我们是从后面进去的。

最后总结的时候，苏哈诺夫说："我们这一次把技术都给了你们，你们完全可以设计一个好的飞机。"

那段时间，比施根斯经常给我来信，我们商量着还搞转喷口的飞行力学和空气动力学研究。1996 年，我推荐比施根斯为中国工程院外籍院士。经航空研究院推荐，他荣获国际合作奖。

再往后就比较难了，研究院也没有了，就只能做到这么个程度。通过这次合作培养了一批设计下一代飞机的技术力量。

关于战效分析研究的合作

1992 年中，在与 ЦАГИ 合作、开展四代机评审时，我最感兴趣的内容之一，就是战斗机的空战战效分析。

1980 年，我看到过 NASA 兰利中心的双球空战格斗模拟器，以后，在 1986 年末，参加"82 工程"赴美调查时，在麦道公司看到过他们规模很大的空战模拟器。1987 年，我与瑞士人谈过轻型歼击机"比拉鱼"的战效分析，瑞士人告诉我，他们自己不能做，要送到联邦德国的 MBB 公司去做，那里有大的计算机和仿真实验室。这些在我们航空工业当时是没有可能的。而 ЦАГИ 向我们介绍的战效分析软件 Combat，用的是计算机。用质点运动方程模拟战斗机在空战中的运动轨迹，规定空战中常用的几种机动动作，再配上火控系统和导弹的运动方程，就可以在微机上进行一对一的空战模拟，通过十多次不同初始飞行状态的对仗后，用概率方法就可以统计出胜负比例。空战的运动轨迹可以在计算机屏幕上显示，非常方便。这个软件改变飞机轨迹和选择飞机机动动作都是由人操作。飞机基本参数，如升阻特性、发动机推力特性以及隐身特性等也都可以自己设定，用起来很方便。唯一的缺点是空战双方历程都由一个人来操作，就像是一个人在下翻开的军棋一样，操作人员的主观意志对双方胜负有一定的影响。但是，飞机的运动轨迹是由飞机的参数决定的，是不能随操作人员主观意志改变的，所以还是能反映一定的空战实际。这个软件也比较便宜，仅几千美元。601 所买了这软件，并在当时新机方案研究中使用。我感到这套软件对新成立不久的航空系统工程所（620 所）论证飞机方案还是很有用的，就建议他们从601 所移植过来。

因为这套软件仅是按质点运动进行分析，不能反映飞机的敏捷性，不能像美国的那种系统，飞行员在座舱里操纵。另外，要得出战效评判需要进行几十次或上百次对仗，用的时间也很多。于是，我想改造这套程序，可是无论当时

601 所还是 620 所都没有这个能力。我想到了西工大高浩教授，他是搞飞行力学的，另外他的同学曾颖超教授是搞导弹制导的，他们对计算机编程很熟悉，特别是对空战最后一段的瞄准方程，造诣更深些。于是，我以航空研究院名义，将三方面力量组织起来，对 ЦАГИ 的空战模拟程序进行破译和改造（这项研究的经费是从对 ЦАГИ 合作中提的）。课题组由 601 所原所长解思适牵头，大概用了三年时间，终于建立了一个可以不用人连续操作，能够按设定的初始条件进行连续空战战效分析的软件。在这项工作中，西工大的两位教授花了很大精力，特别是破译了 ЦАГИ 原来的程序。在设定初始条件时，我们还请了飞行员——空军原副参谋长葛文墉同志和空军十一航校原团长何新民同志来评审我们的作战想定和攻击瞄准方式。这套软件完成后，还给了空军第八研究所等单位。

这套软件采用质点运动方程，只能模拟飞行轨迹，整个攻击瞄准动作还要人来操纵。当时 ЦАГИ 介绍，他们还在开发一套人在回路的空战模拟软件，还包括瞄准和导弹攻击的模型，称为 TACTIC，当时还在开发中。我觉得这套软件如果能在 620 所建立，则会在将来作战飞机方案论证时起很大作用。因为，美国 F－22 设计论证时，无论在空军、飞机设计机构还是研制单位，都做过上千次空战模拟仿真，以此来确定飞机的最终的战术技术指标。

1993 年夏，我组织了 620 所和 601 所的同志，专程去 ЦАГИ 调查 TACTIC 软件的功能和进展情况。通过 ЦАГИ 介绍，去了俄航空系统研究所（这个机构是俄确定新机全系统方案的决策机构，他们那里有很大的空战模拟设施，像 NASA 那样的两个座舱双机格斗模拟器，以及飞机火控系统的地面仿真实验室。通过这次调查，感到 TACTIC 软件比 Combat 要好得多，受操作人员的主观影响要少得多。TACTIC 软件要用飞机刚体运动方程，这样飞机的运动轨迹要有人员像操纵真飞机那样，通过驾驶杆、脚蹬和油门杆来操纵，除了软件、计算机外还得有座舱和显示。

调查回来后，我向科工委打了报告。这项工程需要经费不少，几十万美元。我的意见是建在 620 所，601 所参加软件共享。

1995 年开始在 620 所安装软件并建设施。当时 620 所的室主任白丽洁同志是北航文传源教授的博士生，一位女同志，很努力，把这个程序总算接了下来。2000 年，我为他们请了空军十一航校校长李春湖和两位团长专门来试一下双机格斗的情况。他们都是飞苏 – 27 飞机的，当时软件装的也是苏 – 27 飞机的模型，他们认为与苏 – 27 飞机的性能特点有些像，还希望我们改一下，装 F – 16 飞机的参数，以便与苏 – 27 对打一下。当时是 2 月，希望 5 月再来。可是 2001 年，620 所和 628 所合并（称为中国航空工业发展研究中心），当时的领导工作重心不在这个上面，具体负责的白丽洁同志也调离了，因此后来就没有继续。我因为研究院的作用越来越弱，也没有再顾及。对比空军的空八所，他们起步比我们晚，但是空军很重视，经费也充分，他们买了一些西方的软件，再加上自己的开发，现在已建成了国家重点实验室。

第十四章　地效飞机

驻俄使馆的建议

1993 年，我们到俄罗斯访问的时候，驻俄使馆的同志推荐，说俄罗斯搞地效飞机，问我们感不感兴趣。

实际上，我们国内从 1978 年就开始在搞地效飞机了，是由船舶工业部在无锡的 702 所（水动力研究所）在搞，当时称为掠海翼船，是利用地面效应——飞机在接近地面时，升力增大，升阻比会提高。当时他们也找了航空部的人一起搞。1978 年徐昌裕搞航空科技规划时，也提到过，国外也有这方面的报道，所以我对地效飞机有一些印象。但对国外的情况，尤其是对俄罗斯的情况不很了解，那次他们介绍了一下，觉得很有意思。当时国外传出"里海怪物"——那是苏联搞的很大的地效飞机——KM 重型地效飞行器样船。

8 月回来不久，中航技驻俄办事处的柯恂（曾经任导弹局的局长）寄回了一份材料。

就在这个时候，航天部 701 所的崔尔杰同志（气动弹性专家，后为科学院院士）突然也提出要搞地效飞机，我与他工作上一直有接触，有过一些交往，所以他来找我商量。

因为是贴水面飞行，又有一点水上飞机的作用，所以 605 所有兴趣，我就把柯恂寄来的材料给了他们。后来 605 所打报告，认为有前途，值得抓。报告打给了科技委，科技委把报告转给了朱育理。朱育理又请姜部长负责这项任务，姜部长就让我弄。正好在我们接待新西伯利亚航空研究院的院长的过程中说起他们也有人搞地效飞机，可以来给我们介绍。我打了报告，姜部长批了，以研究院名义请他们来，在研究院的会议室安排向我们做介绍。我当时因为有别的事情，没有好好听。605所来了一批人，现任和离任的总师都来了。俄方讲了一周，很认真，就是翻译的水平差了一点。后来605所出了一本讲课的记录，至少把地效飞机的原理、设计要点都讲到了，所以605所开始有了基础。

李绪鄂介入

在这个时候，崔尔杰拉了605所的人一起去找了前国家科委副主任李绪鄂。那时，李绪鄂已经从航天部部长的位置上退了下来，是全国人大教科文卫委员会的副主任委员。他这个人对新东西感兴趣，而且对崔尔杰很信任。他任部长的时候，崔尔杰曾经搞过气垫船，已经有产品，跑上海崇明岛的航线。他听崔尔杰说后，很感兴趣。

崔尔杰拉了我一起去见李绪鄂。李绪鄂的意见是不要单独成立组织机构，就由航天部701所加上605所，在北京找一个地方先搞起来。

他还有一个明确的意见，是搞出东西来一定要有市场，一定要卖出去，这就比较难了。

经过讨论，确定一开始先做两条。俄罗斯有一种型号——伏尔加2号，只能坐8个人，就想在这个基础上搞15个人的，后来搞到十二三个人。

701所的专长是涵道螺旋桨，气垫船用的也是这个推进装置。而船体则是605所的专长，他们有500米的水槽，可以做水动力试验，另外他们设计过水上飞机，有经验。

资金来源靠贷款

那个时候，605 所的状况很惨，没有型号任务，要搞研制设计，连台计算机都没有。李绪鄂决心很大，从银行贷了几千万元，把 605 所适当地装备了起来，让 322 厂负责生产，也给装备了一下。

1995 年到 1996 年，对方案进行了评审。国内请了武汉船舶工程学院的人，航空方面请了南航的乔新。乔新对地效飞机是反对的，当时的方案是选用两台 300 马力发动机，他认为这个飞机的效率还不如他正在搞的通用航空飞机。但李绪鄂决心已定，所以加工制造都很快。

我算是顾问，崔尔杰是总设计师，605 所也安排了一位总设计师。

1993 年，我在俄罗斯的时候，他们正在宣传地效飞机。我通过 ЦАГИ 副院长苏哈诺夫，想找俄罗斯水翼船中央设计局的人来谈谈，他说可以，因为地效飞机气动力的问题都是 ЦАГИ 的人在搞。2009 年出版的俄航空技术杂志，在纪念 ЦАГИ 伊洛多夫 85 岁生日时，特别提到他发现了地效飞机纵向稳定性原理，即重心必须在气动焦点和飞高焦点中间。

水翼船中央设计局在莫斯科东南面的下新城，他们的人晚上乘火车，第二天一早赶到莫斯科。来的是一位型号总设计师，名叫索科洛夫，是"小鹰号"地效飞机的主管设计师。他给了我们一些材料，介绍了一下地效飞机的发展。这些资料回国后都交给了李绪鄂，我告诉李绪鄂，那个水翼船中央设计局是地效飞机的老祖宗。李绪鄂对他们很有兴趣，第二年，我又去俄罗斯的时候，对 ЦАГИ 说，我们有兴趣详细谈谈合作。ЦАГИ 方面将我们的意图转告了这个水翼船中央设计局的局长瓦西列夫，他也是从下新城乘晚上火车赶来与我们见面。当时没有翻译，就找了戈平，当时他是中航技驻莫斯科的总代表（原试飞院院长）。他也很辛苦，乘火车到茹科夫斯基车站，ЦАГИ 安排了一辆小车，我去车站接他。与水翼船中央设计局局长面谈以后，发现我们原来很多情况是不清楚的，随着交谈，逐步清楚了。

地效飞机

请俄罗斯专家审查方案

以后李绪鄂组团去考察，并请了水翼船中央设计局的几位专家来讲课和帮助审查方案，有水动力、结构等方面的专家，ЦАГИ也派了飞行力学专家。他们看过我们的方案，提了很中肯的意见，认为我们两个端板的外形设计不对，提出接触水面的部位应该怎么改的意见；同时还提出应该在湖里做专门的拖拽试验，看阻力到底怎么样。

他们承诺，在我们对设计进行改进后，再来审查。就这样边接受审查的同时，605所、322厂也开始生产。

生产过程中，李绪鄂不放心，让我从112厂请一位搞工艺的人来，看看到底做的牢靠不牢靠。于是我通过解思适去请了112厂主管工程师办公室的一位工程师，是老工艺员。他来看了以后，把322厂损得够呛，说要是112厂来做，二个月就搞出来了，他对一些不合理的工艺提了不少改进意见。

进行到快要飞的时候，俄罗斯专家又提出意见，说我们设计的水平尾翼面积不够，可能稳定性不行。他们讲，地效飞机的特点，要求飞机的重心一个是要在焦点（气动中心）前面，但还有一个气动中心，称为飞高中心，因为飞机越往下沉，升力越大，那个升力作用点的位置与改变迎角的作用点不同，要靠前，按照俄罗斯研究的结果，飞机的重心要在这两个焦点之间，才能保证安全。

听了这个意见，李绪鄂有些着急，要求加大尾翼。那个时候，我对这个项目也比较关心，经常托俄罗斯的人买些有关的书籍来看，一次给他 50 到 100 美元，他买了给我。其中有两篇高等学校的文章，看后很有启发。

针对俄方的意见，我提议，加大水平尾翼的面积，应加长翼展，这样可以离开涡流区的影响。这样做了以后，风洞试验也可以，飞起来以后效果也还好。李绪鄂为此专门写了一封感谢信给我。

在太湖试用

1999 年，生产出来两架，靠李绪鄂的努力，弄到了浙江湖州太湖边上的一个码头，开始试运行。李绪鄂把徐冠华（时任科技部长）、朱开轩（全国人大教科文卫委员会主任）等人都请了去，飞了一下，效果还不错。

这两架制造成功以后，下面该怎么办？李绪鄂设想要做得更大。有了俄罗斯的关系，当时俄罗斯有一种型号——"雌鹞"，飞行重量为 600 吨，装有 8 台伊尔－86 客机用的大功率滑扇发动机用于起飞，起飞后关闭 4 台，其余 4 台作为巡航动力，飞行速度为 550 千米/小时。1989 年建成服役。

李绪鄂想将它改造做民用，要他们帮着设计一种命名为"海豚"的型号，全重 500 吨，乘坐 500 人。那个设计很讲究，对码头的问题、上下水等问题都考虑了。

地效飞机在太湖试飞

　　俄罗斯方面的意见，要和我们一起把总体方案做出来，需要大概一二百万美元的费用。如果按这个方案制造整个的地效飞机，则需要经费在 2 ~ 3 亿美元。这样一来，经费的问题就不行了。李绪鄂在人大开会的时候，到处磕头作揖去拜，找到吴邦国、黄菊等领导人，都表示支持此事，但都落实不了。李绪鄂又到广东，找到广州市市委书记说："你把项目落在广州开发区，资金问题可以采取上市募集的方法解决。第一步先把小的地效飞机卖出去，引进俄罗斯小一号的伏尔加 2，建一个工厂来生产。"当时开发区有一块空地，开发区的领导说："你们来了，这块地都给你。"

　　后来就成立了广州天象地效飞机公司。

想从军用找出路

　　李绪鄂是很想干成的，但下面的人并不积极支持，特别是广州的那一帮人。过了一年，到了 2000 年，产品没有卖出去，也看不到太大前景。而且像这样的公司，因为没有产品，股票也不能上市。

遗憾的是，在这个关键时刻，李绪鄂患癌症，2001 年去世了。

成立公司时，李绪鄂请了孙家栋、聂力，还有我担任顾问，但顾问说了话，行政不支持也没用。有一位女同志叫陈东，原来是李绪鄂的秘书，她担任了这家公司的总经理，面对当时的局面，她也一筹莫展，经常来找我。我考虑了一下，对她说，没有别的办法，只能把叶正大请出来了，当时他已离休寓居广州。

开始的时候，我还有顾虑，怕叶正大认为是李绪鄂去世了，才来找他，所以请了 605 所原来的所长李洪畴等出面去请。没想到，叶正大积极性很高，欣然同意。介入这个项目以后，叶正大觉得，如果从民用途径走不通，可以走军用的途径。他那时也是刚退下来，于是，他去找了总装部长李继耐，也找过曹刚川。李继耐口头表示了支持。叶正大提出搞两架样机，用途是反航母、反潜艇，但海军不表态，觉得这是远景设想，而现在海军没有钱支持，折腾了半天也弄不起来。

这个时候，突然传来消息，说俄罗斯搞出了一种"救生者号"，原来是为海军设计制造反舰用的，后来海军觉得用来做反舰武器不是很好用，但潜艇出现事故后，没有办法救，在冷水里，人待上十几个小时就没有命了，所以觉得可以用这个来快速救援。于是将这架原设计为一个导弹发射平台（装 6 枚导弹）的地效飞机改变为可以安放 150 张病床的救生飞机。

1999 年，这架飞机基本已经制造好了，发动机也有，我们去参观过，王昂同志也去了。他们的负责人表示，2000 年下水时，要举行新闻发布会，届时会邀请我们参加。

到 2003 年，传来消息是这架飞机由于俄海军支付不了船厂的制造费用，可以对外出售了。与他们接触了一段时间，但由于我们也要不来钱，所以也没有进行下去。

这种地效飞机，在印尼这样岛屿很多的国家，可以用于旅游，直接从一个海岛飞到另一个海岛，不需要建机场，在我们国家也应该有很广阔的用途，但想法有，没人去做，605 所只能设计，没有制造能力，制造厂也没有合适的，曾经想与哈尔滨联系，但一直就这么搁着了。还与南昌 320 厂联系过，也没有成。

维持局面

现在有两架地效飞机还在湖州飞，天象公司组装伏尔加 2，引进的两架样机也放在那儿，但运营状况不好，坐一次 100 元，一年下来 10 万元的收入都不到，资金周转困难，靠广州给点钱维持。最近还听说了，这个基地用的码头要开发房地产，要用来建别墅，要把地平掉，把他们赶走，但合同签的时间还没有到，就这样僵在那里，看来是弄不下去了。

605 所积极性很高，在中长期规划中还列入了这个项目。

这个飞机还是有优点的，例如，它具有较好的抗浪性，一般都可以抗 3 米左右的浪，大型机甚至不怕 5 米的海浪。而且不需要专门的飞行员，能开卡车就可以飞这个飞机。不过还有许多工作，如到海上去试飞，等等，由于没有钱，所以没能做。

叶正大还有兴趣，他是想着要培养人，组织人学习，认为还可以请俄罗斯专家来。

605 所有一位兰志芳，一直在坚持，最早画图，以后到基地现场解决问题都是他去。他原来是 625 所的，后调到了 605 所。他苦恼的是没有人支持，工作很难开展，只是靠广州市的支持在维持。经过与 605 所协调，现在聘他做顾问。他有苦恼，就打电话给我。

俄罗斯选用的是汽车发动机，价格就便宜多了，伏尔加 2 只有一二百万人民币。还有能在沙漠上跑的，老兰都做了研究，包括机身底部选用的橡胶材料都解决了。新疆建设兵团曾经感兴趣，要 100 台，但没有启动资金，也干不成。我对 605 所说了好几次，但还是没有能够起到作用。

地效飞机有一个大的问题，就是噪声太大，声音响极了。但在湖州——太湖上用还是不错的。

　　地效飞机的项目很可惜，只搞了两架，能否继续维持，我也不敢说。湖州那个基地倒是经常有人去参观，有一个日本人去了多次，2006 年来的时候说，现在世界上还在使用地效飞机的就你们一家，很了不起。当时中国能设计制造出那样水平的地效飞机是很不简单的，但可惜是这么多年了，没有发展。

第十五章　关于苏－27飞机

RAM L 新型歼击机

1984年，美国空军杂志公布了间谍卫星经过苏联试飞院拍摄到的代号为RAM K、RAM L的新型歼击机，从模糊的照片看出，这两种飞机都是大边条中等展弦比的翼身融合体。英文的RAM指的是苏联试飞院所在地拉明斯克。1986年的西方杂志公布了RAM K的照片（实际上是米格－29），RAM L就是苏－27，米格－29是在芬兰拍摄到的。

这种大边条翼身融合体，进气道像短舱一样贴在机翼下，我很希望了解一下这种飞机气动特性的特点。正好南航教飞机设计的乔新教授在找课题，要601所出题，以便他立题，去向部教育司要经费。于是我出了个题，要他们参照米格－29的照片，把它的外形理论图画出来，这样我们就可以做了模型去吹风研究。

乔新是1950年交大航空系毕业的，后又去西方的大学做过访问学者。他答应得很痛快，说他在引进软件，用引进软件很容易做，两年就可以做出来。实际上做到了1993年，才由他的学生按这一思路，从照片反推做出飞机外形来。但那时候，米格－29及苏－27的数据，西方技术刊物上都已经公开发表了。

与苏局设计师研讨

1990 年 4 月，我在参观新西伯利亚航空研究院的静力实验室时，第一次看到一架苏 - 27 的舰载机，当时这架飞机带尾钩正在做静力试验。那次，新西伯利亚航空研究院副院长还给了我一篇他撰写的文章，讲苏 - 27 的气动设计，使我对苏 - 27 的设计大概有了一些了解。

这种飞机布局的特点是纵向剖面从机身到外翼都像是翼型剖面，也就是机身能承担很多升力。至于边条的作用和美国 F - 16 飞机相似，大迎角时可以增加升力。当时炒得最热的是苏 - 27 能做眼镜蛇机动。在新西伯利亚航空研究院举行的第一次中俄航空科学会议上，俄方很多人介绍快速增大迎角引起升力瞬时增加，即在不同迎角旋转频率时出现升力迟滞环。我原来想探索眼镜蛇机动的升力是否由此得到，后来发现主要还是靠动态机动。

1989 年我国的安全形势比较严峻，当时空军很紧张，歼 10 还刚起步，歼 8 飞不到南沙，于是提出研制加、受油机。而台湾当局当时研制出了"经国号"，空军怀疑歼 8 打不过，因此想着从苏联引进更先进的战斗机。

1989 年，在中共中央、国务院的春节团拜会上，我遇到空军司令员于振武，他说你们航空工业能不能像彩电、冰箱等家电那样，也引进人家的生产线，这样就可以很快拿到先进的飞机。我回答说："这不是一条生产线的问题，涉及材料、电子等一系列的工业基础都要改造。"我感到，实际上那时候空军和总参已有引进苏联飞机的意图了。

1990 年，我们回访 ЦАГИ 时，在莫斯科遇到了空军科研部部长张鹏、葛文埔等同志正在考查苏 - 27 飞机。1992 年，苏 - 27 到了空三师，苏霍伊设计局派了一批高级专家在那里给地勤人员讲课，这些专家觉得自己没能充分发挥作用，希望能和我们搞设计的工程技术人员一起讨论研究。这个消息是原 628 所管资料的杨明春同志传来的，他原来是空军刚建时空四师的翻译，后来专门收集一些难得的资料。他在一所也工作过，和我较熟，离休后，他就来科技委帮我们收集资料。当时我通过他向空军要一套他们翻译的苏－27使用维护资料，空军情报室的同志告诉了他这个消息。

正好，我很想去看一下苏－27飞机，得知俄罗斯专家的想法后，就打了报告给王昂副部长，建议组织601所、606所、610所等有关厂所的同志去参观苏－27并座谈。王昂同志很快批复并转空军林虎副司令员，林副司令当即表示同意。于是，我马上通知601所李明总师、606所李志广总师、610所徐世坤总师以及沈飞朱炳良总师等，还特别请了秦丕钊同志做翻译，我们一行10人，去了空军某部。苏联专家带队的是苏－27的主任设计师克尼谢夫，他后来成为我们引进苏－27生产线的主要技术负责人。还有做眼镜蛇动作的试飞员普加乔夫也来了。我们参观了半天飞机，与苏联专家谈了一天还未尽兴，是分专业谈的，俄方想尽量表现他们的科技成就，而我们则希望多了解些这种飞机的设计特点，双方都有兴趣。听了他们的介绍，我感到最突出的是在强度设计上，不按100%设计载荷，按90%设计载荷，而全机静力试验则仍按100%加载，出现提前破坏后，再采取措施加强，这样飞机可以做得轻些。为此，他们摔过两架飞机。

苏－27的飞行员手册中明确规定在马赫数为0.85～1.2时，飞机最大过载不是8而是6.5，实际上限制了跨声速的机动性。飞机的最大特点是装载量大，可挂10枚空空导弹，机内加满油可达11吨，航程可达4000千米，但正常使用情况下，机内只带6吨油，苏－27飞机没有带副油箱的方案。机上装有近100枚红外照明弹，用于自卫。

此外，他们还详细介绍了电传飞控系统和弹射救生系统。

一天下来，大家都感到意犹未尽，可是翻译则累得无法承受了，秦丕钊同志说，下午的交流，他脑子已经转不过来了。

那次回来后，我们整理了一个苏－27的详细介绍，后来部机关觉得这样的事对航空工业有好处，又另外组织了几次附件厂的同志去参观学习。

我们在现场参观时，遇到空军的地勤人员，大多是空军十一航校的，他们向我们表示遗憾，说那时去苏联接飞机，如果能请601 所派些同志一起去，他们会掌握得更快、更好一些。

苏局总设计师西蒙诺夫

1993 年，中央已经决定引进苏－27 生产线，苏局总设计师西蒙诺夫专门来沈阳调查我们的生产能力情况，西蒙诺夫是后来接的苏－27 研制任务，苏－27 原来的设计达不到要求，必须减重、减阻，他大刀阔斧地做了大的修改，跨声速段降低使用过载，垂尾相对厚度只有3%，因此苏－27 在表速600 千米/小时以上不能开减速板，否则垂尾强度抗不住。

西蒙诺夫这人很霸道，对我们也不友好。第一次王昂同志宴请时，在餐桌上提到军转民的问题，他竟说你们中国是典范，西太后把建舰队的钱都用到建颐和园上了。1998 年访华，他原来答应给我们看能转喷口的苏－27，并同意将一架带有反舰导弹的飞机展示给我们看。叶正大同志很积极，决定要去考察。后来叶正大同志带队去了，他有意避而不见，最后才接待我们去苏局，只给看了一些民机方案，叶正大同志气得连他们的宴请也没有参加。

他现在已经不当苏局总设计师了。

赴苏考察

1993 年5 月，中央决定要引进苏－27 飞机生产线，于是航空工业组成了以王昂副部长为团长的考察团，包括各相关司局的领导、601 所和112 厂的主要工程技术人员以及总参和空军的有关同志，我也有幸参加。

我虽和俄罗斯科研机构打过多年交道，也参观过他们的相应设施，但参观俄飞机设计局和制造厂还是第一次。那次参观了苏霍伊设计局、伊尔库茨克飞机制造厂、莫斯科礼炮发动机制造厂、茹科夫斯基的雷达制造厂、锦旗导弹厂和莫斯科第三仪表厂等。当时俄罗斯经济非常困难，这些工厂大多数处于开工不足的状态，对我们去访问，他们感到非常兴奋。给我印象特别深的是伊尔库茨克工厂，当时在生产苏－30 飞机，即苏－27 的双座型。该厂大概建于 20 世纪 30 年代，以前是生产米格－23 和雅克－25 战斗机的，其厂区、家属宿舍的布局和造型与我们 112 厂非常相似。我们住在他们工厂招待所，也是一栋家属宿舍改的，因此，我们和家属区的人有接触，那些小孩看到我们先是很惊奇，转而很高兴，翻译同志给我们解释说，他们在议论，中国人来了，他们的生活会好了，因为工厂有任务了。

苏霍伊设计局的前身是 20 世纪 30 年代的波列卡尔波夫设计局。波列卡尔波夫是伊－15、伊－16 歼击机的总设计师，在我们抗日战争时期，这种飞机曾来过我国帮助我们抗战。设计局园区立有波列卡尔波夫的像，我还在他的雕像前留了个影。他们的设计室和我们差不多，还是靠图板画图，计算机还没有普及。画模线的绘图仪还不如我们的大，用的还是穿孔纸带的计算机。设计局的特点是有自己的试制厂，有一个总装车间正在组装苏－27 的改进型号，摆着舰载机苏－33 及对地攻击型的苏－30，挂装了各种武器和吊舱。试制车间最突出的是机翼中段的加工。苏－27 中翼是全部钛合金制造，因为没有大吨位锻压机，所以钛合金整体壁板的筋条是在专用的夹具上焊成的。机身的受力框也只能分成多段加工，最后焊成整体再加工。据说其钛合金的焊接技术是由一位科学院院士研究解决的。

苏－27 飞机的电子火控系统与西方比有很大差距，集成度低，虽然功能差不多，但系统的重量、尺寸，特别是操作程序的简化方面要差得多。在其航电系统试验室，我们看到他们正在为下一代改型飞机综合航电系统，已经用了多个彩色显示器，有的是导航用的，有的是火控攻击用的，这套系统已经开始用总线。但没有见到他们有大的微波暗室，为防电磁干扰，只是用局部的吸波网罩，吸波网是在像排球网一样的网上安有很多像树叶一样的非金属片。

当时苏霍伊设计局还在干民品。他们设计了一种单发活塞式运动飞机——苏－29，其机翼、机身都是用复合材料常温下粘接的，这些加工就由职工家属来做。原来说苏－29销路很好，销到了美国，但不久因为操纵系统的问题摔了两架，美国退货了，以后就不再宣扬了。相对地看，我国的初教6因为安全可靠，连旧飞机都在美国畅销。

在设计局的院子里，我还看到了苏－15高空截击机，也是用两台米格－21的涡喷发动机，它的机翼面积比歼8Ⅱ小，重量比歼8Ⅱ大，最突出的是它的平尾效率可能低，因此着陆时平尾可能下偏到底，因为它的平尾翼尖配重上翘的角度很大，而我们歼8Ⅱ则很正常。过去老有人说歼8Ⅱ是抄的苏－15，现在可以证实我们的歼8Ⅱ和苏－15是完全不同的设计。

新机研制需要灵活的试制能力

苏－27在结构细节设计上还是下了很大功夫的，特别是起落架的收置很巧妙，在有限空间通过既提升又旋转，最后收入机身内，还没有打大鼓包。

苏局有很多小试验室，如研究液压导管密封胶圈的，还有研究舱盖玻璃用爆破索粉碎，这样人可以不抛舱盖弹出。

苏局试制的飞机，试飞是在莫斯科郊外拉明斯克的试飞院，设计局则是在莫斯科老城内，试飞院专门给了苏局一栋楼，让设计局的技术人员为试飞做准备时用，试飞时也能采集和处理数据。这样一个从研究、设计、试制到试飞都包括在内的设计局，当然能很快地研制出新飞机来，而我们国内，对设计机构与生产厂的关系总有不同的看法。应该承认，没有灵活的试制能力是影响新飞机发展的。

在考察苏－27飞机生产时，我还向苏局要来新的俄罗斯飞机设计强度规范看了一下，发现和1953年强度规范有很大不同，很多都往美国标准靠了。最突出的是过去计算全机重心处的过载是不考虑尾翼平衡载荷的，即无尾飞机重心处的过载就代表了全机过载。苏–27的全机过载则考虑了平尾向下的平衡力。另一点，滚转拉起 L_A 情况，为了考核机翼的承弯和抗扭的组合，他们给出了 L_A 的两种马赫数情况，即亚声速和超声速情况。另外气动载荷分布也不像过去，在强度规范中规定几种典型分布形式，现在很多都要做升力面计算或通过风洞试验。后来601所在引进苏–27设计资料时，苏局专家对此做了详细介绍。

1958年我们得到了一本苏联军用飞机通用设计要求，有关于军用飞机的操纵安定品质设计要求，对不同类的军用飞机在稳定性和操纵性方面都做了明确的规定。到1978年后，苏联空军编成一整套军用飞机的通用设计要求（OTTB-BC），约10大本，定为机密级。这套资料，苏局自己也没有，后来是从军代表室借来给我们看的。第一天军代表很客气，都拿来了，军代表还很慷慨地说，只要我们中方的空军司令员向他们的空军司令员说一声就可以给我们。但很可惜，只有半天时间看不了多少。第二天再想看，他们推托军代表出去了，借不出来，所以也没能再看一看。

这套资料相当于美国空军对飞机设计的各种标准的汇编，对设计新飞机是有很大参考作用的。回国后，我曾向空军机关反映过，可是没人当回事去办。

第十六章　关于大飞机

民用飞机的酝酿

我们酝酿搞民用飞机是从 20 世纪 80 年代中期开始的。我那个时候还在 601 所，也积极主张探索民用飞机的发展途径。

当时部里民机局副局长江同与日本有联系，想一起干，最后何文治副部长点头同意，采用了招标的方法，601 所也有人参加了。所里做了分工，由沙正平当总设计师，上海方面当副总设计师，与他们一起干。当时是准备搞支线民机。日本方面是想研制 YS－11 的后继机。

1985 年，正准备干的时候，沈元等四个人给中央写信，提出要搞干线飞机，中央表示支持，这样就翻了过去。何文治就决定搞干线，也是采取招标的方式。603 所、640 所各搞一个方案，然后进行评审。

但何文治觉得这样搞一架飞机太慢，当时民航等不及，提出要买飞机，李鹏总理批了要何文治、管德去考察，波音、麦道都去了，空客可能也去了。管德坚持要搞波音 737，但何文治认为波音不给技术，而麦道是可以给技术的，于是就敲定买麦道的。民航的意见，由于麦道飞机轮胎压力太大，国内有些机场跑道承受不了，要将麦道飞机两轮起落架改为四轮的，何文治也认了，我们按照民航意见做了，图纸都画了，民航又说，机场已经改造到都能适应麦道飞机的起降了，可以不用改了，但还是坚持要买波音。最后就是引进两轮的麦道 90 飞机，装了几架。

这些我只断断续续地参与。

在搞干线还是支线的议论过程中，还有一个 100 座的情况。100 座的设想一提出来，宋健就火了，他当时是国务委员，认为要干就应该是干大的，干小的不合适。为什么要干 100 座？部里传出的消息是韩国人愿意投资，与中国一起搞支线客机，这样经费就有了来源。因为当时国内是没有经费搞民机的。

这个问题，宋健批给了科学院，要组织论证。1994 年论证的，师昌绪院士很认真，找了有关的院士一起来论，部机关的一些局长们，如计划司司长顾仲潮、原民机局局长胡溪涛他们都参加了，会上没有统一意见，只是认为如果人家给钱，100 座我们也可以搞，但理想的是 150 座。师昌绪将这个意见汇总后报给了宋健，这件事也就搁置了，没有再继续进行。

香山会议

2000 年，有一些人在北航召开了运 10 飞机上天 20 周年纪念的会议，提出要搞大客机，要恢复运 10。

在这样的基础上，我提出是否可以组织一次香山会议，自由发言，讨论如何发展我国的民用飞机。科学院随后召开了香山会议，举办了一次民机发展的专题研讨。没有想到那么轰动，空军、民航都来了人。我们主要是请的科学院、工程院的人。

以后我提议转入咨询课题研究，民用飞机应该怎么干？对这个课题王大珩、师昌绪是支持的。我找了些人，大部分是科学院和工程院的，还有我们行业内外的，包括航天元勋任新民都请到了。

对大飞机发展途径的考虑

通过对民机发展课题的思考，我悟出了民机发展上不去有两点：一是没人出经费，国家出不起这么多钱，所以必须考虑跟人合作；二是研制出来没人要，民航总是挑名牌的，而第一批制造出来的飞机，肯定是达不到预想水平的，需要在试飞、试用中逐步改进。还有就是大型飞机的研制技术确实和小型军用飞机不同，我们当时还没有掌握适航审定技术，必须要通过实践来培养人，因此从运输机入手是适合国情的途径。

讨论的结果还是从运输机入手。

2006 年 5 月，在全国科协大会上，温家宝总理专门讲了一段大飞机。他的意思是，搞大型民用客机一定要有市场竞争力，能站得住脚，还讲了空客坚持了 40 年才翻过身来，是戴高乐主政时期，高瞻远瞩，在 1968 年做出决策，到现在与波音干成了平手，我们要干就干成这么个东西。

温家宝同顾诵芬握手

235

参加中南海的一次会议

2006 年 7 月，国防科工委突然通知我，周末去中南海参加大飞机的会议，并要求准备一个材料，写一个东西。我考虑了以后，将这个情况报给了杨育中副总经理，他们都不知道有这个事。他找了林左鸣与我谈了一下午，我们的民机应该怎么发展。然后我和发展研究中心的同志写了一个意见，核心内容是要搞成有竞争力的民机，需要一定的准备时间，要深入地做预研工作，周期相对比较长。

那次是曾培炎副总理主持的会，在会上，他说："你们组织起来论，我们的大飞机怎么搞？"还宣布了名单，同时约法三章，绝对保密，内部讨论不能外传。就这样关起来，搞几个月。会议通知我们准备的文件都没有在会上讲，只是发给每个与会的同志。

形势起了变化

我们就这样组织起来，开始论。就是研究 150～200 座的大飞机，要求飞机是什么样的，要多少钱，论清楚。

论了一段，曾培炎要听汇报。当时是李末、张彦仲和我三位主任委员（不分主次）去的。我们就推荐了李末去讲。他讲完以后，曾培炎突然点名要我讲一讲看法。

我就谈了军方的需求；还有就是运输机、客机有 70% 的技术可以通用；投资情况是，单干客机需要 300 多亿元，单干运输机需要 200 多亿元，这样共需要 600 亿元。如果合起来干，两种飞机一起干，至少省下来 100 亿元，这些数都是

2002 年及 2005 年论大飞机时和一飞院、西飞公司一起讨论得到的。

我讲的意见，被曾培炎抓住了，他说："你们就这样论。"

在这之前，有些人是坚决反对这样论的。

参加论证会

杨新军同志是 20 世纪 90 年代初西工大毕业的研究生，分到航空工业发展研究中心，后来又去莫斯科航空学院进修了两年。我和他在研究战效分析软件时一起工作过，我们之间有共同语言。1999 年，他主动要求到科技委做我的助手。他在计算机应用、网络查找资料、计算以及故障分析等方面都很擅长，与周围同志关系也相处得很好。

2001 年，他感到自己在科技委很难有所发展，于是又回到了航空工业发展研究中心。

他与我私交很好，我们之间很多想法是相通的。虽然他回到了发展研究中心，但在进行大飞机的多次论证时，我还是通过中心的领导把他请来帮忙。在大飞机论证中，他做了很多工作，我的很多讲话稿、PPT 文件都是由他做的。

他对我帮助很大，想法也都一致，我们两个人可以说是忘年交。

第十七章　我现在能做的

在科技委的工作

到科技委后，姜燮生主任安排我分管军机。我们提出了一些课题，对一线的研制工作还是发挥了作用的。如歼 8 新型机，我们在 20 世纪 90 年代初课题研究中已经做了很多工作。

科技委办公楼

我认为改造现有军机是非常重要的，组织科技委的委员王道荫、钟铭钰到部队调查，譬如歼 8 Ⅱ 换装歼 8 Ⅲ 用的雷达，那时正好是歼 8 Ⅲ 摔了，不干了，还有加装新的导弹、火控的综合化、数传，等等。我们课题研究中都提到了，后来歼 8 新型机就是这样干的。

还有另外一个大事，在引进苏－27 的时候，朱育理开始找了郑晓莎（办公厅主任），要他论一论到底需要多少资金，他们提了 150 亿元。后来朱育理又要姜部长组织论，科技委组织了一些人，最后由朱伯贤（科技委秘书长）帮着搞出厚厚的一大本。姜部长说，我们做的怎么也会比郑晓莎他们估的 150 亿元贴点边。

姜部长干事是比较求实的。

在科技委也不能做很多事，因为实际工作做不了，但按照吴大观同志的教导，做一些力所能及的推动航空工业发展的事，他组织编译标准规范等，我就搞一些有用的书，给航空科技人员参考。

翻译出版了三本书

在与俄罗斯专家合作的那一阶段，由于当时俄罗斯的《设计员指南》不卖给我们，而且后来的《设计员指南》的内容也不是很理想。最后比施根斯提议说，可以写一本书，把我们所需要的内容写的更详尽一些，但他们没有钱，需要我们支持。

现在的办公室

第一本书是《干线飞机空气动力学与飞行力学》，1993 年比施根斯给我一本，是老版的，当时我们看了觉得不错，他说："这个太老了，应该重新写一本。"

那还是在 1994 年夏天，我们准备买他们的空战软件的时候。去了以后住的是一个矿工疗养院，条件很差。一天，他突然来看我们，和我们一起吃晚饭。在餐桌上，他说："你们中国必须搞大的民用飞机。"还说了一些理由。然后送我们一本书，并说应该重新写一本新版的。谈了价钱，需要 2 万美元。当时刘高倬是部里民机局的局长，民机局副局长郑作棣去找了他，他很支持，批给了这本书 2 万美元。

当时由我们组织出版，很困难，我们没有能排俄文的，最后找了外文出版社，但他们能排俄文的人也大都退了，所以编排得也不好，错误很多，只能请俄方来人审校。他们来的人很艰苦，就住在我们北苑的招待所，我们安排是一人一间，但他们为了省钱，就两个人挤在一间屋子里，一来就两个星期，审到哪一部分，写哪一部分的人就过来。

俄文版是 1995 年出版的，我们 1996 年就翻译出来了，出得很快，但错误也很多，因为翻译请的都是老翻译，对新名词都不是很熟悉。

另一本是《超音速飞机空气动力学和操纵性稳定性》。

ЦАГИ 从事超声速飞机气动力和飞行力学方面的研究已有 50 多年了，因此很自然地积累了大量的经验和数据。过去这些材料都是不能公开的，由于我们开展了中俄专家合作，双方建立了友谊和信任，而他们也需要很好地将长期积累的经验总结出来，但经济上有一定困难。因此，ЦАГИ 和航空研究院签订了出版合同，由比施根斯院士主编，ЦАГИ 的主任专家们参加编写，并允许我们译成中文出版。这本书由 ЦАГИ 在 1997 年出版，共 816 页。

与 ЦАГИ 和比施根斯的这个合同得到当时的国防科工委资助。

这本书介绍的是超声速飞机及其部件安排的主要空气动力学问题。关于专门讲超声速飞机空气动力学和稳定性与操纵性，又直接与飞机设计实际相结合的书，在西方公开出版物中还没有见到过。这本书研究了超声速飞机的稳定性及操纵性、操纵系统的结构并包括其实际使用特性，阐明了飞行性能的算法及飞机主要参数的选择。

这本书的主要特点是突出怎样做超声速飞机的气动力设计，介绍气动设计中可能遇到的气动力问题及其解决的对策，用了大量的数据和曲线加以说明，很少用理论公式，这对工程设计人员是非常合适的。

书中空气动力学部分是按气动力部件来分别阐述的，如各种形式的机翼、进气道、尾喷口、机身、操纵面的气动特性，并给出了估算气动力方法及有关其气动特性的大量试验结果，给设计人员建立起清晰的量级概念，最后还对超声速飞机各种布局形式做了评述，并对设计超声速飞机的参数优化选择做了详细介绍。

这本书将飞机的稳定性和操纵性与飞行控制系统结合在一起讲，这也是少见的，但这是发展趋势，因为新一代飞机的飞行品质越来越多地要依靠电传操纵系统和主动控制技术。书中引用的材料大部分是与现实飞机相联系的。由于飞行力学研究已向过失速领域发展，因此，书中特别介绍了非定常运动和飞机的空间动力学理论。

这样一部密切结合飞机气动力及飞行控制设计实际的书，是40多年来ЦАГИ从事这方面研究的老科技人员毕生经验的总结，因此，在1998年纪念ЦАГИ成立80周年的专刊中、在ЦАГИ的大事记中，都把它作为90年代的大事，在有关的纪念文章中特别提到"它将ЦАГИ科研人员的经验使之系统化并上升到可以指导一般设计的高度上"。

由于我国目前在飞机空气动力学和飞行力学方面没有实用的、系统的新资料，严重影响气动力设计水平的提高，而且往往还在走人家已经走过而又走不通的道路。为了我们新飞机和飞机设计事业的发展，我觉得应该让在飞机设计一线的同志能看到这种新资料，但现在我们的这些同志能看俄文的已经不多，因此，委托601所所把这本书翻译出来，为了加快进度，有些章节特别请北航、西工大教授和620所的同志参加了译校，包括北航朱自强教授、620所胡秉科研究员、西工大高浩教授、601所郭桢译、廖启凡、孔繁杰、曾冬娟等同志。其中空气动力学部分由李天研究员校译，飞行力学部分由李陆豫研究员校译，李明院士审校了飞行力学和飞行控制部分，我负责审校了全书。

还有一本讲火控系统的，就更曲折了。那是 2001 年，我跟航空学会理事长朱育理到莫斯科去，俄罗斯航空学会的会长、原来的航空工业部科技局局长巴特可夫请我们去看航展。他给了一本刚出的关于俄罗斯防空军的技术与发展的书，非常好，火控系统讲得很细很全。书里面有巴特可夫写的一张纸条，写道："顾诵芬可能会对这本书有兴趣。"我看了是讲苏–27 火控系统的，确实非常有用，就组织了 601 所、620 所、613 所翻译、印刷出来，给大家参考。印出来后，我也送给了空军，空军很感兴趣，空军工程大学买了一批。

在总装科技委前副秘书长张耀的支持下，与俄航空学会的巴特可夫签了一些课题协议，要他们写一些俄罗斯对军用航空发展的看法，包括四代机、远程轰炸机、打航母等，一个个都做出来，研究报告拿回来后，也找了些人，大多是 601 所的人翻译出来，给行业内各单位利用。

现在还在做的是组织翻译一本运输机空气动力设计方面的书，是荷兰人写的，他们有经验，讲的是很有道理的。

我自己的余生就是搞这些工作了，发现对现在工作有用的书籍、刊物、资料，就组织或请人翻译。这些书，如果有人愿意看，还是会对发展我国航空科技有收益的。

俄文我自己翻译不好，水平不够，但可以校阅。

第十八章　我所认识的外国同行

法国达索的哈维兰

哈维兰是 1965 年从法国高等航空工业学校毕业的，他是"幻影"4000 飞机的总设计师。

第一次遇见他是在 1978 年随吕东部长出访法国时。当时与达索有协议，要一起搞新飞机。

法国国防部迟迟没有批准合作，可是我们所里做了充分的准备，买沙发、准备接待室。到年底的时候，法国人来了，有哈维兰和一个试制厂的厂长。飞机局安排在北京谈，我到北京来，与他见了面。他先去沈阳参观，我陪着去了沈飞。那时规定 601 所他们不能进。参观完后接着就谈方案。

我印象最深的是，哈维兰要我把发动机安装方案讲一下，选用什么样的发动机，怎么安装？

他们的发动机是从后机身推进去的，而我们则是学苏联的，是把后机身拆下，把发动机装上去。我就大致画了一下。他就盯住我了，问我引气口的口盖在什么位置？我想我们总体设计时，空调引气应该是在打样时再定的，为什么这么急？他说了必须先明确口盖的定位，这样结构受力布局才能设计好。

我觉得他们考虑问题比较细致，搞总体设计必须全面，不能只管外形、气动，细节的分离面都要考虑到。

他年纪比我小，差 10 几岁，但他们的经验多，工作还是很细致的，比我们

243

考虑得周到。后来才知道，他是老达索的外甥。现在他也退下来了，是法国工程学会的副主席（或是秘书长）。

法国高等航空学校比较联系实际，我们 1978 年去参观，看到在他们实验室里摆了各种飞机的发动机。学生的毕业设计是搞一架全复合材料的小型无人机。这样就把学生锻炼出来了，基本功很深。

1985 年的时候，歼 8 Ⅱ 火控系统改装，何文治要货比三家，也请了法国达索公司介绍他们的方案。我记得很清楚的一件事是，达索有一位设计员讲的时候，在黑板上画框图，没有把位置画清楚。他们的一位副总设计师自己到讲台上，把那位设计员画的擦掉，重新画。他每一笔都不用尺，画得很直，很漂亮。

他们的总师基本功过硬，这种能耐，我就没有。

格鲁门公司的派莱哈克

我调科技委，刚到北京之后，除了"863"任务外，没有多少事，也可能是莫文祥部长安抚我，让我参加超 7 的方案评审。这样就有三次机会到美国的格鲁门公司。我去了两次，第三次是 1987 年 7 月，我都准备好要出发了，接到部通知，要到北戴河，中央首长要接见，就没有去美国参加第三次评审。

与派莱哈克就是在评审超 7 方案时认识的，他是 F－14 飞机的总设计师。当时他年纪也大了，可能是要退，但公司里有他的办公室。

在讨论超 7 方案时，我们之间有一番辩论。他的思路是搞一架类似他们 X－29 的前掠翼飞机，用 F－404 的发动机，机身底下大开口，有一个舱门，然后发动机就这样吊下来。我有不同意见，我说我们的飞机不能这样干，水平尾翼支撑在后机身，开了大口盖，刚度就不够了，弄不好会颤振的。他下面的人坚持他们的设想，所以就辩论起来。之后，他领我们去了他的办公室，看了 X－29

的方案。

在他的办公室里，他从书架上拿出一个大大的纸箱子，打开后，取出 F－14 的结构骨架模型，好像是用火柴棍粘起来的，是他亲自动手做的。他说："要把传力结构交代清楚，就需要做出这样的模型来看，现在都用数字虚拟模型是有问题的。"

他还给我们介绍了他在做的项目，是目视隐身飞机，在飞机下表面上贴了许多锡纸的亮条，也有一个构架。他介绍说："这个项目中，最重要的是起落架收放的隐身问题。"

他们这些人都是非常注重实干的，工作非常认真。屠基达说："他要是在我们中国，一定是劳动模范。"那时他已经患了癌症，但为了公司业务，他从纽约飞伦敦，然后飞巴基斯坦的伊斯兰堡，再飞到北京，一星期有时候要飞几个来回，从没有喊过困难。这种精神实在令人钦佩。

他比我至少大七八岁，具有老飞机设计师的风格。

米高扬设计局的别列可夫

米高扬设计局总设计师别列可夫的眼睛里就像是有一把比例尺。在我们向他介绍新机方案时，我们的方案一拿出来，当时图上标的飞机着陆时的迎角是 13 度，他一看就说，到不了 13 度。后来实际一测，还真是不到 13 度。他还指出，座舱盖后部收缩太大，这样会造成阻力过大。

这才是飞机设计师的能耐。

他还是一个真正的老布尔什维克，在与我们相处时，还要我们称呼他同志——"Товарищи"，不能称先生——"Гаспатин"。

以后我们还见过，但他已经患中风，行动有些不便。那是 1995 年，他还是热衷于要搞新飞机，对我们介绍的新机方案，非常感兴趣。我们摊开图纸给他介绍我们做过的工作，他很感慨地对我说："把你们的钱分给我们十分之一，我们就能干很多事。"

作为飞机设计师的品德，就是一生钟情飞机设计事业。

卢鹤绅

卢鹤绅是第二次世界大战以前就到了美国的华人，是搞飞机空气动力的。

1974 年和 1975 年，与他有了接触，是通过外事部门的关系，说来了这么一个人。六院管此事的马承麟同志（后来为部军机局副局长），通知我去见他，在华侨大厦。我们一见如故，谈得很投机。

他对我谈了美国新的气动力技术，超临界机翼，边条机翼，他特别喜欢讲的是变后掠翼。他还说到他们的 F - 14 飞机。他对我说，当时美国防部长麦克塔马拉是个才子，哈佛毕业的。麦克塔马拉的设想是一机两用，就是搞一架飞机，空军用，海军也用，但他没想到，海军用陆上飞机太重，因为是一架攻击机，挪到舰上以后，升降平台都抬不起来，所以最后没有弄成，搞出的 F—111 只能给空军用。但海军也需要飞机，于是格鲁门就提出搞 F - 14，轻一些，性能也好。

我问他是不是格鲁门的总气动力师，他说是。

卢鹤绅的哥哥是复旦大学的老师，是搞原子能的，当时他们兄弟也十多年没有见面了，那次他由哥哥陪着。我们越谈越投机，一直谈到吃过晚饭。我问他各种资料，问到美国操纵稳定性的数据手册等是不是公开，他当时没有确定的答复，一年后，他通过联合国的信使，带给我这一数据资料。但资料一到就被我们在百万庄的 40 所截走了，还算好，他们影印出来后给了我一套。那个资料很有用，后来我们编的空气动力手册，基本上是搬那里面的。

以后为了超 7，我们还见过面。他那时是在搞 X - 29 和 X - 31，就是转喷口的飞机。

他每次回国都会问到我，彼此成了老朋友。

我去美国的时候，还到过他家里，当时还有一位华人，是管接待的。那位华人是 1948 年到美国的，现在已经去世了。

卢鹤绅家里是自己盖的三层小楼，完全是他自己设计建造的。他与钱学森很熟悉，1939 年夏，在加州理工学院时已经认识。钱学森曾经提到，说你们搞飞机的人可以与他建立联系。

他原来是在共和公司（Republic Aviation）的，抗美援朝时期，曾设计过 F－84战斗机，以后还做过 F－84F、F－103、F－105 等飞机的初步设计，还设计了虹霓（Rainbow）公务机。他与共和公司的老板关系很好，那个老板是白俄人。1964 年，共和公司倒了以后，他们一起去了格鲁门。

法国宇航院的波松·奎登

1967 年，波松·奎登在美国飞机杂志上发表了一篇文章——《从风洞到飞行》，是在美国一次纪念莱特兄弟的讲座上讲的。我看过后印象深刻，他在文章中讲到了风洞试验为什么与飞行有大的差别，什么样的飞机有什么样的结果。

1977 年，六院副院长张池带队，去法国看航展，法宇航院接待很隆重，张池都是坐的专车，我们则在后面乘面包车。我问了他们接待的人，波松·奎登是否还在法宇航院，希望能见一见他，得到的回答是还在。

后来，驻法商务处举办告别宴，他来了，人家已经告诉他，说我想与他见一见，那时我的身份还是北航的教授，他带着他的一些著作送给我。这是一个开头，以后，高镇宁请他来访问，1985 年又请他来了一次沈阳，是我接待的。

他介绍了法国风洞试验的情况，给了我一些他的著作，比较友好。

　　1988 年，我去法国，他专程陪我们去图鲁兹参观。他积累了许多空气动力数据，各种飞机的气动特性。

　　我与这些外国同行接触有不少收获。总的感觉是，他们的事业心、敬业精神很强，还有就是他们的刻苦钻研和经验积累。